中国艺术研究院基本科研业务费项目

二十世纪京津文人书画家研究

梁鸿 著

北京时代华文书局

图书在版编目（CIP）数据

二十世纪京津文人书画家研究 / 梁鸿著 . -- 北京 : 北京时代华文书局 , 2019.7
ISBN 978-7-5699-3088-7

Ⅰ . ①二⋯ Ⅱ . ①梁⋯ Ⅲ . ①书画家－人物研究－北京、天津 Ⅳ . ① K825.72

中国版本图书馆 CIP 数据核字 (2019) 第 114339 号

二十世纪京津文人书画家研究

Ershi Shiji Jingjin Wenren Shuhuajia Yanjiu

著　　者 | 梁　鸿

出 版 人 | 王训海
责任编辑 | 徐敏峰　陈冬梅
装帧设计 | 迟　稳
责任印制 | 刘　银

出版发行 | 北京时代华文书局 http://www.bjsdsj.com.cn
北京市东城区安定门外大街 136 号皇城国际大厦 A 座 8 楼
邮编：100011　电话：010 - 64267955　64267677
印　　刷 | 北京富诚彩色印刷有限公司 010-60904806
（如发现印装质量问题，请与印刷厂联系调换）
开　　本 | 710mm×1000mm 1/16　　印　　张 | 20.5　　字　　数 | 227 千字
版　　次 | 2019 年 8 月第 1 版　　印　　次 | 2019 年 8 月第 1 次印刷
书　　号 | ISBN 978-7-5699-3088-7
定　　价 | 68.00 元

引 言

20世纪的京津地区，可谓风云际会、人才辈出，难以数计的艺术家成就于此。其中有一类书画家并非以纯粹艺人的身份存在着，他们的文人情怀与丰厚学养在其翰墨丹青中凸显出别具一格的艺术魅力。可以说，每一位文人书画家独一无二的个人风貌汇聚成异彩纷呈的整体状貌，形成了与海派、岭南画派鼎足而立的京津艺术大观。这些成就卓然的书画家及其无可替代的历史价值，为源远流长的中国书画在西学东渐的强势冲击下坚守并发展做出了特殊贡献。然而，本不该忘却或淡化的一段艺术时空和重要人物，却因种种原因被忘却、被低估、被淡化，甚至被尘封，这一现象亟须学界和研究者予以关注与修正。本书所钩沉和补写的正是这部分内容及其代表人物。

在绵延不断的中华艺术史中，人们容易被引导着只关注"精英"史，只关注"翘楚"的存在与贡献。事实上，仅靠寥若晨星的翘楚或精英是承载不起厚重的历史和多彩的艺术长廊的。对于研究者而言，我们既要欣赏甚至推崇光彩夺目的花朵，也要关注那些与之相辅相成、一样美丽的绿叶，更不能忽略遮蔽于艺术大地之下的不可或缺的根。在此认知之上，笔者通过广泛采访和搜集相关资料，在拙作《二十世纪北京书画名家述评》（学苑出版社2015年版）受到学界认同的基础上，推出这部《二十世纪京津文人书画家研究》。书中选取了颇具代表性又有独到之处的十二位文人书画家，就其人其艺或某个视角进行较为深入的探讨，旨在为这些不该被学界低估或曲解甚至被历史遗忘的文人书画家补写过往，填补学界对该领域的研究缺失，让书坛画苑成为丰富多彩的有品质的艺术长廊，而非只是少数“精英”“翘楚”所垄断的独角戏台，同时让后人了解这些名副其实的人民艺术家的崇高德艺与历史贡献，对当下从业者也具有引导价值和垂范意义。

本书收入了张伯英、王梦白、郑诵先、汪慎生、王铸九、王雪涛、吴镜汀、陈少梅等卓尔不群的书画大家，特别梳理了同生于1898年的张伯驹、吴玉如、郭风惠、邓散木四位杰出“戊戌人”的艺术成就。他们之间既有关联又独具特色，从英年早逝至不足天命之年但艺术成就却非比寻常看，王梦白、陈少梅属于一类；从画风的天真妙曼、意趣横生及对20世纪小写意花鸟画的突出贡献看，王梦白、汪慎生又是一类；从特立独行到鞠躬尽瘁的鲜明个性与公益精神看，邓散木独领风骚；从心怀政治抱负到著书立说的彻底转型看，张伯英是最值得大书特书的一座文化丰碑；从“精研古法，博采新知”的传承与践行上看，吴镜汀与陈少梅属于一类，都是在京津地区做出卓越贡献的北宗山水大家；从“以书入画”的大写意成就看，继吴昌硕、齐白石之后，郭风惠与王铸九算是被忽视的大写意大家，郭风惠因其命运多舛而致使职业错位，王铸九因生命过早地结束于“文革”，从而艺术成就与影响力也戛然而止，甚而渐渐被历史尘封；从衬才助才、无私奉献的大家风范看，当属郑诵先、汪慎生最令人敬佩。郑诵先在配合张伯驹成立北京中国书法研究社、在新中国书法保护方面起到了相辅相成的助力作用，做出了功在千秋的历史贡献。汪慎生在王梦白与王雪涛师徒的传承与发展过程中体现出衬才、助才的揖让美德，民国时期多与王梦白合作，成为小写意花鸟画的重要代表人物之一，新中国时期又与王雪涛合作，特别是在1957年北京中国画院成立后的教学与创作中，二人几乎是“形影不离”的。汪慎生的资历其实是在王梦白、王雪涛师徒之间的“辈分”上，艺术造诣更是有口皆碑，但名气和“身价”却与王雪涛相去甚远。

就艺术造诣和艺术家名气而言，本书强调的是：造诣归造诣，名气归名气，二者没有必然联系。需要修正的是，只用名气的大小作为评判艺术水准的标尺，恐怕有失公允，这一怪象直接驱使着一些从业者忙于跑官位、做宣传。一些名气大、身价高的“市场宠儿”备受追捧，却忽略了大批造诣精湛而因种种原因遭遇冷落的真正艺术家，更无法奢谈对其艺术进行深入且系统的研究了。

本书所关注和论述的这些大家，都有其独特的阐发视角和填补学术缺失的价值。促动笔者为王梦白补写过往的原因有二：一是作为20世纪20年代就享誉京城的天才画家王梦白，其艺术造诣与当时的陈师曾、汤定之、萧谦中等齐名，其才气和名气都在当时的齐白石之上，其交往的圈子也都是当时的文化名流，除上海有吴昌硕提携、北京有陈师曾推荐与合作之外，余绍宋、梁启超、谭延闿、闻一多、罗瘿公、梅兰芳、熊佛西等都是他交际圈子中的重要人物，但他的历史地位与其艺术成就却相去甚远，与齐白石的家喻户晓可谓天壤之别，学界对他的关注更是远远不够：没有年表，没有研究，没有故居，更没有纪念馆，只有1959年人民美术出版社出版的仅仅八页的《王梦白画选》，就连相对权威的《中国美术辞典》[①]都未能将王梦白收入其中。一版加一版地遗漏、一代又一代地遗忘，这对王梦白来说是很不公平的，对20世纪北京画坛的整体状貌也是不真实的。更令人唏嘘的是有专家在介绍20世纪相关人物时，竟将王雪涛的照片张冠李戴在王梦白的头像上，如此以讹传讹，让人瞠目，难再沉默。

二是家父梁志斌[②]曾于1974年起向王梦白的入室弟子王雪涛学习绘画，父亲有诗为证："诗书不忘郭风老，又向秦门学画图。遽尔两师都去矣，茫然踏入雪翁庐。""久羡王公画笔奇，擅将绚烂写花枝。堞庐[③]片语今犹记，第一京华老画师。"据父亲说，他曾在雪涛先生家见过王梦白的画，一幅《墨猫》，半侧半卧，水墨淋漓，生动传神，韵味十足，是梦白先生给雪涛做示范画的，让人过目不忘，印象至深；另一幅是《唐人像》，雪涛先生告诉父亲说："这是梦白师在弥留之际，根据眼前幻觉所画，梦白师仿佛看见窗前有唐人像，随即画出，算是绝笔之作。"梦白师去世后，雪涛先生亲自护送梦白师遗体回衢州老家安葬。料理完后事，家属以《唐人像》赠雪涛，以作师生留念。雪涛一直展放在家中，以记缅怀之情。这两幅画经过"文革"的洗礼，还能保存下

---

① 《中国美术辞典》，上海辞书出版社1987年版。

② 梁志斌（1936—　），首都师范大学美术学院教授，诗人、书画家。师从郭风惠、郑诵先、吴玉如学习诗词、书法；师从秦仲文、王雪涛、吴镜汀学习绘画。

③ 堞庐，即郭风惠，曾云：雪涛花卉以其绚丽独步京华。参见《荣宝斋》2016年第4期增刊，第3页。

来，实属不易，此中难处，可想而知。70年代中后期，父亲也曾在荣宝斋见过木版水印的王梦白《墨猫》，让人百看不厌、流连忘返。难怪懂美术的鲁迅曾对王梦白的精妙画笺大为赞赏，他在给郑振铎的信中称道“王梦白诸君，皆画笺高手”[①]。王雪涛也在《忆梦白师》中写道：“先生去世后，我曾筹资将他的作品百余幅摄制成珂罗版，意在出版一本专集以使他的艺术得以传播，这意愿在旧社会总无法实现，底版又毁于十年浩劫。”[②]这是王雪涛的遗憾，也是王梦白的遗憾，更是20世纪中国画坛的遗憾，甚至是无法弥补的损失。

正缘于此，本书从现有的资料入手进行梳理，为王梦白补写过往，对王梦白的艺术成就、交际圈子及其性格为人对艺术成就的影响等方面进行分析、探讨、再认识，呈现一个真实而独特的王梦白，还原他在20世纪中国画坛上短暂而独步的47年的历史地位。

汪慎生是另一位被冷落的20世纪小写意大家，他是同侪画家中兼工诗书且造诣不俗的一位全才人物，其诗书成就为画名所掩。他以沉实深厚的功底、妙曼遒力的笔触、平中见奇的章法、中和雅逸的风格卓然于艺术之林。汪慎生早年助力张大千游学、协助黄宾虹授课，表现出“芍药性和平，香生及四邻”的美德和境界，在惜才、助才、衬才上有自己独到的贡献，是画坛有口皆碑的“老好子”（齐白石语）。然而学界对其关注远远不够，有关他的文字介绍多是后人、门人的回忆文字，而学术研究极为匮乏，学术专论几乎为零。本书从散藏的资料入手，尽

---

① 《鲁迅全集》第7卷，人民文学出版社2005年版，第427—428页。1932年，陈少鹿、王梦白、马晋、汪溶等画家应荣宝斋所请，专门绘制了以猿猴为题材的笺纸，以贺新岁，称为壬申笺。

② 王雪涛：《忆梦白师》，《中国书画10》，人民美术出版社1982年版，第18页。

可能详尽地梳理出汪慎生的艺术历程，阐释其诗书画的全面成就和艺术特色，并对他实过其名的历史地位加以分析，填补对其研究的学术缺失。

如此一位德艺双馨的大家缘何被忽视？这也是文中着重讨论的问题，其中“莫嫌开最晚，元自不争春”恐怕是重要原因之一。此句取自汪慎生题《芙蓉花》，这也是汪慎生的个性写照，而这一内因又导致他难以突破自己，难以使其艺术成就产生更广泛的影响并得到足够的重视。因此，这需要研究者对20世纪美术史有更宏观的视野和更博大的格局，不能只关注凤毛麟角的光彩夺目的“头条人物”，更应该关注那些为数众多的蕴藉内敛的“汪慎生们”。只有独一无二的每一位书画家的贡献，才能促成丰富多彩的整体风貌，何况“汪慎生们”的中和之美更具历久弥新的艺术生命力。所以本书选择探讨汪慎生现象，不仅仅就汪慎生论汪慎生，而是希望能唤起书画研究界对与之类同的一大批被忽视的艺术家们予以足够的关注和公允的认知。

与王梦白、汪慎生两位小写意大家备受冷落的状况相比，王雪涛属于幸运者，他是颇受广泛关注的一代大家。本书之所以关注王雪涛，是因为学界对其绘画风格存在着误解甚至曲解。在王雪涛1922年考入北京美术专门学校（艺专）至1982年辞世的长达60年的艺术生涯中，就其花鸟画的宏观风格而论，笔者认为可分为“白石画风”“梦白阶段”“雪涛风格”三个时期，而非程式化地划分为早、中、晚三期，文中的分期问题是探讨王雪涛艺术风格的独到之处，并借助家父梁志斌的口述资料，从王雪涛与王梦白、齐白石的师生缘入手，拨开迷雾，就模糊不清的问题和值得商榷的问题进行论述，旨在真正理解王雪涛绘画艺术之真谛。

本书除关注了三位小写意画家之外，也选取了郭风惠与王铸九两位被冷落的大写意画家。在20世纪大家云集的画坛中，郭风惠显然不是名气最响亮和最受追捧的“领军人物”，而是饱学卓识、饱经风霜、才华横溢却又怀才不遇的“小众”宿儒的典型代表。古往今来，成就一代翘楚，需要集自身的天资、学养、功力、情商、命运等诸多因素于一身，同时不可避免地还要接受时代的选择，齐白石深谙此中滋味，遂有“本事三分命七分”的经验总结。郭风惠当然不是时代的宠儿，但其自身诗、书、画三位一体的全面成就，不辞劳苦积极“入世”的公益精神都来自他对民族优秀文化的深刻认知和百折不挠的坚守与自信，这一可贵之处是值得我们潜心学习并深入研究的。

从某种意义上说，当今决定着画坛和市场导向的是“非艺术因素”，而不是艺术本身。“重形式轻内涵”现象的根源在于文化缺失，缺失认知就缺失自信，就更不可能在作品中体现文化内涵。急功近利、追名逐利甚至物欲横流的状况已成书苑画坛司空见惯的“默认值”，并误导着书画从业者的价值取向和艺术格调。因此我们有必要重温郭风惠等一批尚朴重质的中华文化的守望者，更有责任修正当下的盲目与浮夸之风气，强化文化自觉与民族自信，让技法大于文化的浅薄现象有所扭转。这也是选择探讨郭风惠作为“以书入画”的大写意画家代表的原因所在。

而像王铸九这样真诚地由心写出的且笔墨功夫过硬的大写意画家也是如今不为多见的画坛楷范。在当下要么野俗、要么甜俗的良莠不齐的画坛，有标新立异的“丑书”“丑画”——算是被曲解了的戏耍层面的“大写意”——充斥其间，而充满中华民族正大、丰沛之气象的大写意作品却难觅其踪。因此，需要我们回头寻温王铸九从精神内涵到笔墨形式都丰富、耐看的经典作品，需要弘扬王铸九真诚、笃实、勤恳与高洁的为人为艺品格，需要强调画品亦人品、内外须兼修的一统性规律。正如李苦禅所言："国画艺术是纯洁而伟大公正之矗立者，不含一切之垢渍，不服一切之威严、权势，反之，即不成美善之国画也。作者先具得品格，亦即高尚的修养，方可作出好作品。"[①]李苦禅所言正是说到了人品与画品之间不可拆分、互为作用的关系，只有至诚、纯真的品格方可作出真挚、纯粹的画作，方能打动人心。王铸九的现实意义在于，无论时间走过多远，其作品依然具有雄健华滋的阳刚之美和热情奔放的精神能量，这是王铸九大写意作品永不过时的关键所在。

就山水方面，本书选取了北宗山水大家中的两位杰出代表：吴镜汀和陈少梅。在20世纪初西学东渐的强势来袭之下，"洋为中用"便直接有了与"古为今用"分庭抗礼的地位和影响，当时的西化代表人物如徐悲鸿、林风眠等，主张"素描是一切造型之基础"；而学贯中西的金城、陈师曾等却是借古开今的传统派旗帜人物，金城提出了"精研古法，博采新知"的主张，强调从临摹入手及古法写生，同时注重诗书入画的文人情怀。金城主持的"中国画学研究会"及之后其子主持的"湖社画会"即代表了这一艺术理念。在金城的诸多弟子中，既年轻有为又能独当一面的领军于京津地区的佼佼者，当属"镜湖"吴镜汀和"昇湖"陈少梅，正如资深山水大家惠孝同（号柘湖）所言："金北楼的弟子我最佩服两个，第一是陈少梅，第二是吴镜汀。"[②]他们都强调民族绘画的继承发扬，坚守国画特有的文化精神和笔墨语言，对中国画传统的承传与

---

① 姚有多：《现代笔墨大师李苦禅》，《美术研究》2000年第1期，第5页。

② 徐群：《传统绘画的守望者——陈少梅》，《国画家》2013年第2期，第74页。

厚植有着不可低估的贡献，并且是经过岁月的淘洗而愈久弥新的。

基于上述原因，书中对吴镜汀、陈少梅的艺术人生进行了概述和类比，弥补了已有研究之遗漏，旨在弘扬他们既是金城传统主张的出色实践者，分别在京津画坛创造着意境高远、精密严谨的北宗风格的共性之美，同时又各具特色，各有优长，吴镜汀转型后的青绿山水，更有现代感，陈少梅更为渊穆爽健，古意盎然。由于他们都坚持了中国画的语言方式和审美韵味，加之自身过硬的笔墨功力和高雅的意境追求，从而显示出优秀传统自足发展的强大生命力。最后通过对二人个性的剖析以及对这一类传统大家命运问题的探讨，希望对当下书画家有所启迪和借鉴。

就书法方面，本书着重选取了具有不同特点与杰出贡献的张伯英、张伯驹、郑诵先、吴玉如、邓散木五位大家，其中张伯驹、吴玉如、邓散木和前面谈过的郭风惠都是戊戌同龄人。

吴玉如作为20世纪京津地区以书法闻名的学者诗家，有着“南沈北吴”的书法高度和大家地位，但其为人为艺的纯粹和高深还未被时人所充分了解。有关吴玉如的已有研究大致分为三类：一类是其学生整理的吴玉如年表和诗稿手迹；一类是关于吴玉如书学思想的论文；一类是作品赏析及回忆文章。在倡导文化自信、重温经典的当下，在吴玉如诞辰120周年之际，我们更有责任对吴玉如做一全面系统的梳理。本书从散藏的资料入手，参借吴玉如学生梁志斌的口述材料，分三个方面阐述吴玉如洁身自好的人品、旷达超迈的诗品和翰逸神飞的书品，旨在弘扬其刚正不阿且不染世故的可贵人品，彰显其或慷慨激昂或天真唯美的风雅诗品，研习其碑帖共融、师古不泥的至美书品。凡此一脉相承的内在关联和互为表里的三位一体，成就了以书法神采示人的吴玉如，这也是吴玉如书艺之所以郁郁芊芊、高山仰止的底蕴所在，更对当下“士先器而后文艺”的导向有着楷范的特殊价值。

与吴玉如同龄的戊戌人邓散木，虽然是地道的上海人，大半生涯和显著成就都早已名扬海上，但因其特殊性，也涵盖在本书所关注和探讨的范畴之内。自1955年起，应北京人民教育出版社之邀，58岁的邓散木移居北京，将自己艺术人生的最后八年贡献给北京，贡献给简化字的推广工作，贡献给20世纪中国书法的普及式弘扬上。八年间，他忍辱负重、身残志坚、呕心沥血、不遗余力，以“堂堂霸气在，一足抵十夫”（邓散木句）的豪迈气魄与全面成就彰显于20世纪的艺术大家之林，且恩泽后世、影响至今。

作为学者艺术家，邓散木不仅在诗文书画印等方面造诣非凡，而且他的赤子之心、公益精神、书生仗义、爱憎分明都具有独特的邓散木个性，都在关键时刻彰显出了人性的光芒，都具有榜样的积极意义。文中以“‘霸气堂堂在’之成因”“‘一足抵十夫’之贡献”和“研究邓散木之现实意义”为探讨视角，阐述了独一无二的邓散木。在目前多求利益、少讲道义的浮夸风气之下，重温像邓散木这样春蚕吐丝、鞠躬尽瘁的艺术大家，显得颇为必要和重要。

比学者书家吴玉如、邓散木身份多重的是张伯英，张氏有着高级官员的政治身份。1912年张伯英经同窗好友徐树铮之引荐，赴京供职，任北洋政府陆军部编纂；1916年起任北洋政府国务院秘书。张伯英作为20世纪一位集官员、学者、诗人、书家于一身的集大成者，是在个人修为、艺术成就、政治抱负、民族气节等方面都具有垂范意义的一代翘楚。然而学界对其研究的深度还远远不够，对其历史定位的高度认识尚有距离，还停留在就其书法论书法、就其鉴评论鉴评、就其方志论方志的单一和微观层面上。目前所见关注张伯英的硕士论文约有两篇，或谈张氏的“书学观”，或论其“碑帖鉴藏观”，还存在着宏观把握的探究空间。唯张伯英弟子启功为《二十世纪书法经典 张伯英》所作序言《铜山张勺圃先生遗墨书后》和学者邸永君所作《民国书法大家张伯英》两文，在一定层面上解读了张伯英艺术造诣之精湛处。其余散见评论文章和文献资料，似有重复和局限之憾。总而言之，学术界的相关研究状况较于张伯英本人的博大精深还相距甚远，或许这一距离也是让研究者望而却步或缺乏总体把握的原因所在。

张伯英之所以在他所涉足的领域里都能做到成就卓然，除个人的天资、学养、勤勉、谨严等“小我”因素外，更源于他深刻的“修身、齐家、治国、平天下”的儒家思想的“大我”诉求，诚如当代诗人、书画家梁志斌论张伯英诗云：“翰墨文章足可夸，政坛才子隐京华。齐家治国平天下，壮志难酬做写家。”正因为张伯英效力国家的政治抱负在生不逢时的状况下难以实现，继而投身于非政治抱负上，潜心于文博艺术事业的建树中，“大我”与“小我”之契合，成就了张伯英成为近现代史上文章道德、知行并重的一座文化丰碑。本书着眼于宏观视野下的深刻论述，将张伯英置于中华历史长河中进行审视，以凸显其全方位的成就和历史贡献，尽可能地还张伯英以应有的历史高度。

遗憾的是张伯英去世于1949年，未能见证新中国的成长和新文化的发展。而在新中国成立初期，对传统文化的保护和弘扬方面，张伯驹不遗余力、功德无量。

张伯驹，“民国四公子”之一，其出身贵胄却苦乐参半，其传奇一生也本色一生。刘海粟对张伯驹有过十分精当的评价，他说：“张伯驹是当代文化高原上的一座峻峰。从他那广袤的心胸涌出四条河流，那便是书画鉴赏、诗词、戏曲和书法。四种姊妹艺术互相沟通，又各具性格，堪称京华老名士，艺苑真学人。”[①]此话算是恰如其分、盖棺定论之语。作为一代勇立潮头的文化翘楚，张伯驹在书画鉴藏、诗词掌故、戏曲鉴赏等方面都造诣精深、成就斐然；在戏曲实践和书法领域有着保护、组建和弘扬之功，他的文化丰碑般的人格魅力和杰出贡献，至今无人逾越。

2018年正值张伯驹诞辰120周年，学界也从不同侧面，尤其在收藏与捐赠方面进行了回顾与缅怀。这里仅从张伯驹对书法事业的保护谈起，特别提及他与同道倡导并成立了新中国第一个书法组织——北京中国书法研究社，也就是今天“中国书法家协会”的前身。这一具有奠基意义的机构的确立，张伯驹功不可没，不该被历史淡忘甚而尘封。

提到这一书法机构的落实和得以可持续发展，就不能不提张伯驹的同道老友和得力助手郑诵先。与张伯驹的涉猎广泛和名声远扬相比，郑诵先显得颇为“专一”，他是以章草大家为公认“名片”的。其实郑诵先与张伯驹早年有着相似的政界和金融界的工作经历，他们有着共同的朋友张学良，更有着多年来相互赏识和信任的惜惜情谊，所以在1956年成立北京中国书法研究社时，张伯驹立即写信给天津的郑诵先，请他来京主持研究社的日常工作。郑诵先欣然应允，赴京就职，一做便是十年，

---

① 张剑桦：《“是真名士自风流”——〈大收藏家张伯驹〉主人公人格魅力》，《吉昌学院学报》2016年第5期，第48页。

直至1966年“文革”伊始，书社无疾而终。可以说是以弘扬中国书法为己任的共同情怀让性格不同、专长有别的同道成就了一项历史性工程，并影响深远、延续至今。

文中分别从“张伯驹与中国书法”和“郑诵先与中国书法”论起，旨在阐述二人既不同侧重、各有所长又不可或缺、相得益彰地共铸书法事业的重要贡献，让喧嚣热闹的当今书坛多一些回望历史、景仰前贤的沉淀；第三部分阐述了二人的共性与差异以及他们对新中国书法保护的互补性，同时也由如何评价张伯驹“鸟羽体”书法引发出相关思考，即对文化名人应多一些客观、平实的认识，而非陷入“名人必定全能”的神化误区。

就本书所关注的十二位人物之已有资料和研究现状而言，大致分为三种情况：

第一种是已有研究极为匮乏的，例如王梦白、汪慎生、郭风惠、王铸九等人，此前在知网等数据库上查找过这几位人物的已有学术研究，结果几乎为零，只散见几篇门人或后人的回忆文字，本书所做的相关梳理和论述都具有填补这一缺失的学术价值和意义。

第二种是已有研究相对丰富的，例如张伯英、张伯驹、吴玉如、王雪涛、陈少梅的资料相对较多，目前所见关注张伯英的硕士论文约有两篇，评论文章繁多且多有雷同和重叠之弊。最言简意赅指明张伯英价值的是齐白石写的五言挽联：“写作妙如神，前身有宿因。空悲先生去，来者复何人？”这充分肯定了张伯英的全面成就。张伯驹的相关资料更多，还有人物传记问世。所见资料多是围绕张伯驹对国家在书画抢救和捐赠上的杰出贡献，而他个人造诣的“最强音”则是在诗词成就上。周汝昌在词方面算是张伯驹的知音，是真正懂他到心灵深处的学者，周汝昌认为：“如以词人之词而论，则中国词史当以李后主为首，而以先生（指张伯驹）为殿。”[①]王雪涛的研究状况如前所述，后人在继承和弘扬上比书中其他几位前辈的状况要得力很多，此处不再赘述。与张伯英、张伯驹、吴玉如、王雪涛的研究资料相比，陈少梅的已有研究有着较强的学术性，其中包括启功、薛永年、何延喆等名家学者的专门论述，何延喆的专著《陈少梅》很有深度。还有陈少梅之子陈长智所做的详尽年表及有分寸的评述、相关专题的硕士论文及回忆文章若干，凡此多侧重于陈少梅的生平记事、绘画历程、风格成就等方面。

本书着重论述和类比陈少梅在短暂而超负荷的艺术生命中与吴镜汀的相似之处，他们都呈现出边创作边教学的既“独善其身”又“兼济天下”的立体成就。二人的共同点在于都以沉实细腻的笔墨功力、成熟老到的艺术语言、高雅纯正的艺术格调、空灵隐逸的悠远意境，成为京津画坛上成就全面、作品精良的两位大家。特别是在西学东渐的强势冲击中，他们坚守传统笔墨语言的纯粹性，在传统中探索发展，在“古为今用”上寻求突破，展示出北宗为体、北骨南韵的真才实诣。从这个意义上说，特别对陈少梅而言，他的有价值的生命不短且贡献卓越。

第三种是书中关于郑诵先、郭风惠、吴镜汀的部分论述多取材于家父梁志斌的口述回忆及家藏真迹，因家父曾师从郑诵先、郭风惠和吴镜汀诸前辈研习书画，目睹过他们的创作风采和大家风范，算是最为真实而亲切的第一手材料。

---

① 沈文凡、杨辰宇：《“民国四公子”之一张伯驹研究综述》，《吉林师范大学学报（人文社会科学版）》2017年第5期，第77页。

在梳理相关资料、查阅诸多书画集的过程中，发现启功作为要么写序要么忆文的重要作者，频频出现在诸位前辈的墨迹史册中。例如为《二十世纪书法经典 张伯英》作序，为《郑诵先书法集》作序，为《吴镜汀书画集》作序，为《二十世纪美术作品档案 陈少梅》作序，并在吴镜汀、陈少梅遗作中多有补题落款的情况。这一现象值得探讨，至少说明两个问题，一是经典书画作品中的诗化标准，二是艺术家的生命健康问题。

第一是启功作为当代大家的代表，成就其因素有很多，其中不可低估的重要原因便是得益于诸多前辈的不同方面的无私提携、沾溉、引领与示范，这是启功的幸运，同时也说明成就一代大家，需要有诸多师长潜移默化的奉献。本书所关注的张伯英、张伯驹、郑诵先、汪慎生、郭风惠、吴镜汀、陈少梅等无一不是在治学、诗文、书画等方面帮助过启功的"贵人"，当然还有本书未曾关注的启功的启蒙老师贾羲民、溥心畬等。

这里要强调的是书画作品中的诗化标准。历史上的书画大家以及他们的作品之所以成为经典，最重要的原因就是作品中的学养才识。他们不仅仅是书家、画家，更是诗人、学者。诗文意境与笔墨功夫相融合，也是民族审美习惯所决定的。于是书画美的意境范畴，又增加了诗化的标准，能在诗境上略胜一筹的才是千古佳作。例如王羲之的《兰亭序》、苏东坡的《赤壁赋》《黄州寒食诗帖》等无不具有诗文与笔墨的双重审美价值。黄庭坚评价苏东坡的书法："学问文章之气，郁郁芊芊，发于笔墨之间，此所以他人终莫能及耳。"他强调正是书法中的"学问文章之气"才使作品的艺术韵致和书家的情感寄托得以表现出来，才使一代书画大家达到“他人终莫能及”的高度。凡此正说明诗化是中国文化的核心及特色。

启功作为当代旧体诗人，他的诗词造诣使他在当代书画大家中凸显才华和能力，这也得益于诸前辈的直接指导和有效训练。例如：溥心畬曾要求启功每次拿来习作时，必有诗词，不然不予指导书画；齐白石在评价自己诗书画印各方面成就时，自称“诗第一”，尽管被人们更多追捧的是他的画；王梦白、汪慎生都是以画名著称的大家，但他们都重视诗词的学习和锻造，以提升画格和意蕴；郭风惠虽然不是画坛名家，但因其不凡的诗词造诣而自信并显赫于同侪之间……尽管当代人对于诗词的理解和创作已不能用过去的眼光及标准来要求，但是诗化的审美标准依然在潜移默化地决定着作品的耐看性，这是不争的事实，因此本书所归类的“文人书画家”即是这一层面的解读与强调。

第二是艺术家的生命健康问题。若想艺术长，生命不可短。以1972年吴镜汀去世为节点，但凡熬过了风雷运动的艺术家才会有重见天日的可能。与吴镜汀类同者还有北京的秦仲文、惠孝同等，这些艺术大家在“文革”期间或含冤离世（如秦仲文），或悄然谢世（如汪慎生），在进入新时期之后，他们大多被淡忘甚至被湮埋，有意无意地造成了对有过历史贡献的老艺术家们的整体“失忆”，这一状况亟待修正和补写。拿王梦白与齐白石相比较，试想如果齐白石没有高寿做本钱，哪有衰年变法的精力？哪有命运逆转的可能？王梦白如果活到齐白石的年龄，二人在当今画坛的地位和影响恐怕是天壤之别。说到陈少梅与齐白石，同为湖南人，同样从人才“于斯为盛”的湖湘之地走出，而且陈少梅对20世纪京津画坛的社会贡献和责任担当都不在齐白石之下，但学界对于“家在洞庭衡岳间”的陈少梅的关注、传扬和系统研究显然还远远不够，只因其英才早发却又英年早逝，透支了才华和生命，后世知音甚少，大多追逐名利，这也是难以改变的无奈现状。因此艺术家的艺术生命首先需要健康身体做支撑，这是一切的根本。

在凸显诗化标准的基础上，本书的特点还在于紧紧围绕着“文人书画家”这一特质，具体体现于每章标题的诗化上。在确定本书每章独立标题时，也运用诗句为正标题，力求诗化的概括与提升，以呼应和衬托诸位“文人书画家”的高标雅韵。其中有四章选取文人书画家自己的诗句，例如第一章“胸中有墨须藏拙　莫向人间论是非”（王梦白），第二章“莫嫌开最晚　元自不争春”（汪慎生），第四章“若将体势论流派　刚出昆仑是上游”（郭风惠），第八章“霸气堂堂在　一足抵十夫”（邓散木）等，都是在梳理其相关资料时从他们的作品中发现的诗句，作为阐述其艺术成就的正标题，以凸显其艺术风格和人格写照，这也是本书的匠心之处。还有一类正标题采用梁志斌的诗句，例如第三章“花鸟传神笔法精　千秋自会有公评”，第六章“得意金城双弟子　昇湖渊穆镜湖清”，第七章“世人谁识吴迂叟　铁画银钩五色光”等。因为梁志斌曾有幸师从于吴玉如、王雪涛、吴镜汀等大家学习书画，是这几位前辈晚年艺术创作的亲历者和受益人，因此对诸位师长的大家风范有着由衷的敬意和切身的感受，因此选用梁志斌诗句作为概括其师艺术成就的正标题，也是颇具独特性和可信度的。第九章标题“厉雨凄风聊旧话　光天霁月展新程”取自刘炳森的诗句，其寓意在于作为张伯驹、郑诵先等人1956年倡导并成立的北京中国书法研究社的最年轻的成员之一，刘炳森对新中国第一个书法组织以及对于当代书法有着承传贡献，值得记录和宣传。最后一类标题是由笔者写就的，例如第五章“铁铸铮铮真骨力　三苦两石一嵴农”，第十章“精书玄鉴鸿儒志　济世修身赤子心”，这两个标题都是紧扣所阐述对象的特点而作的，也是笔者长期沉浸于本课题相关内容并深受陶冶的有感而发，算是潜心习得的一分收获和一点进步。

目 录

王梦白

（1888—1934）

汪慎生

（1896—1972）

王雪涛

（1903—1982）

陈少梅

（1909—1954）

吴玉如

（1898—1982）

邓散木

（1898—1963）

郭风惠

（1898—1973）

王铸九

（1900—1966）

吴镜汀

（1904—1972）

张伯驹

（1898—1982）

郑诵先

（1893—1976）

张伯英

（1871—1949）

第一章

胸中有墨须藏拙　莫向人间论是非

王梦白历史地位再认识

一、王梦白的艺术成就

王梦白（1888—1934），名云，字梦白，号彡道人，别号骂斋、破斋主人，江西丰城人。他幼年丧父，母亲将其送到钱庄当学徒。关于王梦白早年痴迷绘画的经历，有这样的记载："一次王梦白偶见老板从上海带来吴昌硕的花鸟册页，便爱不释手，早晚临摹，被老板以不务正业为名辞退。"① 王雪涛也在《忆梦白师》中写道："在穷困潦倒之中，他（王梦白）到上海求拜吴昌硕为师，从此走上坎坷的艺术之途。"②具体拜师的情节颇具传奇色彩："王梦白最想投吴昌硕门下习画，只是一直不得晋见，故王梦白经常徘徊在吴昌硕门外。终于遇到吴昌硕送客出门，王梦白见机会难得，立即跪求吴昌硕收其为弟子。吴甚惊讶，唤入家中进行测试，认为可以造就，即允其请，给予指导。"③虽然这一传说无法考证，但吴昌硕与王梦白二人间的师徒之谊还是有迹可寻的。吴昌硕亲自为王梦白制定润格，写道："梦白王君嗜画成癖，古意横溢，活泼生

---

① 《江西省人物志》编纂委员会编：《江西省人物志》，方志出版社2007年版，第383页。

② 王雪涛：《忆梦白师》，《中国书画10》，人民美术出版社1982年版，第16页。

③ 《三衢有寒士　一朝惊画坛——画家王梦白非凡的艺术道路》，《衢州晚报》2013年5月16日第22版。

动”[①]，十六字勾勒出吴昌硕对王梦白绘画天分及特点的充分肯定与赞赏。自此，相差44岁的吴昌硕成为王梦白艺术之路上至为关键的引路人和提携者。

（一）王梦白的画

在目前所见王梦白的作品中，已鲜见其早期学吴昌硕的形神状貌了，而是转益多师，上溯明清，诸如对陈淳、徐渭、李蝉、华嵒等花鸟大家都有借鉴。据王雪涛回忆说：“三十年代正值故宫博物院开放，陈列古画的文华殿是他（王梦白）学习的课堂。他尤其重视华新罗、罗两峰、沈石田、陈白阳等人的艺术成就，也常常从画店借摹这些名家的作品，但又能在学习中博采众人所长，不拘于一家一法。”[②]王梦白善于学而化之，略取风规，加之笔墨灵动、天才般地挥洒自如而形成了趣味横生、韵味十足的梦白风格，其疏雅动人处甚至超过了新罗山人。正如理解他的剧作家熊佛西在回忆中所言：“（梦白）与余有同乡之谊，在北平艺术学校又有共事之雅，为现代国画中杰出之人才，先生写花卉，得新罗山人神韵，以潇洒秀丽见胜；画翎毛则自创一格，有前无古人之慨，以生动逼真见称，画飞禽走兽与草虫，无不栩栩如生，在近百年的国画中，梦白应推为第一翎毛圣手。生前在北平曾为余写猿猴、松鼠、小鸡、桂鱼、燕雀等幅，无不精妙绝伦。”[③]王梦白构图多变，形式新颖，不为程式所囿；寻常题材，信手拈来，效果皆能别开生面，不同凡

① 王雪涛：《忆梦白师》，《中国书画10》，人民美术出版社1982年版，第16页。

② 同上，第18页。

③ 熊佛西：《故画家王梦白》，《评论报》1947年第9期，第16页。

响，早在20世纪20年代的北京画坛上即与陈师曾、汤定之、萧谦中等齐名。王梦白喜欢酒后作画，一次酒酣之后，用徐青藤法画了一幅《石榴图》，这是他的得意之作，跋文写道："醉后泼墨颇似徐青藤，识者幸勿笑我也"，"今日避寿涛园，偶睹此作，意犹未尽，更添小榴于上，行笔过猛，不意脱颖而出，点点者如雨雪霏霏，殊可笑也"[①]，字里行间，得意之情，跃然纸上。诚然，虽是用徐青藤法，但王梦白有出蓝之处，正如王雪涛所言："他的《石榴图》，用水墨信手点掇，浑然天成，全然除却了雕琢气，他学了徐青藤的长处，舍弃了青藤的造作。故宫所藏徐青藤的《河蟹图》（又称《黄甲图》），以胶调墨，取巧地渲染了笔墨效果；而梦白的《石榴图》却无一笔为卖弄而设，而又笔笔厚重，出神入化，韵味全在其中。"[②]王雪涛深谙此法的评述和对比都是非常中肯而透彻的。"信手点掇，浑然天成"是王梦白的过人之处，佩服他的熊佛西曾说："梦白作画以'随便'见长，不拘谨，不墨守成规，兴致所致，一挥即就。某次至余寓闲话，余出纸请其写画，彼则一面口衔雪茄——先生喜吸雪茄烟，几乎烟不离口——一面执笔以极淡之干笔在纸上画了八九个疏密有致之墨团团，当时余立于桌旁不知所画为何物，稍缓，倏以浓墨在干皴之团团上勾点数笔，一幅活生生之雏鸡群跃于纸上矣。余笑曰：'尔作画，有如魔幻术！'彼则以自负之语气答曰：'我王梦白画小鸡与齐白石绝对不同，他喜欢用墨'点'鸡，粗野不堪，我则喜用淡墨干皴。你看看是不是比齐白石高明？'"[③]熊佛西绘声绘色的描述，

① 王梦白《石榴图》跋文刊于《中国书画10》，人民美术出版社1982年版，第15页。

② 王雪涛：《忆梦白师》，《中国书画10》，人民美术出版社1982年版，第18页。

③ 熊佛西：《故画家王梦白》，《评论报》1947年第9期，第16页。

王梦白 《蕉阴犬戏图》

把王梦白的作画过程和口无遮拦的性格特点一并呈现出来，这是身为剧作家的笔触所带来的形象生动的效果。而王梦白喜欢与熊佛西交往，除同乡、同事的客观亲近之外，必定还有惺惺相惜、好恶类同之处。

王梦白的"魔幻术"得益于他天才的感悟能力，得力于他与众不同的创作方法，这要提到他早年间学过的"活水法"。据洪瑞记载："衢州有位徽州人叫汪梦松，曾教过王梦白'活水法'和'读帖'。汪梦松《日记》记载道：'梦白小时学画，运笔尚灵，惜不知水墨法，余曾以画法与论之。后始知用活水，而进步迅速。后去京沪，居然出神入化。'"[①]王雪涛说王梦白有"三快"，即眼快、手快、心快，比如现藏于中国美术馆的《豆荚蚂蚱图》《海棠蟋蟀图》等，蚂蚱和蟋蟀的瞬间动态都描绘得活灵活现，淋漓畅快。其实眼快和手快都是心快的体现，王梦白善于观察景物，逛公园和看电影是他生活中的两大乐趣，"梦白为中山公园每日必到之游客，每日下午四时必至，遇人则高谈阔论"[②]，这就是王梦白喜张扬、好表达的率真性格。除此之外，"梦白喜看电影，西城之中天中央，每次换片，彼必临场，记者亦有影癖，于是乃成影院中良伴，梦白不懂西文，然却爱看西片，其论影亦颇精到"[③]。梦白看电影绝非看热闹，而是捕捉细节，注重观察体验。每遇上映动物题材影片，王梦白喜欢约王雪涛一同观看，细致观察各种走兽动态，王雪涛回忆道："记得一次影片中几只猴子相互牵拉自树上结成一串饮水，他（王梦白）激动地说：'此中世界尚有人性在也！'他的猴子之所以画得那样好，正因为平时对猴有深刻的观察

① 洪瑞：《国画家王梦白》，《衢州文史知识》1987年第3辑，第123页。

② 穹一：《记名画家王梦白》，《北洋画报》1934年第1167期，民国23年（1934）11月15日第3版。

③ 同上。

和体会，才能情发于内而形诸于外。”[①]然而观察、体会之后，如何化为生动的艺术形象呢？这得力于深厚的默写功夫，王梦白正是这方面的能者。他善于抓住所画对象的本质而铭记于心，创作时有如神助、腕底生辉，创作出《红树双猿》《白猫》《墨猪》《蜻蜓》《春蚕》《螃蟹》《壁虎》《螳螂》《海棠秋虫》等栩栩如生的艺术形象，而且能驾驭各类别人不曾入画的题材，显现出过人的绘画能力和不落窠臼的观念。王梦白强调的师法自然、勤于观察的创作方法在当时因循守旧的暮气中是难能可贵的，这也折射出王梦白开通的艺术思想。他将这一创作方法毫无保留地传授给了王雪涛，体现出王梦白是真诚帮助学生成长的，对学生的指导和提携是完全没有旧时艺人习性的。他在一幅与王雪涛合作的《桐荫哺子图》上题有“辛未中秋后五十日，偶与雪涛合作，亦不必注谁写何物，鉴者料难辨识也”[②]，此句道出了王梦白对王雪涛的赞赏和爱护学生的师长风范。

王梦白的绘画题材是全面的，只是他在花鸟、走兽方面的名气更广为人知而已。王梦白也擅长山水和人物。据熊佛西回忆说：“犹有一事不能不记，世人仅知梦白精写花卉翎毛，而从不涉笔于山水，友辈中亦从无人知彼能画山水，然于羽仪[③]案头置有梦白所作山水十二帧潇洒出尘，精美绝伦。余几疑为伪造者，盖余与梦白共事有年，从不知彼能作山水，但细察笔墨图章，又一丝不假。”[④]遗憾的是我们今天难以看到他

---

① 王雪涛：《忆梦白师》，《中国书画10》，人民美术出版社1982年版，第16页。

② 《桐荫哺子图》刊于《中国书画10》，人民美术出版社1982年版，第18页。

③ 王羽仪与王雪涛同为王梦白之得意弟子。

④ 熊佛西：《故画家王梦白》，《评论报》1947年第9期，第17页。

王梦白《墨猫图》

的山水画真迹。王梦白的人物画也同样出色，举三例说明。一是当时地位显赫的谭延闿请人为母亲画像，首选王梦白；二是1923年10月17日，北京艺术界300余人在江西会馆召开陈师曾追悼会，王梦白追绘遗像、姚华题长跋；梁启超、凌文渊、周印昆（大烈）、姚茫父、周肇祥等先后发表演说。[①]此两例可知重要人物、重要场合都是请王梦白来完成人物画的，可见其人物画之造诣和画坛对其认可度之高。三是现藏于北京画院的王梦白的《背面仕女图》，此幅用笔简括流美，线条灵动飘逸，寥寥数笔却传神地勾勒出风姿绰约的美人。因是背影，又留给观者以无限

① 陈继春、袁宝林:《郑锦与“北京美术专门学校”学潮》,《美术研究》2016年第1期,第18页。

王梦白《仕女图》

齐白石《仕女图》

王梦白、齐白石作品局部对比图

的想象空间。题诗云："美人颜色近如何？背面含情羞态多。莫是檀郎太薄幸，桃花红雨几消磨。"题诗通俗易懂，表现出王梦白怜香惜玉的诗人情怀和喜好调侃的风趣性格。此处将齐白石1927年临摹王梦白之《背面仕女图》做一对比，二者差别，见仁见智。因为是临摹，两幅画面基本相同，但也略有变化，齐白石笔墨厚重，裙带线条硬而多棱角，王梦白的处理更富于动感，更有古意，更能表现出美人的慵懒娇态。二人对美人头发的处理亦有差别，齐白石的临摹版不及王梦白的富于墨韵的层次变化，而只是单一色的黑发。齐白石题记曰："年年春至愿春留，春去无声只合愁。夫婿封侯倘无分，闺中少妇岂忘羞。此幅乃友人索予临王梦白，予略所更动，知者得见王与予二幅，自知谁是谁非。因老年人肯如人意，有请应之。"如果按照陈传席先生所说"北京画院现藏王梦白一幅《背面仕女图》，定为1915年画于北京，时年28岁"[①]的话，两幅作品前后相差12年。但笔者认为王梦白来京时间为1919年，理由后叙。王梦白创作此画时刚过而立之年，齐白石临摹时已过花甲之年。至于自信的齐白石为什么要临摹比自己年少两轮的王梦白的画作呢？而且临摹时王梦白还在世。有学者认为齐白石是为了润笔费，这只是猜测，真实情况不得而知。但至少可以肯定的是，齐白石对年轻的王梦白的艺术成就是认可的，同时亦自信自己不在王梦白之下，有"亮相"对比之意。至于有记载说王梦白与齐白石之间存在着"文人相轻"之嫌，那就另当别论，不在此处探讨。

① 陈传席：《评现代名家与大家·续——王梦白（兼谈命运和幸运）》，《国画家》2016年第2期，第2页。

（二）王梦白的诗

如上所述，当时年轻的王梦白的绘画灵气当在年长的齐白石之上。至于题句，齐白石则更高一筹，尽管二人都不是文人出身，都没有正统的教育背景，但是齐白石有湖南诸位老师的指点，加之自己的勤勉，更得意于他“好句多从天分来”的缘由，使得他在诗句造诣上高于同侪画家。而以画名重一时的王梦白，因其天资超迈，诗书画难以分开，他的诗作为画面的“副产品”并不逊色，起到诗配画的辅助作用，甚至会增色，现摘录梦白题画诗如下：

几层林壑几层山，山下人家近水湾。
此是渔樵归隐客，羡他身似白云闲。

日薄寒鸦绕树飞，一枝可借也来归。
胸中有墨须藏拙，莫向人间论是非。

鸡声茅店月盈盈，不待天明又远征。
底事平原无乐土，入山随处可清心。

一春风雨不知寒，又值清明三月三。
木笔山茶都过了，牡丹娇艳数江南。

雨余山翠欲沾衣，夏木阴浓透夕晖。
十里蒲塘湾几许，两间老屋掩柴扉。

低头不顾且安眠，明月芦花浅水边。
大地只缘无息处，凄凉又过一秋天。

满地秋花不忍抛，兴来濡墨费推敲。
莫嫌淡泊无人赏，留得清香自解嘲。

落日寒滩湘水东，野云低处意无穷。
莫教征鸣南飞去，留得深秋佐画工。

西风昨夜搜寒塘，老蟹纵横无处藏。
我亦捉来三五个，丹青小试点秋光。

一年容易又中秋，东海无波可再游。
此去更看红叶好，登高还忆我神州。

横塘十里起风波，花叶峨峨似振戈。
最是翩翩新燕子，秋来还听采莲歌。①

最后一首题画诗后写道：爱林（高希舜②）近以所作白荷，嘱补新燕，感而赋此，时正戊辰（1928年）白露，干戈未息期。同时期齐白石

① 巢章甫:《记王梦白》,《天津商报画刊》1934年第12卷第43期，第1页。

② 高希舜（1895—1982），湖南人，画家、美术教育家。以“一笔荷”闻名画坛，1924年创办京华美术学院。出版有《三友遗珠——王梦白、齐白石、高希舜遗作选》，北京工艺美术出版社2012年版。

也在胡佩衡1926年画的一幅祖国山川风景长卷上题绝句二首，其一写道：“对君斯册感当年，撞破金瓯世可怜！灯下再三挥泪看，中华无此整山川。”[①]凡此种种都说明民国时期军阀混战，民不聊生，书画家也为国家山河的破碎而流泪，体现了他们的爱国思想。

尽管王梦白诗之功力不算深厚，但句句出自肺腑，毫无经营、雕饰之弊。题画诗中多有“秋”“寒”等诗人偏爱的字，悲天悯物，忧时感伤，体现了他内心深处的诗人情怀。梦白不是文人出身，诗词创作也不能按诗人成就那样苛求。作为画面的点睛和风雅之用，亦可圈可点。加之天资非凡，常有妙句，恐不为奇。自古以来，诗书画诸艺事在勤奋，在功力，在学养，如若达到登峰造极之境界，更在天赋，在他人未及之处，凡杰出者多有此因，比如王梦白之画、齐白石之诗。

（三）王梦白的书法

下面谈谈承载着王梦白题画诗的书法成就，王氏书法属于“画家字”，多见于他的题句落款处，鲜有单纯的书法作品存世。所谓“画家字”，包含两层含义：一指专事绘画者，不一定能从诸碑诸帖入手而临池不懈，多为临摹古画时的“副产品”。在临摹古人、精研笔法方面下苦功的同时，更注重对画家精神境界的体悟，吴镜汀曾写过一篇评论倪瓒的文章，对于倪瓒这样极富个性的艺术家，吴镜汀说：“他（倪瓒）对古人的看法，并不像一般人那样只是徒具形骸的模仿，而是运用自己的思想，对自然界里的一切景物有着直接的感受。所谓师法某某，也只是

① 胡佩衡：《生活在伟大时代的白石老人》，《人民日报》1956年9月3日第7版。

供他参考而已。”[①]所有的临摹、研习都需要一个漫长的自我体验与感悟过程，如何能融会贯通地表现出某家某派的风貌来，“其主要因素还是在于他个人的思想、情调与外在物象合拍了，所以他的画显得自然、生动”[②]。吴镜汀这样理解倪瓒的画，显见他对倪氏的深入研究和客观评判，同时也表达了自己的绘画心得与艺术观点。我们今天读来依然具有借鉴意义，那就是临摹更讲究精神契合。所以吴镜汀早年间临摹王石谷，达到了贾羲民[③]所说的“无甚异处”的境界，这绝不仅仅是笔墨上的过硬功夫，正如秦仲文所言：“他（吴镜汀）综合运用了从王石谷上溯宋元各家的画法，并非出于临摹。这说明他学习王石谷，不只是记得一些稿本，而是继承了他的画思和笔法的。”[④]因此，精神契合，内外兼修，方能达到神形兼备的高度，类似的异代知音，如徐石雪学赵孟頫，秦仲文写米家山等，都是禀赋性情与思想境界的高度一致，才能呈现出心手双畅、造诣精湛的艺术作品，这些画家的字都是他们临摹古画的“副产品”，王梦白亦如此。

二指强调作为“附属”的呼应关系，也就是说“画家字”必定与其画风完全吻合，相得益彰，比如吴镜汀的书画出入董其昌、秦仲文写“米家山水”，题字落款无不具有米芾“风樯阵马、沉着痛快”之势，纵横潇洒，富于变化而不失法度。当然秦仲文书法劲健隽逸的背后是他丰厚的文化修养，这在20世纪的北京画坛是有口皆碑的。秦仲文的理论建

① 吴镜汀：《简论倪瓒的画》，《光明日报》1961年4月13日第4版。

② 同上。

③ 贾羲民，近代书画家，启功的启蒙老师，引荐启功向吴镜汀学习山水。

④ 秦仲文：《观吴镜汀画展后书》，《美术》1963年第2期，第37页。

树与书法成就的突出，只是个案，不能用这一标准要求所有的画家，王梦白的书法在他的画面中也是相当和谐而不为失色的，也是他率真、纵意的性格在其笔下的自然流淌。

以上可见王梦白以画为主、诗书为辅的艺术造诣之一斑，天资超迈的梦白鹤立于他所处的时代。尽管他年寿不永、作品散佚，几乎被历史遗忘、为后人乏识，但梦白就是梦白，他的光芒与青藤、白阳同在，同样是花鸟画领域中的异代奇才。

二、王梦白的交际圈子

作为成名较早的天才画家，王梦白的艺术造诣早已独步于20世纪二三十年代，这让他的交际圈子也不同一般，可以说是“谈笑有鸿儒，往来无白丁”，这对王梦白的艺术发展也是相辅相成的。

王梦白英年早逝，没有年表，资料匮乏，来京时间也说法不一。笔者通过佐证资料判断王梦白于1919年来京。根据之一是王梦白之子王松贞的文字叙述：“1919年他（王梦白）到北平，画家陈师曾偶然看到他的作品，也认为他有绘画天才（赋），鼓励他专心作画，并多方予以帮助。”[①]根据之二是余绍宋在日记中提及王梦白者不下百处，大多比较简单，如“王梦白来作画”“王梦白来谈”等。第一次关于王梦白的记载出现在1919年5月14日，仅“夜王梦白来作画”[②]七字。根据之三是1959年人民美术出版社出版的《王梦白画选》中胡佩衡写的序言：“1919年，梦白十

① 王松贞：《忆先父王梦白》，《衢州文史知识》1987年第3辑，第130页。。

② 余绍宋：《余绍宋日记》第1册，北京图书馆出版社2003年版。

分贫困，特来北京谋生活……陈师曾偶然在展览会上看见他的作品，也认为他很有绘画才能，劝他专心作画。”①这也是后来陈师曾推荐王梦白到北京美术专门学校执教的重要原因。胡佩衡与王梦白之子的叙述完全一致。另外，根据《申报》统计②，1915年至1918年间的上海各类大小赈灾、救济等义卖活动中多有王梦白的名字出现，这说明此期间他多活动于上海。上述根据，相互佐证，可确定王梦白的进京时间为1919年。

王梦白来京谋发展，先得到同乡余绍宋之荐，在司法部担任录事一职。后得陈师曾赏识并介绍他到北京美术专门学校任中国画系教授，从他习画的学生很多，1922年考入该校的王雪涛便是其中的佼佼者，用王梦白的话说就是："从我学者过千人，得吾之衣钵者仅雪涛一人耳。"③梅兰芳也是王梦白来京后一对一式教授的学生之一。梅兰芳回忆学画经历时写道："王梦白先生的画取法新罗山人，他笔下生动，机趣百出，最有天籁。他每星期一、三、五来教。我在学戏之外，又添了这一门业余功课。王先生的教法是当我的面画给我看，叫我注意他下笔的方法和如何使用腕力，画好了一张就拿圆钉按在墙上，让我对临，他再从旁指点。他认为：学画要留心揣摩别人作画，如何布局、下笔、用墨、调色，日子一长，对自己作画就会有帮助。王梦白先生讲的揣摩别人的布局、下笔、用墨、调色的道理，指的虽是绘画，但对戏曲演员来讲也很有启发。"④从这段文字记载可知，梅兰芳学画的启蒙老师是王梦白，而

① 胡佩衡：《王梦白和他的画》，《王梦白画选》，人民美术出版社1959年版。

② 《申报》1918年3月28日第11版。

③ 刘曦林：《二十世纪中国画史》，上海人民美术出版社2012年版，第366页。

④ 梅兰芳：《学画自述》，《中华文化画报》2011年第11期，第28页。

且在下面的文字中更证实了梅兰芳师从的先后顺序："在随王梦白先生学画时期，前后我又认识了许多名画家，如陈师曾、金拱北、姚茫父、汪蔼士、陈半丁、齐白石等。从与画家的交往中，我增加了不少绘画方面的知识。他们有时在我家里聚在一起，几个人合作画一张画，我在一边看，他们一边画一边商量，这种机会确实对我有益。"①如果没有这段记载，也许会人云亦云地认定齐白石是梅兰芳的绘画启蒙老师，而且思维定式地认为名人对名人顺理成章。1924年，梅兰芳30岁生日时，王梦白与凌直支、姚茫父、陈师曾、齐白石等一起在梅宅合作绘画，送给梅兰芳作为纪念，王梦白画了一只张嘴的八哥，惟妙惟肖，栩栩如生。此画张挂于梅宅书房，是梅兰芳最为珍爱的作品之一。

谈到王梦白在京的交往圈子，我们不妨梳理一下：王梦白来京后，不同程度地受到吴昌硕、余绍宋、陈师曾等人的鼎力帮助。吴昌硕亲自代定润格，亲自到琉璃厂画店宣传王梦白；余绍宋为其介绍在司法部供职，确保来京生活有靠。1915年余绍宋等发起的"宣南画社"，地点在余绍宋位于宣武门之南的寓所，该社是民国初期北京较早出现的美术团体之一，请江南名画家汤定之为导师，每周末集会交流绘事。北京名流如梁启超、陈师曾、姚茫父、萧俊贤、陈半丁等都是雅集的重要人物，王梦白来京后也加入其中，成为宣南画社的常客，据《余绍宋日记》（北京图书馆出版社2003年版）的相关记载，梦白与师曾合作不下十余帧，而所画又皆他人不画之物，如蛇、如龟、如猪等类，皆甚奇特。自上午八时直至下午六时半始散。盖近年来画社无比畅快者。王梦白经常出席宣南画社的活动，并经常挥毫作画。宣南画社

① 梅兰芳:《学画自述》,《中华文化画报》2011年第11期,第28页。

集会时，一般由导师作画示范，因此多数情况是汤定之作画，其他人观摩，画毕众人抽签决定画作归属。陈师曾参加活动虽不多，但因当时名重京师，所以每到必画。其他人则很少当众演示，而王梦白参加画会后则经常挥毫，不仅与陈师曾等人合作，还演示了“绝技”。比如“1919年10月19日的画会上，王梦白‘作指画’，引起画社导师汤定之的仿效，以指画松。” 余绍宋提到梦白擅长画他人不画之物，例如画猪。1920年在《花阴画展》中，王梦白画的《猪》被胡佩衡形容为“惟妙惟肖，生动有趣，多人争购，因而惊动画界”[①]；1922年秋，陈师曾组织了“纪念苏东坡诞辰885周年”的罗园雅集，更为轰动一时。梁启超、姚茫父、汤定之、周养庵、王梦白、齐白石、陈半丁、萧桎泉、溥心畬等应邀参加，可谓文人墨客济济一堂。众人推让王梦白画猪，顷刻间一只憨态可掬的墨猪栩栩如生于纸上，陈师曾补竹，并题上苏东坡句：“宁可食无肉，不可居无竹”。此作主题鲜明，构思奇特，不落窠臼，珠联璧合。因其出色，刊登于1923年《晨报》的新年（猪年）画刊上，王梦白的名气大增并传为美谈。

除与上述诸公有较为密切的交往外，王梦白还得到了谭延闿、徐悲鸿、刘海粟、熊佛西等北平名流的充分认可和赞赏，例如谭延闿为母亲做寿，请人画像，王梦白便是首选；徐悲鸿喜欢梦白画，多次索求，一次在中山公园画展上见梦白画，以自己的一幅换得梦白的一幅。据熊佛西回忆：“有一次彼（梦白）与汤定之先生为余合作大幅横披，定之先画苍松，梦白则用墨笔在上补了两个松鼠，一作望上欲跃之姿势，一作向下俯瞰之神态，均极生动。画毕，梦白抚须又以极自负之语气曰：

① 胡佩衡：《王梦白和他的画》，《王梦白画选》，人民美术出版社1959年版。

‘你别以为我随便画了这两只松鼠是偷工减料，我敢信：这两只松鼠除了我王梦白，任何人都画不出呢！’此作为徐悲鸿所见，誉为稀有之杰作，盖悲鸿亦擅长翎毛与走兽。后，悲鸿欲求梦白作松鼠，梦白推延复推延，直至病故津沽画犹未缴卷，至悲鸿谈及此事仍引为憾事。”[①]从这段记载可了解到王梦白高超的画艺、受欢迎的程度，特别是他率直、狷狂、目中无人的性格都跃然纸上。他不想画就是不画，不管索画者是徐悲鸿还是其他名人，这就是特立独行的王梦白，非常人所能做到。

王梦白的交往圈子不仅仅是画界，也常参加文化名流雅集，例如1923年“新月社”成立后，徐志摩曾在北平松树胡同“招饮”梁启超、胡适之、陈西莹、凌叔华、梁思成、林徽因诸先生雅集，然画家仅王梦白一人。[②]另一事例也说明王梦白在当时的影响，据凌叔华回忆写成的散文《回忆一个画会及几个老画家》记载，曾在北平邀来了八大名家：陈师曾、姚茫父、齐白石、王梦白、陈半丁、金拱北、萧桎泉、周养庵，还有一个喜爱国画的洋画家穆玛丽。凌叔华用极妙的文字为他们勾描了漫画肖像：王梦白衔着烟卷儿进门，摇摇摆摆；后面的姚茫父，圆圆的脸，一团笑意；一起进来的萧桎泉，神态严肃非常，满脸历尽沧桑状；陈师曾洒脱，出身名门却无纨绔之风；陈半丁谦和，出入亲王门下而不染半点官场恶习；齐白石最恨人讨画，但一高兴就白送了人好几幅，连凌叔华的女佣也得了一张。饭后众人留下一幅合作的小幅中堂《九秋图》，有题词：“九秋图，癸亥正月，半丁海棠，梦白菊，师曾秋葵，桎泉松，白石雁来红，养庵桂花，拱北牵牛红蓼，茫父兰草，集于香岩精

① 熊佛西：《故画家王梦白》，《评论报》1947年第9期，第16页。

② 同上，第17页。

社，叔华索而得之，茫父记。”这是凌叔华生前最为珍视的现代国画藏品。从这段记录中，我们看到了王梦白交游圈子的层次之高。[①]另外，王梦白也颇受日本人欢迎，曾于1929年访日办画展，他的作品深受日本收藏家的青睐，所展作品全部售出，并在日本出版了《王梦白画册》。

再有事例佐证了王梦白在当年画坛的地位与影响力，那就是1923年北京美术专门学校首届高等师范三年级学生募捐毕业旅行而举办游艺大会，收集了中国画教授王梦白等名画百余幅，被列为抽奖的头彩。同年4月15日该校举行成立五周年纪念大会，选举了校务评议会委员，王梦白（14票）、姚华（9票）、萧谦中（9票）、贺履之（7票）等10人当选。[②] 这也显现出王梦白在校的受欢迎程度和足够高的地位。

从上可知，王梦白在京的交际圈子可谓名流云集，规格可观。这对其杰出艺术成就的积淀和影响是有推进作用的。

三、性格为人对其艺术成就的影响

王梦白之所以是特立独行的王梦白，不仅仅体现在创作上，同时彰显在他的为人处世方面，而特立独行的个性及其表现对其艺术的影响又是一把双刃剑。

从王梦白取意“破斋主人”“骂斋”看，其愤世嫉俗之状彰显无遗。题材的选取往往反映出画家内心的偏好和寄托，王梦白在题材的选取上

---

① 陈学勇：《画家的凌叔华》，《文学界》2008年第12期，第17页。

② 李中华：《1917—1937年北京国立专门美术教育研究》，中国艺术研究院2005年硕士学位论文，第128页。

敢于冲破藩篱，无所不画，反映出他不受羁绊、特立独行的性格。王梦白画《蜂猴图》，“蜂猴”谐音“封侯”，题句“生平果遂封侯志，寿考何须到白头”，辛辣讽刺了醉心于功名之人；画《鼠》，以大腹便便的老鼠影射当时的军阀孙殿英，揭露其盗窃国家文物以营私利的罪行；画《犬》影射两种人：一是狗仗人势的贪官污吏，二是攀附权贵的无耻之徒；画《阮瞻谈鬼》，影射人面兽心、口蜜腹剑的笑面虎。此外，王梦白还画“蝗虫”，描写荒年景象，反映灾难民生。刘海粟曾问王梦白所画丑猴的动机，梦白答道：“北洋政府名公巨卿皆猿公同类，此辈盖满京华，我辈能不憔悴么？”[①]王梦白爱憎分明，愤世嫉俗，难怪端木蕻良评说：“王梦白平生引阮籍为同调，对自己喜欢的人，能以青眼相视；对自己不喜欢的人，则以白眼相加。”[②]于非闇在其《感伤图》跋中记其人：“梦白亡友性高亢偏狭，喜骂座，与我交最契，其艺事并不在当时人下，惟以耻于逢迎达官贵人，以至于抑郁牢愁穷困而死，未能尽展其才能。”[③]王梦白好酒使气，喜面指人非，自号骂斋，姚华将之比作性格乖戾的徐文长，齐白石针锋相对，曾在《海棠八哥图》上题句讽刺王梦白：“等闲学得鹦哥语，也在人前说是非。”如果给当时几位画坛的重要人物“素描”的话，那么陈师曾隽逸，似不食人间烟火；姚茫父豪迈，道貌岸然，类一高僧；陈半丁最清癯，如松间一鹤；王梦白最风趣，好诙谐，又尝使酒骂座，颇狂放不羁。其花卉称一时独步，而翎毛犹精绝，

① 穹一：《记名画家王梦白》，《北洋画报》1934年第1167期，民国23年（1934）11月15日第3版。

② 同上。

③ 李松：《活色生香　神超象外——探寻北京花鸟走兽画的文脉》（下），《中国美术》2012年第5期，第108页。

王梦白《蜂猴图》

都人咸戏呼之为“鸟画师”，王亦以此自负，每酒酣，辄奋髯举首，学名伶人声调，顾四座而言曰：“江湖人称鸟画师”。王梦白平日嗜杯中物及雪茄烟，又好戏曲，曾赴东京展画，获资数千元，返国不久，豪赌又尽散去。[①]另外，王梦白聪颖过人，喜开玩笑，模仿能力极强。据记载：“梦白学其人之口吻，惟妙惟肖，梦白能十八省言语，颇以此自负。余每聆其学凌直支之泰州话、学罗瘿公、复堪昆仲之广东官话、湘潭齐白石等惟妙惟肖，听者无不捧腹。”[②]过于逼真，难免有失厚道、惹人不快，而梦白本人却乐此不疲、浑然不觉。

王梦白的极端性格在“骂寿”一事中充分体现。他与余绍宋是同乡，也曾一起学画，更是余绍宋“宣南画社”的常客。当年王梦白母亲去世时，正赶上他贫困交加，无法启程，适逢余绍宋巡视浙江，于是专门上府求托，请余绍宋到自己母亲坟前祭扫一番，以慰亡灵。结果余绍宋没有履行诺言，这大大激怒了王梦白，随即断交。时隔不久，当他收到余绍宋请柬，受邀到余府为其母八十大寿作画时，他哪里肯登门作画祝寿呢？可是余绍宋不肯罢休，一次次派人上门纠缠，非要请王梦白作画不可，王梦白难平一腔怒气，于是想了个主意，当即答应过去。待余府祝寿这一天，厅上大摆筵席、高朋满座时，余绍宋听家人禀报：王先生到！余赶忙出厅相迎，王梦白大步来到客厅，当众指着余绍宋的鼻子破口大骂，骂完扬长而去。[③]这就是反映王梦白极端性格及处理方式的“骂寿”故事。

---

① 穹一：《记名画家王梦白》，《北洋画报》1934年第1167期，民国23年（1934）11月15日第3版。

② 同上。

③ 金循华、万玉兰：《王梦白骂寿》，《文化娱乐》1985年第12期，第34页。

王梦白嫉恶如仇的特点凸显在临终前留下的一纸遗嘱上，令人颇为慨叹，心生悲凉。关于王梦白的遗嘱始末，有文字这样记载："先生（王梦白）在沪在燕，即具善骂之名，近年更甚，郁郁之气仍不出，乃结于肛门而为痔，先生求身体之安全，乃独往沽上割治，竟一割而与嫉者长辞矣。易箦时旁无亲属，即临终之形态，亦不得而闻。乙亥第四日愚偕徐君悲鸿到津探友，午后过肛门医院之侧，见群儿搓纸作炬，为燃爆竹之备，见豆纸一方，上作草书，有奇气，近而视之，乃先生之遗嘱也。予窃想先生结郁之气未散，呵获此纸，以现予之眼帘，令投递徐君燕孙之前耶？亟以国币铜子一枚市之以归，归而授诸徐子。燕孙懔懔然，接而受焉。遗嘱仅云：'燕孙同志，生而不常晤教，死而相求，为戚戚也。然君为慷慨悲歌之士，恨恶为仇，每遇伎俩者，君必尽意而骂，骂而不足，必攘臂伸拳，如欲噬之而后快。默察近之艺界，较前尤甚，少年新进，更具丑态，事不满欲，辄相诋毁，此风固由来已久，然不可长。吾逝矣，责毋旁贷，敬嘱吾友，饮醇酒，袒胸裸足，立稷社之西，长美轩前，引吭朗骂，作口诛笔伐，使魍魉自警，王某顿足长叹拜手。'此名画家王梦白在津医院病笃时，与其同志徐燕孙之遗嘱也。"[①] 王梦白在遗嘱中坦露出了对画界不良环境的愤懑之情和郁郁不舒之气。那么王梦白为什么信任徐燕孙，把徐氏作为临终前坦露心声的对象呢？

徐燕孙（1899—1961），北京人，世代商贾，家道殷实，性情豪爽，仗义执言。他的传统人物画早在20世纪30年代就已享誉京城，徐氏因崇拜曹操的文韬武略、怀有从戎匡世之念而取名"徐操"，其志彰显

① 吴迪生：《王梦白遗嘱发现始末记》，《天津商报画刊》1935年第13卷第34期，第2页。

无遗。常用的闲章有四方，分别为“城北徐公”“吞吐大荒”“前不见古人，后不见来者”“天下英雄惟使君”。这四方闲章不仅是徐燕孙作画的印证，也是他做人的写照。他在20世纪传统人物画上的卓著成就和侠肝义胆的个性深得圈内人的尊重，启功有诗云：“绘事谁称一代工？十年城北识徐公。胸藏丘壑江南少，眼底骊黄海内空。老去诗篇添绮语，平生豪气托雕虫。披图喜见章侯法，取校任颐总不同。”由此可知为什么绝望中的王梦白会把心中遗愿托付给交往并不过密的徐氏，悲凉而浪漫地寄托于徐氏来痛斥画坛之鄙陋、替自己抒发胸中之块垒。令人痛惜的是王梦白临终前身边无人，凄凉惨状可想而知；所幸的是他的“有奇气之草书”遗嘱还能鬼使神差地由吴迪生和徐悲鸿从孩童手中抢救而得，还能交付到徐燕孙手中。

王梦白“生平嫉恶如仇，但事实上却多以德报怨。彼之毛病只在口头不容人，心地则殊厚道”[①]。王梦白的真诚和热情更多体现在对学生的悉心帮助上。据王雪涛回忆说：“我做学生时，老师们虽然都是画坛名家，然而真正从他们那里学点技法却是极为困难的。他们一般不做示范，对学生的画随意指点，门户之见也很严重。梦白先生则喜欢与人接近，每日上午在家中作画时，我总去观摩，每有所得时，回住处立即摹写，画纸未干就急切地卷至老师家请教，他总能一一耐心指点，鼓励爱护学生的成长。”[②]王雪涛的回忆让我们感受到了王梦白真诚对待学生的师者作风，他把独特而有效的创作方法无私地传授给了王雪涛，也促成了王雪涛的成功，他们共同成就了20世纪小写意花鸟画的发展。所以

① 穹一：《记名画家王梦白》，《北洋画报》1934年第1167期，民国23年（1934）11月15日第3版。

② 王雪涛：《忆梦白师》，《中国书画10》，人民美术出版社1982年版，第16页。

说就性格为人方面，不能只说王梦白喜于骂人而难于接近，其实爱憎分明、直抒胸臆、胸无城府才是王梦白作为天才艺术家的特点。这恐怕也不是个例，自古就不乏其人，比如李白、张旭、米芾、倪瓒、徐渭等，哪个没有独特的个性？比如“扬州八怪”，哪个不怪？也许，常人眼中的“怪”才能成就他们艺术中非常人的“奇”，王梦白亦如是。

但是特立独行的性格或多或少地影响着机会的把握和人脉的支持，当然这不是艺术本身，但会影响着艺术发展。以齐白石与王梦白为例，试分析二人命运之天壤之别。王梦白比齐白石起步更早，而且年轻，按常理机会会更多，发展会更好，但是结果却迥然不同。原因大致有三：

其一是齐白石情商高，深谙如何与人打交道，不得罪重要人物，也懂感恩、答谢与示好，尽管也有性格，也敢于直言，但因人而异，善于审时度势。而王梦白不同，他与人交往无贵贱之分，眼高手高，目中无人，口无遮拦，重义轻财。如前所述的拒绝徐悲鸿索画之事便是一例。除敬重吴昌硕、陈师曾、梁启超等极少数人物外，周遭人等几乎全不入眼，尤其对齐白石、凌直支等不屑一顾，甚至冷嘲热讽。

其二是齐白石的生活目标扎实靠谱，很有规律，不让一日闲过，勤恳提高艺术，甚至衰年还能变法，目的是顺应市场，卖画养家，艺术为生活服务。王梦白则不同，他画画的天分极高，随心所欲，兴之所至或酒酣之时，挥毫泼墨，一气呵成便浑然天成，非常人所及，但生活疏于计划，毫无心机，放浪形骸，率性而为，严重影响了他潜心于艺术的终极成果，难免穷困潦倒，甚至危及生命。据记载：“先生于每日午前多不出门，或问之，则告以患痔疾。劝就医，先生曰：此疾非入协和医院割治不可。顾手中匮乏，无其力，拟以‘扇子季’为人作画所入，然后以一部安家，一部为入院之需。”[①]一位天才画家的囊中竟空空如也至无法就医之窘境，实在令人痛心不已！

其三是齐白石多有贵人相助，比如陈师曾、胡佩衡、徐悲鸿，甚至毛泽东。陈师曾建议齐白石“衰年变法”取得成功，齐白石与胡佩衡关系很好，二人结成忘年交。胡佩衡对齐白石艺术有弘扬之功，1928年出版的第一本《齐白石画册》就是胡佩衡编辑的。30年代初，胡佩衡在琉璃厂创办“豹文斋”，经营书董，编印了许多画册书籍，其中包括齐白石的，而未见王梦白的。齐白石感念胡佩衡的推广之恩，有诗为证：“层次分明点画工，启人心事见毫锋。他年画苑三千辈，个个毋忘念此翁。”齐白石对胡佩衡感念不已，并收胡佩衡之子胡橐为徒学画。齐白石的另一忘年交徐悲鸿，更是中国美术史上举足轻重的人物，先聘齐白石入艺专执教，后聘齐白石任中央美术学院教授，如此待遇是令多少有才能而无机会的同侪望尘莫及的。而王梦白除去最初吴昌硕惜才、提携，陈师曾、梁启超欣赏、推进之外，别无其他重要人物的帮助，甚至是被排挤、被倾轧的。而陈师曾英年早逝，于1923年驾鹤西行，吴昌硕于1927年谢世，梁启超于1929年去世。这三位知音的相继辞世，对王梦白来讲都是巨大的“精神地震”。据记载“及至师曾、启超相继亡去，嫉者环相排挤，以致先生妻子有冻饿之虑，出门有无车之叹。愤极，闭门不出者半年，怕闻艺院之钟声（先生居邻艺院），迁居凤城之东，然先生虽噤若寒蝉，然嫉者仍啾啾不脱，故先生怒而买醉，醉而仰面骂人，骂则极绘声绘色之艺术。先生在沪在燕，即具善骂之名，近年更甚，郁郁之气

① 王青芳:《王梦白画师》,《艺风》1935年第3卷第3期,第98页。

仍不出，乃结于肛门而为痔”[1]，其生活状况可见一斑。不然也不会因治痔疮而死于天津小医院，且年仅47岁。而齐白石的生命长于他整整一倍，加之齐白石艺术成就全面，诗书画印齐头并进，尤其他自然而然地将诗人与艺人、艺术家与农民的特质完美结合于一身的能力，使之成为20世纪独树一帜的成功者。而作为天才的王梦白，其艺术生命还未来得及沉淀就过早陨落，实乃20世纪中国画坛的极大损失。

王梦白的与众不同和我行我素，一方面成就了他艺术上的卓尔不群，同时也阻断了他艺术的长青之路，仿如夜空中划过的一颗璀璨的流星，独特的性格使王梦白画益奇而况益窘，这也直接导致了王梦白是奇才而难成巨匠的悲剧命运。在近代花鸟画家中，学习和借鉴华新罗的人不在少数，但得其真谛妙理者当属王梦白为第一。虽然梦白年寿不永，但凭借其非凡的悟性与才华、独特而有效的创作方法继承并推进了明清以降小写意花鸟画的发展，同时毫无保留地传承给了他的得意门生王雪涛。这是王梦白对20世纪中国画坛的最大贡献。因此对于今天的学界来说，20世纪书画史的书写，不仅不该遗漏了王梦白，不该淡化甚至抹去了其历史地位，反而应该正视和宣传他的艺术成就和传承贡献。要知道在20世纪林立的诸位艺术大家中，还有一位相貌清癯、目光炯炯、银髯盈尺、谈笑风生的画坛奇才王梦白。当然，如果王梦白能做到他诗中诉求的“胸中有墨须藏拙，莫向人间论是非”的话，也许会有另一种命运、另一种结局。但事实就是如此，历史没有如果，存在定有必然。他就是特立独行的王梦白。

---

① 吴迪生:《王梦白遗嘱发现始末记》,《天津商报画刊》1935年第13卷第34期,第2页。

第二章

莫嫌开最晚　元自不争春

如引言所述，汪慎生（1896—1972）是20世纪同侪画家中兼工诗书且造诣不俗的一位大家，其诗书成就为画名所掩。他以沉实深厚的功底、妙曼遒力的笔触、平中见奇的章法、中和雅逸的风格卓然于艺术之林；同时早年助力张大千游学、协助黄宾虹授课，表现出“芍药性和平，香生及四邻”的美德和境界，在惜才、助才、衬才上有自己独到的贡献。

一、汪慎生的艺术历程及画坛贡献

汪慎生的艺术历程，大致可分为民国和新中国两个时期。

（一）民国时期的汪慎生

汪慎生的艺术历程可以说是在北京这块艺术沃土上成长、成熟、成就的，因此应该从他1923年来京发展算起，其中至为关键的一步，就不能不提及他的衢州同乡徐心庵和余绍宋的帮助。

徐心庵（1879—1937），官宦出身，一生宦游，爱才助人，先后资助了王梦白（1919年）和汪慎生（1923年）来京发展。他与余绍宋（1882—1949）情谊笃深，余绍宋曾说："予与心庵四十余年，深知其处境有难言之隐，然天怀旷达，夷然自若也。"[①]所以时任司法部次长的余绍宋才在京关照了徐心庵推荐的两位同乡，先后为二人在司法部所属部门安排了工作。汪慎生在河北第一监狱任图画教师达八年之久，生活有了基本保证后，再求艺术发展。

汪慎生来京后的艺术学习主要有两个途径，一是参加"宣南画社"的雅集活动。余绍宋曾于1915年与司法部喜好书画者结社于余氏宣武门南之寓所，名曰"宣南画社"，发起画社初衷是为了向汤定之学画，他还请老友徐心庵治印一方，所谓"年三十三始学画"就说明余绍宋学画正是从"宣南画社"起步的。宣南画社名家荟萃，以汤定之为导师，每周集会一次，纯粹交流绘事，梁启超、陈师曾、姚茫父、萧俊贤、陈半丁、王梦白等都是雅集的重要人物。这里特别要提到的是"宣南画社"里汇集了四位衢州同乡：余绍宋、徐心庵、王梦白和汪慎生，而余绍宋是当时的名家中官职较高的一位，因此有能力帮助同乡，也有条件发起"宣南画社"，该社从1915年持续到1927年。汪慎生属于"宣南画社"成员中的"晚辈"，在画社每周一次的吟诗作画论艺中获益良多。也许正是因为他没有明确的师承关系，反而有利于他在群贤毕至的雅集中博采众长、兼收并蓄。

另一艺术学习的重要途径是到故宫临摹古画。1914年古物陈列所开放，1925年故宫博物院成立，向公众开放清宫秘藏，开皇家藏品社会化

① 刘国庆、汪加干:《止马湾:曾住名士徐心庵》,《衢州日报》2015年1月5日第4版。

之先河，习画者可观摩、研究古代真迹，在“精研古法，博采新知”的倡导下，汪慎生自然是大获裨益的一员，他没受师承某家某派的限制，直接师法古人，他的作品格调与技法之高与直接“取法乎上”不无关系。在此期间，他常去故宫博物院观摩历代名画，以古人为师，山水学石涛、石谿，花鸟画初学陈淳、华喦、孙隆等。汪慎生心摹手追、笔耕不辍，废寝忘食，画艺精进，甚至临摹陈白阳能以假乱真。当时他工资微薄，还要买笔买纸，已无力寄钱养家，他女儿说：“母亲带着大姐每日靠给人家搓蜡烛芯过活，生活相当艰辛。”①后来汪慎生在几处兼职授课，才得以接家属来京。因孩子多，汪慎生画桌下都是夫人给孩子们纳的鞋底，汪慎生下班回家看到那么多鞋底，会风趣地说：“我们家又开鞋铺了。”②即使在这种状况下，汪慎生依然发奋作画，在自学过程中，有许多名人字画是借不来的，只能当时看在眼里，铭记于心，这一过程反而促进了他的记忆力，不管是去故宫看古画及瓷器，还是去公园、动物园看花鸟和走兽，他都不带纸笔，而是聚精会神地观察，回家再画。“为了画画他很少出门，黑胡须留得很长很长，对传统精华下过学习的苦功……如果有机会遇到名人真迹爱不释手，或是根本买不起，只好借来连夜临摹。我见到的有《临摹钱谷花卉草虫手卷》《仿孙隆花鸟册页》等等。”③凡此种种，都体现出他在师法古人、精研古法之路上的筚路蓝缕，是一位苦学成才的画家，也是一批“汪慎生们”脚踏实地、潜心做艺术的缩影，对当今画坛有着榜样作用。

---

① 汪国懿：《我的父亲汪慎生》，《荣宝斋》2012年第9期，第270页。

② 徐璐：《忆汪慎生先生》，汪慎生绘：《荣宝斋画谱　写意花鸟部分》，荣宝斋出版社2011年版。

③ 汪国懿：《我的父亲汪慎生》，《荣宝斋》2012年第9期，第270—271页。

汪慎生　仿孙隆花鸟册页二帧

此外，汪慎生与黄宾虹、张大千等名家的交游对其画艺也有推进作用，而这就要谈到1925年汪慎生与张大千结下的一段友谊佳话。

当时汪慎生家住西单文昌胡同51号，到“宣南画社”、故宫、琉璃厂等处都非常便利。1925年冬，张大千来京时就住在汪慎生家。当时的张大千是在个人首次画展大获成功后决定由沪来京游学的。汪慎生比张大千大三岁，对张的到来热情慷慨，对张的帮助如同手足。据说，白天汪慎生陪张大千观光访胜寻幽，到琉璃厂淘阅古今书画；晚上二人谈诗论画，有时相互命题作画，共同提高。张大千在京期间，汪慎生还介绍他结识了不少画家同道，并参加了“中国画学研究会”的艺术活动，该研究会的创办者金城与陈师曾等人都是精研传统、底蕴深厚且颇具前瞻性的学者画家，这让张大千的视野大廾，也接触到了当时诸多不同的艺术流派，从而受益匪浅。可以说，在张大千的成功路上，汪慎生的助力功不可没。

汪慎生与张大千相处投缘，无话不谈。汪慎生了解张大千的仿古画能力强，就请他分别按照石涛、八大、渐江（弘仁）、金农四人笔墨、款式、风格和书法等，分别仿作四幅扇面画，张大千也是性情中人，二人一拍即合，当场研墨，张大千分别用石涛、八大、渐江三人特点完成三幅山水，用金农法画了翠竹，最后分别仿四人笔迹题句，形神兼备，几可乱真。但张大千为避免误会，就在每幅落款下方钤上“大千”“大千毫发”等印，以明示为仿作，然后全部送给了汪慎生。汪慎生非常欣赏这四幅眼见创作的精品，第二天便送到有名的装裱店托裱入框，悬挂在屋，视如珍宝，这也是汪慎生与张大千情谊深厚的见证。然而世事难料，半个世纪后的1978年，张大千之友黄天才旅居日本，在东京古玩字画店见到了四幅完好的扇面画，黄先生认定是张大千的作品，不惜高价，果断买下。由于此四幅画保存十分完好，成色如新，且完整一套，这让黄先生心生疑虑，于是委托女儿飞赴台湾，寻找张大千求证。结果张大千见画如见友，喜出望外又感慨万千，因老友汪慎生已于1972年作古，遂在自己仿金农的作品上长跋云："此予年26岁，初入故都，在汪慎生家。汪固工新罗花鸟，而酷嗜予所为石涛、八大、渐江诸作，尤喜予为冬心书，因出便面，督予为之。当时以为乱真，今日对之，不觉汗濡重棉也！戊午元月十一日台北大寒，大千居士爰。"[①]张大千感慨说道："这四幅画恐怕是当今世界上所存的我最早的画了。"[②]这段传奇般的记载令人感动，感动汪慎生与张大千年轻时的深厚友谊和艺术上的相互促进，感动这四幅画的颠沛流离和最终的"完璧归赵"，感动汪慎生的保存完好而对收藏张大千早期作品做出的贡献，这注定将是美术史上的一段佳话。

当然张大千对汪慎生的画艺也是赞赏有加的，例如他在总结自己40年成果展的序言中就有过"点染飞动，鸟鸣猿跃，吾仰王梦白、汪慎生"[③]的表述，这说明了王梦白和汪慎生的出色程度和张大千对二人的高度认可。而且张大千在京游学期间与汪慎生朝夕相处，切磋画艺，二人在画风上互相借鉴渗透，汪慎生的蕴藉、儒雅之风对张大千的海派花鸟画最终由奔放走向相对含蓄、由张扬转为相对收敛不无帮助和影响，可以说汪慎生是张大千关键时期的助力者。

---

① 李永翘：《张大千　画坛皇帝》，花城出版社1999年版，第243—244页。

② 同上，第246页。

③ 李永翘：《张大千传》，中国青年出版社2014年版，第399页。

而张大千提到的“点染飞动，鸟鸣猿跃，吾仰王梦白、汪慎生”一语也代表了当时画坛对王、汪花鸟画的认可，例如荣宝斋于30年代印制的生肖笺中，王梦白、汪慎生便是画猴的专属。郑振铎在《访笺杂记》中对荣宝斋印制的壬申笺、癸酉笺给予了高度评价，而申猴四种，作者分别为陈少鹿、王梦白、马晋和汪慎生。1933年，鲁迅、郑振铎编印《北平笺谱》，特意将王梦白、汪慎生等绘制的壬申笺、癸酉笺收录其中，对生肖笺这一形制起到了宣传作用。这些笺纸中的猿猴活泼可爱、栩栩如生，令观者爱不释手，因此坊间争相购买，也直接帮助了渐趋没落的笺纸业。其后，以生肖入笺遂成定制。这一事例足以说明王梦白、汪慎生这两位衢州同乡的绘画造诣之高和影响之广。

汪慎生 《芭蕉冷禽》

汪慎生还有幸与黄宾虹成为忘年交，黄宾虹因受古物陈列所鉴定书画之聘和中国画学研究会之邀，于1937年来京。汪慎生与黄宾虹的祖籍同为安徽歙县，又是黄宾虹在京期间的邻居，于是交往频繁，据汪慎生女儿回忆："如母亲常提到王云、姚茫父、汪采白诸先生是常客……我见过张大千先生带着他几位弟子来我家小院做客，黄宾虹、寿石公、邵章、董寿平这四位先生的住处离我家很近，亦是常来常往。另外，陈半丁、溥雪斋、胡佩衡、周怀民、吴镜汀、吴光宇、邱石冥、王雪涛等也常在一起，大家谈笑风生，常在一起合作画画……"①1937年，黄宾虹在汪慎生的临摹作品《工笔花鸟册页》上题跋，称这是临摹元代画家张子正的，并认为元代王渊和张子正的作品融合了宋代"黄家富贵"和"徐熙野逸"两种风格，已超越唐宋。黄宾虹也非常钦佩汪慎生的摹古能力，他认为汪慎生"精鉴善画，学古而不泥古"，钦佩之至，所以他在给汪慎生的书信中写道："台端书画均逼古人，为近今众史所不及，兹附册样，横竖随意，尺幅倘荷，赐予挥洒以为艺林模范，尤幸。"②黄宾虹作为资深学者、画坛巨匠，他的正直人品和高明眼光都让他不会凭空恭维某人某作，能得到他的欣赏和赞誉，可以佐证汪慎生的艺术造诣。而且黄宾虹对汪慎生的理解绝非是泛泛而谈，他希望汪慎生能提供所画册页，以供学生交流学习，以为艺林范本，可见黄宾虹对汪慎生的赞赏和佩服程度。邵章也认为汪慎生此册页用笔古雅，又不失原作风貌，十分难得。

民国时期的汪慎生已有相当的影响，作品多发表于报刊上，简要列举如下：

---

① 汪国懿：《我的父亲汪慎生》，《荣宝斋》2012年第9期，第273页。

② 艺珊：《写意新风的"潜力股"——汪慎生》，《收藏投资导刊》2016年第11期，第41页。

汪慎生　仿孙隆花鸟册页二帧

汪慎生山水轴：《晨报星期画报》1926年2卷第64期，第1页；

汪慎生花鸟：《晨报星期画报》1927年第2卷第80期，第1页；

汪慎生青绿山水：《晨报星期画报》1928年第3卷第120期，第1页；

汪慎生寿金北楼先生花鸟：《湖社月刊》1936年第100期，第31页；

藕庐诗草（续）：题汪慎生画梅鸭，吴兴金城拱北，《湖社月刊》1933年第63期，第17页；

汪慎生花鸟：《立言画刊》1939年第41期，第14页；

汪慎生山水：《立言画刊》1940年第89期，第5页（属于本社酬赠老客户的扇面一幅）；

汪慎生山水：《三六九画报》1943年第20卷第10期，第33页；

汪慎生花卉：《三六九画报》1943年第21卷第13期，第17页。

1931年汪慎生的作品入选了由郑午昌主编、中华书局出版的《当代名人画海》；1936年出版了《汪慎生山水花鸟画册》；同时他也颇受市场欢迎，京津广告，时常见报，如“汪慎生先生精于书画，早已蜚声国内外，此次在稷园举行个展，定期虽为三日，而未及两日已全部被订购罄尽，重订者仍接踵而来，成绩之佳，得未曾有，汪氏艺术造诣之深，于斯可见（在天津亦受欢迎）。其画展：天津法租界永安饭店，时间：8月28日至9月1日。”另“汪君山水，并此凡三见吾报，均拟黄鹤山樵（王蒙），而无一不工，尤以此帧为最，有人评之可为山樵入室弟子。花卉翎毛，亦其所擅长也。”[①]汪慎生的作品在琉璃厂各家画店挂售，颇受欢迎；另见北平《新晨报》副刊第32期刊登画例：山水一尺四元，花鸟二

① 《星期画刊》1935年9月6日广告。

元；折扇和纨扇，山水每把四元，花鸟二元。而当时《新晨报》的价目是每期4分，可见当时汪慎生作品的价位不低。

可以说汪慎生自1923年来京二十余年来，在这个底蕴丰厚、名流荟萃之都，在既有的绘画基础之上，心悟手从，逐步提升，并以其佳作参加了当时的各类展览而得到广泛认可，成为知名画家。同时他还因为人厚道、画艺精湛而赢得了同道的认可，作为枢纽人物，对成就张大千、协助黄宾虹教学都有助力之功。

（二）新中国时期的汪慎生

新中国初期，汪慎生与众多画家一样，积极投身于适应新社会的大潮中，首先于1951年为毛泽东作《月季》，1952年与齐白石、徐石雪、于非闇、胡佩衡、溥毅斋、溥雪斋、关松房合作《普天同庆》赠送毛泽东共庆中华人民共和国成立三周年；1957年又为建军30周年作画，并题诗以示祝贺，诗云："淑气迎人来，琼瑶着意栽。双禽传喜报，天地赋春回。叶绿经霜厚，花红斗雪开。建军欣纪念，同举万年杯。"汪慎生以真诚的态度面对新时代，积极参与社会活动并得到充分认可，1953年9月20日《人民日报》上发表了汪慎生的《黄鹂翠柳》就是最好的明证，正如王朝闻所言："发扬国画现实主义的优良传统，最重要的是面向生活，即所谓'师造化'。只有在熟悉生活和理解生活的基础上，国画技术才能够获得适当的发挥，也才能够丰富创作的技巧。"王朝闻对汪慎生的作品评价道："《黄鹂》（汪慎生作）那样工细的笔墨所画出来的花鸟，又何尝不吸引人？作为花、鸟和昆虫的特点的描写，正如唐代阎立本作《历代帝王像》和宋代梁楷作《李白行吟图》那样，作为人物性格的描写，

汪慎生《郊外》

笔墨虽有工整与‘写意’的区别，却都发挥了国画技法的专长。”[①]1954年在北京中国画研究会第二届展览会上，汪慎生的《苹果》也是出色的作品，强调了花鸟画贴近人民生活的功能。[②]“汪慎生的《番茄》，于非闇的《牡丹》等等，也都是画家在实际生活中观察、体会和写生后创作出来的。”[③]凡此种种都表现了汪慎生紧跟时代步伐、努力践行“古为今用”的创作态度和过硬的工笔写实能力。1954年夏天，汪慎生为了创作《西红柿》，不辞天气炎热，由其子汪国贤陪同，数次去四季青公社写生，正是这样的创作热情和自身高超的写实技法，使这幅作品蕴含着画家真挚的情感而不显得呆板，被公认为是以传统画法表现新社会的成功范例。

1956年徐燕孙在《人民日报》上发文：“我前面曾谈过上海和北京的作品风格的差异，现在再进一步概括地把各个地区的山水和花鸟来和北京作品对照一下。山水方面，各地作品反映现实生活的较多，这是好的，但缺点是多数不免近似纪录性的表现方法，艺术性不足。至于花鸟则无论工笔、写意都不如北京，北京，写意如王雪涛、汪慎生、郭味蕖的作品，工笔如田世光、俞致贞的作品，都有他们的独到之处。”[④]汪慎生在积极投入创作的同时，也积极配合其他活动，例如：“决定成立‘北京市国画生产合作社’，由北京市工艺美术品联合社（以下简称联社）直接领导，同时发动国画研究会的会员报名。老画家于非闇、溥雪斋、秦

① 王朝闻：《面向生活——全国国画展览会观后》，《人民日报》1953年9月20日第3版。

② 《北京中国画研究会举行第二届展览会》，《人民日报》1954年7月18日第3版。

③ 同衡：《丰富的收获——记“第二届全国美术展览会”》，《人民日报》1955年4月10日第3版。

④ 徐燕孙：《进一步发扬国画的优良传统》，《人民日报》1956年7月19日第7版。

仲文、汪慎生先生等都带头报名入社，更起了推动作用。”[①]

1957年5月14日北京中国画院成立，汪慎生在《人民日报》上发表了《国画感言》，他说：“……我今年六十多岁了，过去生活在漫长的黑夜里，是一直刻苦钻研民族形式的花鸟画，我认为自己用了半生的时光和精力，眼看国画传统艺术冰冷下去，没有翻身的日子和希望，真感到万分不安。想不到新中国成立后七年多的时光，我们伟大的祖国出现了崭新的面貌，各方面都是一日千里的不断的飞速发展。……大家都为走向社会主义而贡献自己的智慧和力量。”[②]尽管今天看来汪慎生的文字里有着鲜明的时代特色，但是他对国画的钟爱和希望为新社会做贡献的热情，是真实可信的；他欣喜于老画家们有了“国画之家”，并在“感言”中表明了两个观点：一是不要急于中西融合，他说：“国画不是没有缺点，这需要逐步的改进。周扬同志在美协的一次会议上说：‘但是不要急于在表现方法上融合中西画法，不要把几千年所形成的东西随意改变，避免传统的优良部分在轻率态度下丧失。国画的真正改革必须在传统原有基础上发展，必须通过国画家本身的艺术实践。只有这样，才能创作出具有中国气派和中国作风的新国画。’”[③]虽然汪慎生引用的是周扬的话，但表达的也是汪慎生自己的观点，他完全赞同周扬对国画的理解和保护才会引用的，只是出于在当时的政治形势下周扬的地位和影响更大，引用他的话更有说服力而已。我们也不难看出这是汪慎生努力为坚守国画自身规律所发出的呼吁，在那样的时代背景之下实属不易。二

① 翟奉南：《从无到有　北京市国画生产合作社诞生前后》，《人民日报》1957年3月23日第7版。

② 汪慎生：《国画感言》，《人民日报》1957年5月15日第7版。

③ 同上。

是表达了“我们趁这余年自觉地全心全意地为国画事业服务；以我们的艺术为人民服务，为社会主义服务！”同时，“我想国画得到政府这样大力的支持和爱护，要使优良传统的民族绘画遗产继承发扬。我们的目的是把老画家们创作的经验与心得介绍给青年人，要自觉地毫无保留地将所有国画知识传授给下一代，从而使国画发扬光大！这是可以做得到，可以自信的”①。如此老骥伏枥、以拳拳之心服务新社会的汪慎生，无论如何也想不到感言发表几个月后自己也成了“右派”。

即使在政治压力极大的情况下，汪慎生依然服从安排，与王雪涛等一道在北京画院举办的绘画班中，联袂授课，培养青年画家。据衲子回忆说：“当时是王雪涛和汪慎生两位先生一起给我们上课，两位老师都极为和善，雪涛先生很严谨，而汪先生随意些，形成鲜明的对比。汪先生很有意思，他比较胖，穿一件肥大的上衣像一座钟。”②我们从衲子的描述中，可以想象到一位宽厚和蔼的“老好子”形象。两位老师相互配合，当堂示范，例如《鱼酒图》就是汪慎生与王雪涛在课堂上的合作画，据王任回忆：“雪涛先生给我们上课时画了一条鱼，后来汪先生补了碟子和酒壶等，浓淡相宜。过了几天，王先生看了以后又在鱼嘴边上用枯墨添了一笔，将整幅画融成一体，成了这幅画的点睛之笔。《双鱼图》是汪慎生先生画的两条活灵活现的鲤鱼，王雪涛先生补的景。汪慎生先生画鲤鱼的水渍非常好看，将鲤鱼头胶质的感觉表现出来了。”③汪慎生和王雪涛的画艺都非常精湛，同时为培养新人做出了贡献。

---

① 汪慎生：《国画感言》，《人民日报》1957年5月15日第7版。

② 孟繁玮：《20世纪花鸟画大家：王雪涛——衲子、王任对谈录》，《美术观察》2008年第7期，第35页。

③ 同上。

汪慎生、王雪涛 《鱼酒图》

齐白石、陈半丁、汪慎生、王雪涛《秋实图》

授课之外，汪慎生还积极参与社会活动，1956年为周恩来出访亚非拉作礼品画，与在京著名画家合作《和平颂》《五一颂》等，《秋实图》是齐白石、陈半丁、汪慎生、王雪涛四人合作的，按年龄和辈分齐白石画桃为主，陈半丁补瓶，汪慎生补菊花，王雪涛补石榴，这样的合作可见汪慎生的艺术造诣之高和大家的认可程度，为大师补画的难度不亚于单独创作，作品中汪慎生所补菊花的位置、大小、设色等都充分显示出他“老好子”的揖让之美德。类似的合作画不胜枚举。

1962年，66岁的汪慎生因中风病严重影响了他外出写生。是年，汪慎生靠记忆作山水画《黄山雁荡纪游合册》，郭沫若、吴镜汀等题诗跋，以示祝贺。汪慎生的最后绝笔是《紫薇鸲鹆》，此作未及署名，便走完了他单纯的艺术人生。后由董寿平代署：“此老友汪慎生先生之遗作，未及署名即中风病，度今忽忽十五年矣，戊午秋日其门人持以示予，因为题识数语以记之。”

汪慎生从中华人民共和国成立到1972年辞世，又是一个二十余年。他的艺术探索与临池不辍，使他的诗书画艺更臻成熟，但不变的是他骨子里的中庸之道和风格上的中和之美。林立于20世纪北京画坛的大家之列，汪慎生毫不逊避。

二、汪慎生的诗书画成就及其风格

汪慎生的艺术成就是全面的，且造诣也是精深的。因其画名在先，诗书成就未能受到足够的关注与研究。本文按诗书画的成就分别阐述，以补汪慎生学术研究之欠缺。

陈半丁曾言："有的画家以理作画，有的画家以情作画，还有的画家是以意作画。"[①]当然这不是绝对化，相对而言，以北京画坛小写意花鸟名家"对号入座"的话，王梦白倾向于以情作画，王雪涛倾向于以理作画，而汪慎生则倾向于以意作画。本节着重论述汪慎生的诗书画成就，在与梦白、雪涛的交集和比较中，凸显汪慎生的醇厚雅正与天真烂漫。

（一）汪慎生的诗

尽管汪慎生因家境贫寒未能系统完成学业，但三年的私塾基础和之后不断的自学、苦学使他成为画家中低调的擅诗者，这主要表现在他的题画诗上，据其后人回忆："父亲喜欢作诗词，为了表达他要写的意境，在许多画上都是他自己填的诗。家中原有一本他多年积累的题画诗原稿，可惜在'文革'中与一批画一起丢失了……他有时为了能恰当表达画意，对某些字、词拿不准，就去请教一些老文学家，经再三推敲后才落笔。"[②]由此可见汪慎生对于诗词的笃学、勤奋和严谨，遗憾的是我们无从找到他的诗稿，只能从他书画作品的题句中感受他的才情与寄托。

汪慎生因诗句或跋语为作品提升了文人画特质，以陈师曾关于文人画之要素来衡量，人品、学问、才情和思想在汪慎生的作品中都有展示，都体现出他高于同侪画家的文化底蕴和诗词造诣，与画面相辅相成甚而相得益彰，在平实与蕴藉中不乏深刻意味，亦富于中庸之道，内涵

① 孟繁玮：《20世纪花鸟画大家：王雪涛——衲子、王任对谈录》，《美术观察》2008年第7期，第37页。

② 汪国懿：《我的父亲汪慎生》，《荣宝斋》2012年第9期，第273页。

丰富，发人深省。例如：

《芙蓉》题句："莫嫌开最晚，元自不争春"；

《芍药》题句："芍药性和平，香生及四邻"；

《藤萝》题句："标春抽晓翠，出雾挂悬花"；

《蜀葵》题句："黄匀涂粉额，赤抱向阳心"；

《花鸟》题句："叶绿经霜厚，花红斗雪开"；

《秋趣》题句："幽鸟生寒条，晴红散疏影"；

《野菊》题句："野菊发幽香，疏枝欣有托"；

《月季》题句："不向月中闲处种，恐将颜色妒姮娥"；

《玉簪》题句："妆成试照池边影，只恐搔头落水中"；

《桃花》题句："共传西苑千秋实，已着东风一树花"；

《紫藤》题句："何当更击催花鼓，十万狂香一夕开"；

《牵牛花小鸟》题句："幽姿娱我老，篱落蔓秋花"；

《荷花游鱼》题句："游鱼知叶北，菱女唱江南"；

《兰花》题句："低回玉脸侧，小褶翠裙长，不用熏兰麝，已生一段香"；

《水仙茶花斑鸠》题句："空闻百鸟群，啁啾度寒暑，何似枝头鸠？声声能唤雨"；

《小鸟》题句："小鸟出蓬蒿，林端修羽毛，早栖已自足，何得去鸣皋"。

凡此种种，要么言简意赅、富于哲理，要么天真烂漫，一派生机，所题诗句无不升华了画面的意蕴，正如清人方薰所言"高情逸志，画之不足，题以发之"。汪慎生几乎是有画必题句，颇显他的诗人情怀和艺术修为。

因王雪涛少有题句，所以只对汪慎生与王梦白的诗句做简略对比，以发现汪慎生的内心诉求。试以王梦白自题《破斋》二首和题画诗二首为例：

题《破斋》二首

破斋寂寞小墙东，蔽日还凭百尺桐。
待到霜寒残叶下，青坡光棍打秋风。

借得园林半亩塘，两间破屋透风霜。
午年薄被寒儒骨，谁识王郎是楚狂。

题《孤猴望月》

丘壑平峦路不分，深秋木叶带斜熏。
哀猿啼到相思处，肠断凄凄不忍闻。

题《芭蕉》

为嫌人事太浮嚣，一枕新凉旧梦饶。
梦醒不知秋在否？小窗疏雨滴芭蕉。

王梦白的诗直抒胸臆，让人感受到了他愤世嫉俗、凄风苦雨的心境，属于文人感怀的“负能量”诗，读来令人黯然神伤。

再看汪慎生的题画诗：

题《墨荷》

水云凉到小桥西，只见花高叶叶低。

自古佳名比君子，虽枯终不染淤泥。

题《桃李》

紫绶花垂瑞露中，词臣不与占春风。

窗前桃李皆成实，谁问枝头翠绿红。

题《清供》

池上春风习习吹，瓶中喜见玉梅开。

蒲茵接石添新绿，草木同辉手自栽。

题《藤萝双鸭》

蔓盘成幄寄乔木，暗紫明红发异姿。

缕络分垂身百尺，迎风翠影系人思。

题《山鸟》

金风瑟瑟吐芳菲，东篱佳色任意挥。

落笔纵横风雨势，枝头山鸟也惊飞。

题《墨荷》

藕花朵朵似晶盘，露冷风清翠叶攒。

一片池塘香气净，亭亭玉立水云寒。

汪慎生的诗通晓畅达，清新隽逸，属于文人抒怀的“正能量”诗，读来令人心旷神怡，这是汪慎生与王梦白的不同气质所致，王梦白更偏执更激烈更多愁善感，汪慎生则更温和更雅正更天真烂漫，更具中和之美。所以说汪慎生的诗是苏东坡“诗不求工画不奇，天真烂漫是吾师”的风格，汪慎生的气质是受传统文化滋养生成的不偏不倚、温和敦厚类型。

（二）汪慎生的书法

与诗风一样，汪慎生的书风也是中和之美一路，是蕴藉中有华彩的儒雅风格。他的书法属于“书家字”而非“画家字”，所谓“书家字”就是在字里行间中能找到下过工夫的渊薮。汪慎生早年写过钟繇的《宣示表》，点画遒劲沉实，风格古朴雅美，与秦仲文的早期小楷风貌类同，他们都是20世纪深受钟繇小楷之润泽的典型代表。汪慎生还找到珂罗版的《钟繇书宣示表》，要求子女们每天临习。由此可见汪慎生对书法的重视和传承，说明他是真正理解钟繇此帖“由隶入楷”的重要意义的。

楷书之外，汪慎生的隶书造诣也很高，特别是对《华山碑》《曹全碑》和郑谷口隶书着力更多。其有《录陆放翁梅花绝句》：“池馆登临雪半消，梅花与我两无聊。青羊宫里应如旧，肠断春风万里桥。”[①]此作字体堂正，波磔优美，风格隽逸，亦可发现他追求的是隶书中古趣活泼一类，与他的诗画相辅相成。

汪慎生的行草也写得不俗，笔触潇洒，风格雅逸醇厚且不失法度。他曾于怀素《自叙帖》、米芾《蜀素帖》等名帖里濡染过，加之明人沈石田、文徵明等“吴门四家”的滋养，并融入了自家高古、内秀的特质，使他的行草不俗不躁、不同凡响，在流畅且沉实的线条中诠释宋人“尚意”之书风。其代表作品有《录陆龟蒙白莲诗》：“素葩多蒙别艳欺，此花真合在瑶池。还应有恨无人觉？月晓风清欲堕时。”[②]另一幅汪慎生作于1943年的扇面书法，也是体现他书法水平和诗词修养的代表作之一，释文为：“一架西风，嫩凉先到小园，恰好秋分。是谁将弱蔓扶上篱根，消受几番清露新，英浅缀霜痕。讶连宵未摘，篱披短荚，青挂朝暾。野人风味，却忆疏棚，水天闲话山村。任屋角莎鸡促织，吟遍朝昏。试问几多黄叶，秋声偏在柴门。思归张翰也，应为尔一赋销魂。右录《雨中花》，清人词一阙。癸未新秋，大雨滂沱，檐声淅沥，偶坐瓦壶斋，与迟园主人闲话幽花野草之乐，出示近作，嘱为溇侄女书箑。满川村人溶。”[③]几幅作品除了反映出汪慎生书法造诣之外，还透露出他的高雅追求，他所录的诗词多是闲雅、隐逸、清高的类型；另外在扇面书法的跋语中还记录了与迟园主人王雪涛的友好交往，二人的合作由来已久，可谓珠联璧合。

---

① 汪慎生:《中国近现代名家画集　汪慎生》，人民美术出版社2000年版，第178页。

② 同上，第176页。

③ 同上，第177页。

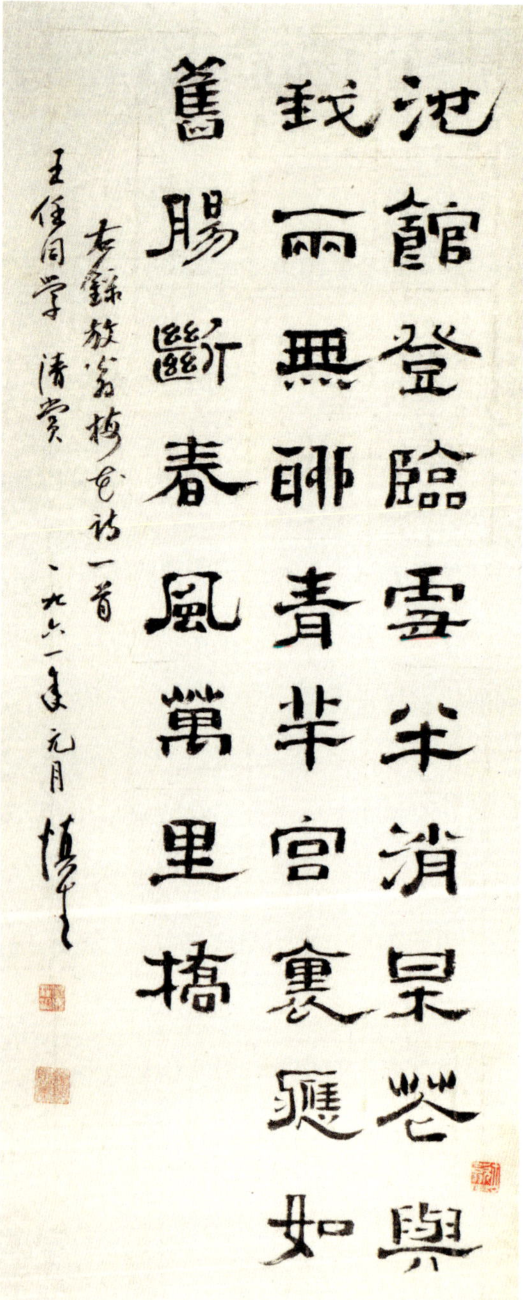

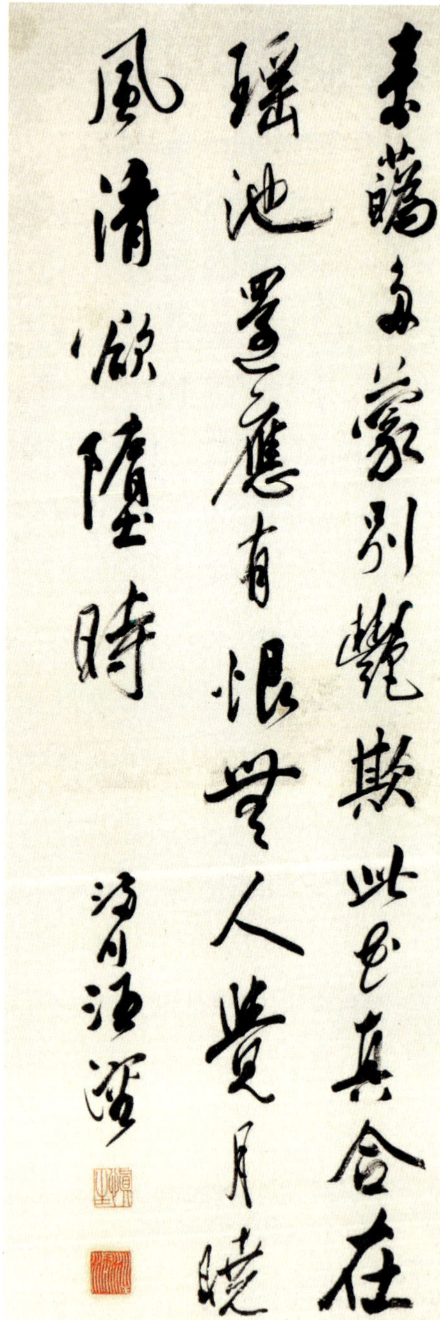

汪慎生 行书、隶书

可以说，汪慎生的书法是画家中的佼佼者，也是书家中的上乘之属，他的书法之所以具有中和之美，正如孙过庭在《书谱》中阐明的“当缘思虑通审，志气和平，不激不厉，而风规自远”。因此，他在画折扇时，常常是一面花鸟或山水，一面书法，说明他对自己书与画的同等自信。另外，在汪慎生与郭风惠的合作折扇中，由汪慎生写书法、郭风惠画花鸟一例，亦可佐证汪慎生的书法造诣之高。郭风惠于京城素以诗书成就闻名于世，书法优于绘画，但此扇中却为丹青；而汪慎生则长于花鸟，但此扇中却作行书。也许此扇有雅兴“反串”之意，但确实可反映出汪慎生的书法水平之高。在北京画坛，汪慎生、秦仲文以及更早一些的徐石雪、马晋等都是以画家身份出现的优秀书家，这也是20世纪许多大家的共同特点，他们多是修养全面、多才多艺的能者，多在实力上下功夫，少在浮夸上做宣传，为当下的众多画家起到了楷模作用。凡成功的画家，其书法大抵不可能差之千里，而如今却有“书画分家”的现象，这是值得重视的问题。书法是根基，文化是底色，有了二者方能使绘画作品有内涵有境界，才不会流于画匠之列。另说造假者，即使用科技手段高仿章法甚至画法，但是题款的书法便能“道破天机”，这恰恰说明仿造或伪造书画璧合之作难以蒙混过关，是值得当代画家深思的问题并需要付诸切实的努力。

（三）汪慎生的画

汪慎生诗书成就之所以为画名所掩，原因是绘画成就更早更高，而且山水、花鸟齐头并进，但整体风格依然是“中和”与“尚意”，清新妙曼、闲雅超逸。他功底扎实，画路端正，亦如其人。他的小写意花鸟画兼有文人画特质，神形兼备之外更具“意趣”。他因绘画题材广泛，技法随之变化多样，精研工笔与写实之法，兼善“南宗”山水。他从故宫博物院临摹古人入手，博采众长，取其菁英，兼收并蓄且化为我用，且不因袭陈套，他曾言：“如果一个画家仅仅会抄袭古人，东搬西凑不能变化，怎么能创作出自己的风格？”①

汪慎生的绘画成就主要得益于“师古不泥古”的艺术观念和“造化在手”的创作规律，他将两者结合于自己的大量作品中。他的作品不以奇制胜，不以怪为美，不追求视觉冲击，而是在寻常题材中表达中和之美，作品中各类景物之疏密、动静、错综、穿插、顾盼和呼应等关系的处理都有法理可循且浑然天成。汪慎生干净且宁静的用色也是他作品中的亮点，在平易中见雅美，在清丽明快、蕴藉典雅中展示“中和”与“尚意”，不追求强烈反差。其笔墨亦富于变化，工写结合，巧拙互补，看似随心所欲，效果却和谐统一。汪慎生一向章法谨严，其女汪国懿说：“他（汪慎生）每次作画从不打稿，而在脑中早已有了构图，在画面的布局上也相当考究，不落俗套，他取材广泛，表现手法多样，就是对同一题材，每一次再画时都是又一次再创作，他经常画同一题材，而表达的意境却不尽相同。经常看到他提笔一挥，把对象的形象乃至小鸟的神态，都真实生动地画出来，是一气呵成的。看他画起画来异常轻松，画得非常快，好像也不费什么劲，看他画画的确是一种美的享受。”②由此可知汪慎生的作画功力之深，往往看似不经意，实则胸有成竹见匠心。即使在艺术为政治服务的激进时代，他画出了《西红柿》的一派丰收景象，也没有言过其实的夸

① 汪国懿：《我的父亲汪慎生》，《荣宝斋》2012年第9期，第271页。

② 同上，第272页。

汪慎生《玉兰红羽》

张和激情澎湃的做作，更多的是平和而真挚的表达心声，这使得他的作品不会因时过境迁而显得苍白无力。可以说中和之美是汪慎生艺术风格的核心，抑或是汪慎生作品长久耐看的关键所在。

另外，合作画中亦能显现汪慎生的绘画能力之全面。在与众多同道的合作中，汪慎生与王雪涛的合作最为成功，堪称珠联璧合。二人都是公认的20世纪小写意花鸟画大家，清新脱俗、生机盎然是二人的共性，但各自又独具风貌。如果说王雪涛更注重观察写生、造型更栩栩如生、色彩对比更鲜明的话，那么汪慎生笔下则更具有文人气息，画面典雅蕴藉，设色和谐明丽，尤以自书诗题句彰显他诗书并进的能力和书卷气。而二人在合作中又和谐无二，毫无拼凑之感，体现出他们既旗鼓相当又相互映衬的合作态度与绘画能力，而这两方面的结合也是当今画坛的榜样。二人合作于1944年的《花鸟册页十二开》最具代表性，画面出现了大量诸如“慎生画鸟石、雪涛补桃园于迟园”“雪涛写虫石，慎生补耳草”“雪涛写蜂窝石壁，慎生补牵牛墨竹”“雪涛写虫石，慎生补景”等款识。因汪慎生兼善山水，后因花鸟成就所掩，所以与人合作中凡山水坡石等景物多由他来完成。可以说无论画面需要填补什么内容，汪慎生都能游刃有余。而且在常年的合作画中，汪慎生的帮衬与揖让之美也赢得了同道的尊重。

总之，汪慎生凭借自己“取法乎上”并“拟古而化”的笃实学习，纯正而严谨的创作态度，扎实且丰富的笔墨语言，中和并尚意、沉实兼隽逸的儒雅风格取得了诗书画齐头并进、造诣不俗的艺术成就。作为20世纪林立的德艺双馨的艺术大家之一，汪慎生当之无愧。

三、汪慎生的自身特点与时代的选择

尽管汪慎生的诗书画艺成就卓著，但未能得到应有的历史定位和广泛关注，如今的地位甚至还不如民国时期。本节试图在与梦白、雪涛师生二人的类比中，阐述汪慎生的特点，并分析汪氏名气受影响、成就被低估的原因。

汪慎生一生不曾担任过任何行政要职，专事绘画，兼工诗书和教学授徒。汪氏从1934年起先后在北平京华美术专科学校、北平辅仁大学美术系、北平师范大学工艺系任教；1954年任中央美术学院民族美术研究所副研究员；1957年北京中国画院成立，任画师和院委，直至1972年病逝。可以说汪慎生因其单纯的经历使他心无旁骛，专心致志于纯粹的传统艺术中，这既成就了他格调高雅的诗书画艺术，同时也让他难以有更多的“抛头露面”宣传自己的机会。这方面汪慎生与王梦白类同，且王梦白去世更早，被遗忘的程度更甚。相对而言，王雪涛的名气和影响要高于汪慎生，因为王雪涛的生命长于汪慎生十年，1978年还担任了北京画院院长之职及其他社会职务，社会活动较多，亦有纪念馆、新闻纪录片等多种宣传媒介存世。而民国时期的汪慎生资历更老些，“当时张大千来家里做客时，后面跟着一大批学生，正房内张大千与汪先生谈事，王雪涛、李苦禅等只能在旁边屋内和张大千的学生一起正襟危坐地听着，足见当时画界辈分之分明”[①]。然而“官本位”是我们的客观存在，“以官职养艺术”已成为见怪不怪的普遍现象，而且在外行眼中，这是衡量艺术的关键标准。在这一价值判断之下，汪慎生难入世俗“法眼”，自然

① 徐璐：《忆汪慎生先生》，汪慎生绘：《荣宝斋画谱　写意花鸟部分》，荣宝斋出版社2011年版。

汪慎生《松溪幽谷》

也是不难理解的。

汪慎生没有著书立说，甚至没有散论存世，这也是个遗憾。“重理论、轻实践”向来是学界的“通病”，如果有理论作为支撑，知行并重，恐怕会有更深远的影响。例如同时代南方的潘天寿、吴茀之等便是有理论、有实践、有教学的一代名家。另外宣传跟进工作，南方做得也好于北方，齐白石曾通过李苦禅认识了潘天寿，齐白石赞美潘天寿说：“不独书法入古，诗亦大佳。予常言书画工在南，不在北方也！”尽管齐白石此言不乏溢美之意，但在宣传意识和力度方面南北的确存在着较大差异，北方滞后于南方。理论建树和宣传力度并举，是南方名家更受关注的重要原因之一。汪慎生的旧学功底深，多年积累的诗稿已毁于“文革”，新中国时期又无从表现这一才能，且创作心得、画理画论等也未见于文字，因此理论建树尚显不足，目前只见其一篇《国画感言》短文发表在《人民日报》上。

没有“伯乐”的发现和引领，内心留有一方“净土”。王梦白与汪慎生同来自衢州，出身贫寒，从小学徒，都没有系统的教育背景和家学承传，但都痴迷绘画。王梦白还有幸得到过大他44岁的吴昌硕的耳提面命，从而画艺精进，且得到了缶翁亲自制定润格的奖掖提携，还得到过陈师曾、梁启超的赏识和帮助；而汪慎生小王梦白八岁，除早年上过三年的私塾外，完全是自学成才的画家。陈师曾是出名的慧眼识才的伯乐，他发现并器重王梦白，推荐王梦白到艺专任中国画系教授，才有了王梦白传授王雪涛的机会；他还力劝齐白石“衰年变法”，并把齐白石的作品带到日本参展、推介，作品深得日本人喜爱，结果被高价抢购一空，齐翁从此声名鹊起。“曾点胭脂作杏花，百金尺纸众相夸。半生羞煞传名姓，海国都知老画家”，此诗足以记录了陈师曾是有效“打造”人才的大师，但陈师曾英年早逝，于1923年驾鹤西去，未能有机会发现并指导汪慎生。此外，在齐白石名声大噪之后，有太多的后学投其门下，趋之若鹜，形成派系，以求沾溉，但是汪慎生没有从流，尽管汪慎生与齐白石多有合作，但始终在画风上与齐白石相去甚远。画风就是画家本人心性的外化，汪慎生心中的追求可从他的一幅扇面兼自书诗中得以领略：“彭泽辞归日，龙山落帽秋。一番清高处，千载思悠悠。”1942年8月汪慎生为友人作菊花扇面，题上此句。八月正是满地菊花时节，菊花又是陶渊明最爱，因此汪慎生题诗与画作契合，更显示出他文化底蕴与诗词修养之深，从中也不难发现他内心留有一片超脱的“世外桃源”和“陶潜情结”。汪慎生有印“满川渔隐”“满川渔舍”等，这似乎印证了他内心深处向往文人隐逸的某种表达，这恐怕也是汪慎生难以从俗的内在根源。

汪慎生被称为画坛“老好子”，说明他为人处世的厚道、谦让与随和。汪慎生的随和非同一般，就连画坛特立独行、眼高手高的王梦白也能与汪慎生融洽相处，一方面说明汪慎生的艺术能入王梦白之眼，另一方面说明汪慎生的随和性格。余绍宋与王梦白、汪慎生是同乡，而且余还有助于王、汪二人，这一点王、汪对余还是有答谢之情的。1921年，余绍宋母亲六十寿辰，他请了在京名流为其母作画祝寿，王梦白也是其中之一。据余绍宋之侄余厥谋回忆：“大厅右边板壁上挂着八幅大条幅，画有喜鹊、鸽子、八哥、猴子、哈巴狗、猫等动物。父亲说，这八幅画是王梦白画的，是他从北京寄来的寿礼，左边板壁上挂有徐心庵表伯画的梅花、桃花等四张条幅，旁边挂有梅兰芳画的麻姑献寿，再过去是汪慎生画的灵芝仙草……父亲说：‘你们没有见过，他和汪慎生叔叔都是前几年到北京，由徐心庵表伯介绍给你伯父（按：伯父指余绍宋）的，他们都会画、会写，王叔叔和汪叔叔都留着长胡须。’”[①]这一记载恰恰佐证了如前所述的王梦白、汪慎生来京的来龙去脉，但后来余绍宋因公差南巡时，未能兑现替王梦白在王母坟前祭拜之事，激怒了王梦白，致使待余母再次办寿时，王梦白有了“骂寿”的极端行为，与余绍宋从此绝交。而汪慎生与余绍宋的关系始终友善，“余绍宋在给汪慎生的信中还说到王梦白在北平常对人污蔑他，而他却总在南方赞扬王画，因此感到疑惑和委屈”[②]。这说明余绍宋信任汪慎生，才肯吐露心事。2012年某春拍以《书札文牍》为专场上竟发现了汪慎生的人脉关系网，“拍品为民国时期书画名家、文化名流致汪慎生信札共47通、63页。内含余绍宋11通，邵章7通，叶恭绰、罗复堪、傅岳纷、周肇祥、黄节、陈叔通、寿石工、秦仲文各2通，萧谦中、凌文渊、徐宗浩、朱葆慈、杨昭俊、溥伒、邵锐、杨天骥、陈乃乾各1通。内容多为索请、赠送画作和画艺品评等。其中余绍宋一函，评黄宾虹金文书法‘以为旷代无两’，请汪慎生代求六幅小屏，他说黄宾虹习用宿墨书写，装裱时往往晕浑失去笔致，故特别交代汪慎生备妥好纸好墨送去”[③]。信札种种，内容鲜活且丰富，通信者包含文化界许多重要人物，可补美术史部分资料之不足，亦可证明汪慎生是20世纪北京画坛少有的忠厚沉稳、守正持中的枢纽人物，只是没被

① 余厥谋：《我所知道的名画家王梦白》，《衢州文史资料》第3辑，浙江人民出版社1987年版，第132页。

② 艺珊：《写意新风的“潜力股”——汪慎生》，《收藏投资导刊》2016年第11期，第41页。

③ 同上。

汪慎生《荷趣》

重视和研究而已。

汪慎生的“老好子”特点还体现在重义轻财上。例如他的作品在民国时期就已受欢迎，琉璃厂各店都有挂售，但朋友登门索求，汪慎生便毫无推辞，当面一挥而就，甚至会问：“行不行？”他随和厚道，平易近人，无论内行外行都愿与之接近。在得画容易这一点上，王梦白、秦仲文、李苦禅等与之相仿，而与明码标价、铁面无私的鬻画者相比，汪慎生更具亲和力、更有人情味。

再有，从汪慎生与梦白、雪涛的斋号中，亦可发现他们性格与寄托的不同。例如，汪慎生祖籍安徽歙县，号满川村人；王梦白，号乡道人，又号破斋主人，曾有名片这样写道：“江西佬王云，字梦白，号破斋主人，家住受辟胡同，门前一臭水沟为记”[①]；王雪涛号迟园主人。汪慎生不忘桑梓，热爱家乡，因此斋号“满川村人”，这一点与王梦白的“乡道人”、秦仲文常题的“梁子河村人”等都属同一情愫。而王梦白的另一斋号“破斋主人”则是他与时流格格不入的情绪表达，此斋号由陈师曾所书。王雪涛的“迟园主人”则表示了他一贯的严谨和谦逊，这一点汪慎生与王雪涛又相同，他俩在作品中鲜有个人情绪化的表达，更多的是展示自然生命的美好，给予观者以美的感受，不标新立异，不出奇制胜，也是当下倡导的“正能量”一路。

可以说汪慎生的中庸之道是长期受儒家思想濡染的结果，是汪慎生个人的修为所致。他曾与张大千朝夕相处，对张氏的帮助可算是画坛佳话。两位在当时是旗鼓相当的画家，如今却形成了不可类比的天壤

① 石谷风口述，鲍义来、王恽忠整理：《亲历画坛八十年：石谷风口述历史》，江苏文艺出版社2014年版，第6页。

之别，除格局、机遇、寿命等重要因素外，与汪慎生低调内敛、不争不抢的“老好子”性格不无关系。汪慎生中规中矩，似乎忠厚有余，魄力不足，所以他常常是参与者，而难做引领者，他骨子里“莫嫌开最晚，元自不争春”的诉求自然无法使之成为耀眼夺目的那一位。从他的题句“芍药性和平，香生及四邻”中表现出了他平朴、祥和、高尚的精神境界，他在与同道合作中亦可窥见其揖让、帮衬之美德。而妙笔能生花的他反而甘当绿叶，衬托同侪，这种上善若水、润物无声的大家风范当垂名画坛，对现在急功近利的从业者来讲，依然具有永不过期的榜样作用。

纵观汪慎生的艺术人生，他成就于民国。尽管他也努力以诗书画的形式赞美新社会，但是他已固化了的文人特质、中庸之道、尚意风格等都难以一并迅速地在新社会得到新发展、达到新高度，所以他在与时俱进、力争上游的极速转型中略显吃力。在新中国时期，他的作品没有王雪涛更符合新时代的审美，也没有潘天寿的创新及个性鲜明，古雅、风雅和中庸是汪慎生作品中脱不去的底色。“莫嫌开最晚，元自不争春”就是汪慎生的人生写照。

汪慎生的可贵之处在于，他是恪守中庸之道这一传统文化核心的艺术家，因此他的作品富含哲理性、重书卷气，且意境幽远，耐人寻味。画品见人品，他的守正持中，他的温和敦厚，他的“芍药性和平，香生及四邻”的崇高境界，都是当下倡导回归传统文化的典型范例。

无论是民国时期西学东渐的强势来袭之下，还是新中国“国画改造运动”的迷茫时期，汪慎生都始终默默坚守着纯粹的民族艺术，始终秉持笃实而纯洁的内心追求和创作态度，这是值得我们尊敬和借鉴的真正

汪慎生 《芙蓉双禽》

艺术家的状态，所以说汪慎生的价值不仅仅在于他艺术的全面和造诣的不俗，还在于他的沉实与谦逊对当今画坛的浮夸与炒作所具有的校正意义。用苏东坡“千林扫作一番黄，只有芙蓉独自芳”的诗句评价汪慎生的为人为艺，恐不为过。

当然像汪慎生这样脚踏实地、实过其名的纯粹艺术家还大有人在，这需要研究者不断钩沉，以丰富20世纪中国美术史。对汪慎生进行研究的意义，恐怕也正在于此。

第三章

花鸟传神笔法精　千秋自会有公评

王雪涛（1903—1982）作为20世纪小写意花鸟画的代表人物之一，其一生专事花鸟画的创作、研究与教学，是20世纪花鸟画坛上践行“古为今用，洋为中用”的成功典范，是锐意进取、承前启后的一代大家。

王雪涛存世的作品丰富，画集有18本之多，但相关研究明显滞后，真正意义上的学术探究尚显不足。所谓的“王雪涛研究”，大多停留在回忆性质或基础材料的重叠层面上，相关硕士论文有3篇，且总体研究水准良莠不齐，有雷同、图解甚至武断之弊；艺术分期问题，多是早、中、晚，较为概念化和程式化。特别指出的是，用“雅俗共赏”来形容王雪涛的花鸟画风格，几乎成了盖棺定论的通识，例如刘曦林认为“他（王雪涛）不属于个性奇异‘曲高和寡’的那种艺术家，他追求的情趣和色彩，使他成为更受人民大众所喜爱的一位‘雅俗共赏’的花鸟画家”[①]。这是具有普遍性的认知，笔者以为“雅俗共赏”未能真正触及王雪涛艺术风格之关键处，更不能浅表地认为情趣或色彩等绘画语言表达上的不冷逸和题材上的喜闻乐见就是“雅俗共赏”，关于王雪涛“不一般化”的艺术追求将在本章第二部分进行论述。胡立辉在《王雪涛花鸟画研究》

① 刘曦林：《二十世纪中国画史》，上海人民美术出版社2012年版，第368页。

论文中关于“王雪涛文化水平不高”“传统文学修养薄弱”[①]的观点，笔者深为质疑，也将在后面展开商榷。

对于王雪涛的艺术历程，有雪涛儿媳温瑛女士编的年表可循；对于王雪涛不同时期的作品，有画集可看；关于画理，相关介绍文章不在少数，另有教程、纪录片等影像资料可参考。笔者认为，在所见材料中，尤以薛永年、王珑写的《王雪涛的艺术蹊径》[②]一文最为言简意赅，对王雪涛画理及其艺术特色分析得鞭辟入里。

正如引言所述，王雪涛从1922年考入北京美术专门学校（艺专）至1982年辞世的长达60年的艺术生涯中，就花鸟画的宏观风格而论，笔者认为可分为“白石画风”“梦白阶段”“雪涛风格”三个时期，这里拟借助梁志斌的口述资料，从王雪涛与王梦白、齐白石的师生缘入手，拨开迷雾，就模糊不清的问题和值得商榷的问题进行论述：其一是王雪涛与王梦白、齐白石之师生缘及画风转变之原因；其二是王雪涛用色之匠心和“雅俗共赏”“文化不高”评价之有失公允；其三是王雪涛与王梦白异同之比较。随着对王雪涛研究的不断深入，我们坚信“花鸟传神笔法精，千秋自会有公评”[③]。

一、王雪涛与王梦白、齐白石之师生缘及画风转变之原因

王雪涛的师承问题，所见文章阐述的师承顺序多为“齐白石、王梦

① 胡立辉：《王雪涛花鸟画研究》，中国艺术研究院2014年硕士学位论文，第46页。

② 雪涌（薛永年）、素望（王珑）：《王雪涛的艺术蹊径》，《美术研究》1982年第2期。

③ 此标题诗句为梁志斌所作，创作于1987年王雪涛纪念馆落成时，全诗为：花鸟传神笔法精，千秋自会有公评。先生驾鹤西归去，魂在花香鸟语中。

白”，也有少数只字不提王梦白的，需要澄清的是：王雪涛师承顺序是王梦白、齐白石，而且王梦白影响其一生。

王雪涛于1922年考入北京美术专门学校大学部西画系，后转入中国画系，那时王梦白已是中国画系的教授。北京近代书家邵章（1872—1953）为梦白所作小传写道：“己未（1919）甲子（1924）之间，曾充国立美术学校中国画主任。同时齐名者，有义宁陈师曾、贵筑姚茫父、山阴陈半丁。年甫四十，长髯，鬓星星然，论者每推为老宿，不知其方盛强也。梦白为人，树风骨，尚豪侠，不屑与俗流伍。其书亦如宋人简牍，因题画刻励学诗，遂能吟事，往往有佳句，然不以是炫于人也。梦白之才情，殆所谓天授，非常人所能学而至者也。”[①]此段介绍，为我们勾勒出一位中年老成、银髯盈尺、多才多艺、不肯从俗的王梦白。王雪涛在《忆梦白师》中也写道：“我做学生时，老师们虽然都是画坛名家，然而真正从他们那里学点技法却是极为困难的。他们一般不做示范，对学生的画随意指点，门户之见也很严重。梦白先生则喜欢与人接近，每日上午在家中作画时，我总去观摩，每有所得时，回住处立即摹写，画纸未干就急切地卷至老师家请教……”[②]梦白师真诚率直，爱护学生，十分欣赏王雪涛的悟性和勤奋，并悉心帮助、着力提携。梦白喜欢看电影，每遇上映动物题材影片，如《人猿泰山》公演时，他几乎场场在座，并喜欢约王雪涛一同观看，据王雪涛回忆：“记得一次影片中几只猴子相互牵拉自树上结成一串饮水，他（王梦白）激动地说：‘此中世界尚

---

① 郑国：《书山有路勤为径　艺海无涯苦作舟——介绍王梦白和他的绘画》，《博物馆研究》1995年第1期，第100页。

② 王雪涛：《忆梦白师》，《中国书画10》，人民美术出版社1982年版，第16页。

有人性在也！’他的猴子之所以画得那样好，正因为平时对猴有深刻的观察和体会，才能情发于内而形诸于外。”[①]

然而观察、体会之后，如何化为生动的艺术形象呢？这得力于深厚的默写功夫，王梦白正是这方面的能者。他善于抓住所画对象的本质而铭记于心，创作时有如神助、腕底生辉，创作出《红树双猿》《白猫》《墨猪》《海棠秋虫》等栩栩如生的作品，而且能驾驭各类别人不曾入画的题材，显现出过人的绘画能力和不落窠臼的观念。王梦白强调的师法自然、勤于观察的创作方法在当时因循守旧的暮气中是难能可贵的，这也折射出王梦白开通的艺术思想，他更将这一创作方法毫无保留地传授给了王雪涛，体现出王梦白是真诚帮助学生成长的，对学生的指导和提携是完全没有旧时艺人习性的。1931年，他在一幅与王雪涛合作的《桐荫哺子图》上题有“辛未中秋后五十日，偶与雪涛合作，亦不必注谁写何物，鉴者料难辨识也”[②]，此句道出了王梦白对王雪涛的赞赏和爱护学生的师长风范。

那么，王雪涛是如何理解并继承王梦白“默记、默写”这一方法的呢？他在《学画花鸟画的体会》中写道：“特别应当提到的是，有些人对所谓‘写意花鸟画’有一定的误解，以为‘写意’者，不必求其形似，只图练习笔墨，这是把对现实的观察、提炼、概括与不必研究对象的生活习性和结构特点混为一谈，其结果便是把生动、多样、变化丰富的大自然，不是画得千篇一律，就是非驴非马。有些画出自不注意观察人的

① 王雪涛：《忆梦白师》，《中国书画10》，人民美术出版社1982年版，第16页。

② 《桐荫哺子图》刊于《中国书画10》，人民美术出版社1982年版，第18页。

手笔，是一眼可以看出的，这是画不好画的。”[①]他认为：“花鸟画的源泉是生动的大自然，而不是他人的笔墨，提炼与概括也要源于对自然的观察。因此对自然界的观察是训练心眼的基本功。不注意对物写生，把握不住对象形体的特征，就失去了艺术再现的能力。写生不是画虫鸟标本，不但要能准确刻划形象，而且特别要强调概括能力和捕捉对象瞬间的动态，我对自己的速写总是以这样来要求。手眼的敏捷是速写要解决的问题，画面的生动，离不开速写的锻炼。默写比速写更重要。我讲的默写，实际是默记。凭眼睛看，用脑子记。速写再快，也常局限于一时一物，而认真观察后印在脑子里的形象，却更为完整、生动，待到运用时自然发于笔端。我的老师王梦白是近代画家中十分注意写生的，其主要方法是默写。”[②]

如果说当时王雪涛沿袭了王梦白的小写意一路及创作方法的话，怎么会有“白石画风”呢？

1924年，王雪涛（原名王庭钧）与同学徐佩蘧（原名徐兰贞，1928年为王雪涛妻）同时拜齐白石为师，齐白石欣然为二人改名，沿用至今。据梁志斌口述，早年在一次作品展览会上，王雪涛的作品引起了外请画家齐白石的驻足赞赏，当时的齐白石还不是艺专教授，同时观展的人趁势对王雪涛说：“还不快拜师！”王雪涛告诉梁志斌，当年请齐先生吃了顿素斋，算是拜师仪式了。齐白石当时的情况是：因陈师曾1922年去日本时带了几幅齐白石的作品，深得日本人喜爱，结果高价出售且被抢购一空，从此齐白石在京城名声大噪。齐白石大喜过望地感慨道：“曾

① 王雪涛：《学画花鸟画的体会》，《美术研究》1982年第2期，第5页。

② 同上。

点胭脂作杏花，百金尺纸众相夸。半生羞煞传名姓，海国都知老画家。”之后齐白石也被时任艺专校长的林风眠所欣赏，于1926年被聘为艺专教授。

师从齐白石的王雪涛大写意作品与其师神形具备，齐白石也非常喜爱王雪涛的聪明、专注和勤奋。1924年，齐白石在王雪涛的《白菜图》上题跋：“画到流传岂偶然？几人传作属青年。怜君直得前人意，墨海灵光五彩妍。难得风流不薄余，垂青欲与古人俱。他年画苑编名姓，但愿删除到老夫。雪涛法家属题，甲子秋九月中，齐璜题记。”从题跋中可见齐白石对王雪涛的认可和赞誉。1928年王雪涛作《荷花图》，齐白石题跋：“作画只能授其法，未闻有授其手者，今雪涛此幅似白石手作，余何时授也？白石记。”[①]尽管王雪涛颇具“白石画风”的作品几可乱真，但是需要强调的是王雪涛学齐白石不是简单的临摹，而是深谙齐白石画法后的创作，这是理解之后的暗合。关于这一问题，我们不妨参考吴镜汀评论倪瓒的文章：“他（倪瓒）对古人的看法，并不像一般人那样只是徒具形骸的摹仿，而是运用自己的思想，对自然界里的一切景物有着直接的感受。所谓师法某某，也只是供他参考而已。”[②]所有的临摹、研习都需要一个漫长的自我体验与感悟的过程，如何能融会贯通地表现出某家某派的风貌来，“其主要因素还是在于他个人的思想、情调与外在物象合拍了，所以他的画显得自然、生动”[③]，吴镜汀这样理解倪瓒的画，显见他对倪氏的深入研究和客观评判，同时也表达了自己的绘画心得与艺术观

---

① 王雪涛作品及齐白石题跋均见于王雪涛纪念馆展厅。

② 吴镜汀：《简论倪瓒的画》，《光明日报》1961年4月13日第4版。

③ 同上。

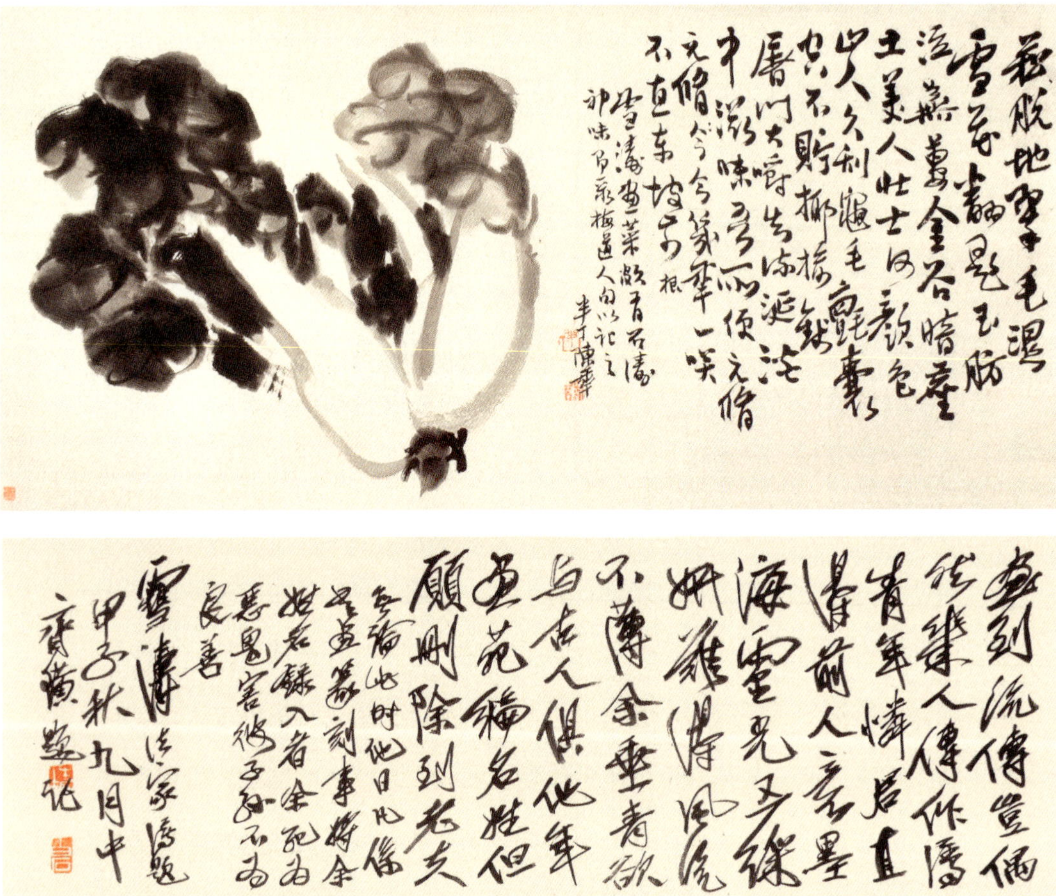

王雪涛　《白菜图》

点。我们今天读来依然具有借鉴意义，那就是临摹更讲究精神契合，所以吴镜汀早年学王石谷，达到了贾羲民所说的“无甚异处”之境界，这绝不仅仅是笔墨上的过硬功夫，正如秦仲文所言：“他（吴镜汀）综合运用了从王石谷上溯宋元各家的画法，并非出于临摹。这说明他学习王石谷，不只是记得一些稿本，而是继承了他的画思和笔法的。”[①]因此，精神契合，内外兼修，方能达到神形兼备的高度，类似的异代知音，如徐石雪学赵孟頫，秦仲文写米家山等，都是禀赋性情与思想境界的高度契合使然，王雪涛学齐白石亦然，也是某种程度上与齐白石的暗合，甚至对老师有所启发。1925年王雪涛作《不倒翁图》，画背面不倒翁，齐白石又为其题诗两首并附记，其中有“雪涛仁弟画此，因闻余欲画背面，先画此呈余论定，正合余意”之句，而齐白石存世最早的背面不倒翁作于1926年，这一事例正是上述观点的最好佐证。

随着齐白石影响的扩大、作品价位的不断翻倍，社会上出现了齐白石假画，而且有些假画让齐白石本人看了都认为水平不低，这让苦苦探寻出一条成功之路的齐白石大为恼怒，他一方面铸“齐白石铜印”登报声明，告诫画店；一方面听信了传言，对“白石画风”的王雪涛产生了怀疑和排斥，气愤的齐白石竟在家门口贴出了“王雪涛莫进来”的告示。有人把这消息传给了王雪涛，雪涛知道白石师的性格和白石周围人的传言，感到百口莫辩，便托人转告白石师，一是自己没作假画，二是以后跟老师画儿上见。[②]当齐白石得知误解了雪涛后，便亲自操刀治印一枚，刻上“老雪”，亲自送到雪涛家。后来雪涛常用此印，这是承载着师

① 秦仲文：《观吴镜汀画展后书》，《美术》1963年第2期，第37页。

② 根据梁志斌回忆秦仲文先生口述。

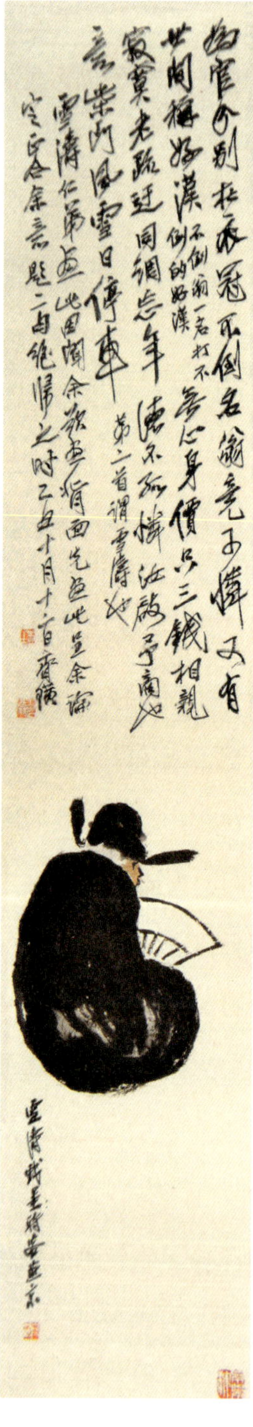

王雪涛 《不倒翁图》

生一段故事的一方印。有一次王雪涛为梁志斌作完画，也钤上此印，并告诉他此印的来历。[①]可以说上述风波对王雪涛从此离开“白石画风”的作用至为关键。

由此时间顺序可知，王雪涛师从王梦白在先，因王梦白任艺专教授时（1924年离开），齐白石还未曾受聘于该校（1926年受聘），王雪涛至少先跟王梦白学习了两年，学到了王梦白特有的默写方法并受用一生，不然也不会得到眼高手高的王梦白“从我学者过千人，得吾之衣钵者仅雪涛一人耳”[②]的高度评价。王雪涛师从齐白石在后，但形成“白石画风”在先，上述原因又促使其改变画风。1933年，齐白石于王雪涛书画册上题写：“吾贤下笔如人意，羡汝成名鬓未丝”；1934年又题：“蓝已青矣”；1935年，齐白石在王雪涛摹白阳山人卷上题跋：“前朝白阳山人长于花草，师之者众，皆能栩栩自许。得其笔姿秀雅者，惟吾贤”。[③]凡此种种，都表明了王雪涛在画风转型上的成功和齐白石对他的认可。另外，1943年，雪涛学生“何涵宇、郭伴云、萧印玺三人画展”在中山公园水榭举办，齐白石特为其题写“迟园弟子画展”以示祝贺，亦为提携，这也佐证了王雪涛离开“白石画风”之后依然和白石师保持着良好关系，体现出王雪涛的品德与胸襟。另外，1934年王梦白猝然去世于天津，王雪涛立即赶赴天津料理后事，亲自护送梦白师遗体回衢州老家；并与陈半丁一起在琉璃厂“集粹山房”召集同仁举行义卖，为王梦白筹集资金，接济家小。这也足见王雪涛尊师重义的可贵品质。

---

① 根据梁志斌回忆王雪涛先生口述，佐证了秦仲文所言无误。

② 刘曦林：《二十世纪中国画史》，上海人民美术出版社2012年版，第367页。

③ 均见于王雪涛纪念馆陈列室复制品。

王雪涛由大写意转为小写意并终其一生，凭借的是自己的聪颖、专注与勤奋，当然在小写意的探索之路上，王梦白的引领和指导功不可没。王雪涛由王梦白而上溯明清，师古人师造化，借古开今，锐意精进，这一兼收并蓄、博采众长的过程统归为“梦白阶段”。最终他形成了构图精巧、章法谨严、用色明快、意趣盎然的雪涛风格，成为20世纪卓有成就的花鸟画大家。

二、王雪涛用色之匠心和“雅俗共赏”“文化不高”评价之有失公允

有关王雪涛的艺术特色，学界存在着一定的误解甚至曲解，其中最为普遍的是用“雅俗共赏”评价其艺术追求或风格，这实为不妥。

首先要区分“俗”的概念是通俗意义上的“俗”，还是格调上的“俗”。笔者认为误解的根源在于王雪涛的用色上。老百姓喜欢鲜艳，于是以为鲜艳就是俗，所以浅表地推理为王雪涛花鸟画之所以受欢迎是因为“雅俗共赏”。本节通过对王雪涛《学画花鸟画的体会》之分析和梁志斌的口述资料，就此问题做如下论述，旨在让更多的人少一些误解，阐明“雅俗共赏”不是赞誉，而是不解抑或曲解。

对于中国画色彩的特点，花鸟画的一代宗师吴昌硕曾诙谐地说：“事父母，色难。作画亦色难。”[①]他又说：“作画不可太着意于色相之间。”[②]对此，潘天寿撰文回忆道：“昌硕先生长于设色，却作以上的说法，这大概是中国的绘画到了近代，每以墨色为主彩，就是‘画家以水墨为

① 潘天寿：《回忆吴昌硕先生》，《美术》1957年第1期，第16页。

② 同上。

上’的原理。因为墨色易古不易俗，彩色易俗不易古。故说‘色难’及‘作画不可太着意于色相之间’，这全是昌硕先生深深体会到用色的艰苦而有所心得才这样说的。”[1]潘天寿也是深谙此中奥妙的花鸟画大家，因此，他对吴昌硕的理解是十分到位的。吴昌硕的用色直接影响了齐白石，齐白石“红花用墨叶配”的经典用色又启发了王雪涛，王雪涛在此基础上发展并丰富了用色。他谈到红与黑配色时说：“齐白石以浓墨画白菜，旁边并列二个带有黑蒂的深红小辣椒，色彩感觉十分鲜明。他画的黑色蜡台，插上红色蜡烛有着同样的效果。红黑二色产生的艺术感染力，古代人就很熟悉，如中国的漆器、希腊的瓶画。它有鲜明的对比，而又庄重饱满。”[2]王雪涛对于红黑配的理解直接运用在他擅长的牡丹画上，他说：“我自己也有一些感受。牡丹是人所喜爱的一个花卉品种，唐代人赏牡丹成了长安、洛阳的一大风尚。历来文人、画工以此为题写诗作画的很多。然而，封建文人是把它作为富贵象征来描绘的，今日人民对它的爱好、感受全然不同。我曾试以墨色描画枝叶，衬托红色花头，突破了红花一定要绿叶来扶的格式，除却了柔媚富贵之气。用色虽然减少，但整体效果突出而庄重；运用得好，色彩感觉未必是单调的，同时也更能在枝叶上发挥笔墨效果。”[3]这段话是王雪涛所画牡丹艳而不俗的画理支撑和关键所在。梁志斌曾问过雪涛师：“您画的牡丹怎么比真的耐看呢？”雪涛师答：“来源于生活，高于生活。”[4]尽管语言取自那个特殊

① 潘天寿：《回忆吴昌硕先生》，《美术》1957年第1期，第16页。

② 王雪涛：《学画花鸟画的体会》，《美术研究》1982年第2期，第6页

③ 同上。

④ 据梁志斌口述回忆王雪涛语。

时代（1975年）推行的话，但王雪涛所言的内涵确实不是泛泛而谈的，他在创作与思考中将容易流于俗艳的颜色对比转化为艳而不俗的“红与黑”，这是他深思熟虑后的创造，是他对特殊时代花鸟画用色的贡献，这种范式更是王雪涛高于同侪的绘画语言，同时也体现出王雪涛非同一般的适应能力及创新精神，这绝非浅表的“雅俗共赏”所能体会和概括。

需要强调的是，王雪涛对中国画色彩的特点有着深刻的具体的研究。他认为：“中国画的色彩是有传统、有特点的。数千年前的彩陶艺术，至今能给人以美的感受，不仅因为图案和器形的完美结合，也因为绘制流畅线条的黑红色与陶器烧制后的表面色彩相协调，形成了色彩、图案与器形的统一。其后，从战国、秦汉的漆器，汉代的壁画可以看出，美术创作中色彩的民族特点已经形成。谢赫总结的‘随类赋彩’，说明千余年前色彩问题已经提高到理论高度而加以重视了。”[①]这段描述言简意赅地指出了中国画色彩的源远流长和不同凡响，而且早在千年前，谢赫就有了相关的涉及，只是还不够完善和系统。王雪涛说中国绘画色彩运用的特点是：“不强调特定时间和环境下的视觉感受，采用高度概括的艺术加工方法来表现。”[②]那么，具体如何运用和表现呢？王雪涛认为：“一是墨与色相结合，或以墨代色；一是表现对象固有色为主。”[③]那么对于中国特有的水墨画是如何体现“色彩”的呢？王雪涛对此阐述得鞭辟入里，他说：“墨画是色彩表现上的精练概括。所谓墨分五色，运用得好，很多时候可以起到使用色彩也达不到的艺术效果。不少黑白照

① 王雪涛：《学画花鸟画的体会》，《美术研究》1982年第2期，第6页。

② 同上。

③ 同上。

王雪涛 《出水芙蓉》

片的表现力很强，可以使颜色准确的彩色照片相形见绌。也没有人认为卓别林的影片因为无声而成为缺憾。在这里，黑白与无声成为艺术感染力的手段。以墨来概括自然界的色彩就是中国画色彩表现的一大特点。同样，墨与色结合使用，时常也可以得到丰富的表现力和更好地表现特定的情感。以色助墨、以墨显色，一向为人所重视。”[①]这段论述可谓是王雪涛对于中国画色彩的真知灼见。而王雪涛之所以在特殊时期少有墨画，是因为时代所致，他只能在“以色助墨”和“以墨显色”中施展所长。

读王雪涛的文字，我们不难领略到他在理论与实践中齐头并进的修为，他由实践中悉心且智慧地总结出一套行之有效的理论，又用这套理论指导实践，相互促进，相得益彰。另外与或故弄玄虚或隔靴搔痒的空谈理论相比，王雪涛的表述毫无天花乱坠式的玄，而是在深入浅出中给不同文化水平的学习者以实实在在的道理和方法，如同他的花鸟画一样，没有冷逸和距离感，不夸大主观表现，而是将笔精墨妙寓于亲切与平易之间，传递给观者以健康、真挚、纯粹的美感体验，看似不经意，实则见匠心，其中不乏他的色彩之功。傅山有句名言说得好：“蒲团参入王摩诘，石绿丹砂总不妍”，意思是以王维的学养，即便用石绿配朱砂，在他的笔下也不会媚俗。这里强调的就是人雅画不俗。此话用于王雪涛，恐不为过，更何况他始终心存着以雅压俗的“不一般化”的追求。这句话来自衲子的回忆，他“曾问雪涛先生艺术意趣、追求，答以‘不一般化’。当时朦胧意会，但味先生画风迥异时流”[②]。当说到“雅俗

① 王雪涛：《学画花鸟画的体会》，《美术研究》1982年第2期，第6页。

② 衲子：《忆王雪涛先生二三事》，《中国书画》2004年第8期，第135页。

共赏”时，梁志斌清晰地记得雪涛师的原话：“宁愿让内行人点头，也不图外行人拍手。”[①]王雪涛的表达听似浅显易懂，实则耐人寻味，这一直白的表达正是王雪涛“不一般化”的艺术诉求，所以品评者用“雅俗共赏”来评价王雪涛的花鸟画风格，不是赞美，而是不解甚至曲解。

那么如何才能使作品达到“不一般化”呢？就色彩而言，王雪涛曾说：“色彩要艳要雅，关键在用墨。”艳是时代所需，雅是格调使然。如何在艳中求雅？关键看画家控制用墨用水的能力，王雪涛特别强调说：“水是无名英雄，作画的难易程度是笔、墨、水。”[②]梁志斌所见雪涛师作画时，都是直接沾墨、沾水、沾色，无须再调适，这样在每一笔中，水墨分布不同，墨色富于变化，韵味横生，不可复制，恐怕作品的魅力也在于此。王雪涛还注重色彩的配合，例如草绿加赭石、花青加墨色，沉实且雅致；并强调画面要有主色调，不能杂乱无章。另外，王雪涛习惯用宿墨，据梁志斌所见，雪涛师聊天时，都会边说边研磨，以备第二天用，梁志斌问及为什么不用时再研，雪涛师说：“宿墨沉实。”[③]这是个人习惯，没有哪种更好。据潘天寿回忆文章说，吴昌硕喜用宿墨；[④]梁志斌所见秦仲文习惯现用现研，而且研得不多，一小勺水的量，而每次画完正好墨也用完，这是长期的经验所致。

王雪涛作为20世纪小写意花鸟画家中“古为今用、洋为中用”的成功代表，他注重学习，兼收并蓄，他师法古人，师法自然，师法朋辈，

---

① 据梁志斌口述回忆王雪涛语。

② 同上。

③ 同上。

④ 潘天寿：《回忆吴昌硕先生》，《美术》1957年第1期，第17页。

王雪涛《梨花斑鸠》

王雪涛《红蓼双鸭》

甚至对西方色彩也多有借鉴。他认为："中国画的色彩表现与西洋画全然不同，虽说谁都了解中国画以表现对象固有色为主，问题就在于如何巧妙利用自然对象的固有色来丰富画面。西洋画中总结的色彩规律对了解这一点是有帮助的。"[①]具体而言："白色的玉簪上落上一个瓢虫，活跃了过于淡雅的色调，对比之下也更增添了花的晶莹。生就有着两种颜色的螳螂，在一幅画上为赭黄色可能更谐调；另一幅中，画成石绿色，则在对比之下可能更突出。色彩的巧妙运用，可以为画面增添音乐感和韵律。"[②]由此看出王雪涛在创作中是颇费心思的，正如他1960年在《吴昌硕画集》题跋中所言："缶老为近百年画坛革命者，笔力雄健，气势浑拙。学者能于一点一划之处多加钻研，自会得其妙也。"[③]王雪涛的题句正是他自身学习的经验之谈，他的散论都是切实可行的指导，丝毫没有缥缈、务虚的夸夸其谈。落实到具体创作时，他说："我画过一幅'鸢尾'，其上补什么飞虫颇费不少脑筋，主要从色彩上考虑，添加了飞蛾才觉比较满意。整幅画是所谓偏冷一些的温色调，比较明快、淡雅；同时，又不过分地使用了对比，造成统一而悦目的效果。整体色调是由画在泥金底上的草绿和青紫的花形成的，而花头与飞虫的红翅造成对比。同时青紫、灰红、黄绿三种色调又能协调为一体，色彩感觉就丰富些。借助外国的色彩经验，用来丰富以表现固有色为主的传统技法，我看很值得钻研。"[④]王雪涛之所以在构图、色彩、意境上能不同凡响，与他的

① 王雪涛：《学画花鸟画的体会》，《美术研究》1982年第2期，第6页。

② 同上。

③ 北京市书法家协会编：《二十世纪京华名人遗墨》，知识出版社2002年版，第186页。

④ 王雪涛：《学画花鸟画的体会》，《美术研究》1982年第2期，第6页。

博采众长、略取风规的意识和方法不无关系。他敏锐加勤勉、开拓能创新的观念与能力，尤其在色彩上的匠心独具和构图上的卓尔不群，至今依然引领在前，依然无出其右者，依然具有学习和借鉴的重要价值。

正是由于王雪涛把毕生的聪明才智和精力都投入到他的花鸟画世界中，又限于特殊时期的种种制约和打压，他谨言慎行，与绘画无关的内容少有涉及。特别是在题画上，他的题字少之又少，甚至有很多作品的题字仅存“雪涛”二字。也许因看不到王雪涛的文字，就误以为王雪涛没文化，这一观点见于《王雪涛花鸟画研究》一文，该作者认为：“王雪涛生前没有撰写出版过其自身关于艺术言论的著作，仅有几篇短略的文章面世。这或许与王雪涛作为一个职业的、文化水平不高的画家，文字基础较为薄弱有关。”①该论文最后说：“我们看到王雪涛艺术生涯后期的作品，所呈现的面貌倾向于粗简一路。这限于其早年传统国学文化修养不深，……最终阻碍了王雪涛更高格调的作品面世和更高量级的美术史定位。”②作者认为王雪涛是“缺失古典传统文化的基础……在画风雅俗共赏这一路中，更偏于俗的重要因素之一”③。笔者完全不认同此观点，理由如下：

其一，王雪涛于1918年考入保定直隶高等师范手工图画专修科，1920年以“学业成绩为学校之冠”（王森然语）的优异成绩毕业。④随后于定州州立师范学校、定州州立师范学校附小和省立十三中学任图画

---

① 胡立辉：《王雪涛花鸟画研究》，中国艺术研究院2014年硕士学位论文，第5页。

② 同上，第69页。

③ 同上，第10页。

④ 同上。

王雪涛　重阳墨册页二帧

教员。1922年考入北京美术专门学校，学校录取第一届专门学制本科生49人，王雪涛、李苦禅均在其列。1926年王雪涛因成绩优异毕业留校任教。从这些记载事实可知王雪涛的学业成绩，他所在的艺专是大学部，学制四年。教授他美术史的教授是闻一多，因为王雪涛聪明好学，成绩出众，颇受闻一多欣赏，所以先生才会是王雪涛、徐佩蓮夫妇的证婚人；[①]郭风惠曾在艺专兼职教授英语和语文，他对王雪涛的才华和勤奋也是不乏赞誉的，凡此种种，不再一一列举。因此评价王雪涛“文化水平不高”是缺乏依据的。因所处时代原因，哪一位画家在特殊时期随性写诗题句？据梁志斌回忆说，当年郑诵先案头就摆有《李白诗选》，只能写李白诗和毛泽东诗词，不能写自书诗；秦仲文是能诗善书的画家，正是因为题画诗招致了麻烦。

其二，王雪涛在生命的最后阶段，其笔触更为简括、洗练，或雄强或生涩之处也可见另一番神采，亦有“人书俱老”的规律和味道。再者，即使晚年有作品不是张张经典，也无可厚非，因身体每况愈下、力不从心等多种因素所致。关于创作状态，孙过庭在《书谱》中早有过精辟解释，因此不足为奇，更不能轻易断言王雪涛艺术生涯后期的作品倾向于粗简一路，这一结论缺乏依据和逻辑支撑。

其三，我们从1981年王雪涛为弟子萧朗作序的文言文看，更认为评价王雪涛“缺失古典传统文化基础”的观点是有失公允的。引一小节，以示证明：“逮逢邦国新建，堂皇大业，广收人才，印鉢（萧朗）考入华北大学三部艺术系，卒业后分配津门。虽人分地隔，但往来仍频，转瞬

① 据王雪涛纪念馆图片文字记载。

又忽忽三十余年矣。噫！印鉥弟已年逾花甲，予焉能不耄？谚云：‘士别三日，当刮目而视。’今审其画，其笔墨之润秀，情趣之真率，颇近于陈白阳；其章法之谨严，造型之爽劲，差拟于华新罗。故马或奔踶而致千里，师于予，又能从极似之中蝉蜕而出者，非印鉥而谁何？予昔冀其有为，今可抚其背而誉之也。值其作发表《迎春花》（今《国画家》）之际，书拙文以相勉，且相慰云。”[①]从节选的寥寥两百字中，我们看到了其脉络清晰、繁简得当、对仗谨严、起伏有致的文言文修养，文中仿如有王安石对苏东坡的希冀与厚望。如果没有传统文化的基础，岂能如此行文？另外，王雪涛存世不多的几篇白话文，也写得言简意赅，深入浅出，给学习者以切实可行的经验之谈，且逻辑性强，层层递进，毫无赘言，远比一些故弄玄虚、隔靴搔痒的冗文要实用和令人受益。其实深入浅出难，天花乱坠易，真正的大家论述反而是平易近人的，例如由郑诵先执笔、以北京中国书法研究社名义出版的《怎样学习书法》一书，当年影响了无数书法人，可谓功德无量之作。能做到深入浅出者才是真正的大家。王雪涛亦然，悉心品读他的《学画花鸟画的体会》，字斟句酌，受益良多。

三、王雪涛与王梦白异同之比较

除上述艺术成就与贡献之外，王雪涛的可贵之处还体现在他与时俱进的适应能力和“克己复礼”的自律能力上，这方面他高于他的老师

---

① 王雪涛：《粉为造化　笔写天真——读萧朗花鸟画作》，吕章申主编：《萧朗书画艺术》，北京时代华文书局2016年版。

王梦白。王梦白性格极端、眼高手高、特立独行，在花鸟画的创作中，可以淋漓挥洒、出神入化，这是环境和个性使然。而王雪涛不同，他受到的种种限制是王梦白的性格所承受不了的，在种种受限的环境下，他还能表达出不同凡响的心声，还能取得如此卓然的成就，其难度不言而喻，其能力令人敬佩。师生二人的一脉相承，无须多谈，就差异而言，简述如下：

在用色上，王梦白着色不艳，所画花卉大多用色淡雅，不求富丽，题画诗也多是“凄风苦雨海棠泪，泣得秋虫相对怜”的悲秋感怀之意，这与他所处的时代和他的诗人情怀有关。而王雪涛用色浓于王梦白，这也是时代所需，功能使然。王雪涛受特殊时期各种政治运动的限制，花鸟画在功能上需要贴近大众，但这不是王雪涛画品上的追求。他在学习和实践中得益于王梦白，而理论上又能成熟地凝练成文字，呈现给后人，使学习者从中受益，这是王雪涛超越王梦白的贡献之处。

王雪涛与王梦白的异同正如学者画家伍蠡甫所说：“艺术美包蕴着画家个性和技法特征，并赋予作品以艺术风格，至于和个性紧密联系的情思、意境，则含有一定的社会的、阶级的内容。因此，艺术风格可以多种多样；不仅因时、因人而异，同一画家也可有所不同。”①王雪涛与王梦白的性格不同，所处环境不同，在逆境中的适应能力和处理方式亦不同。据王梦白之子王松贞回忆：“先父人品清高，为人坦率，轻财好义。对当时身着衣冠、心存鬼蜮的官僚政客，常报以讥讽谩骂，以致和时俗不合，受人嫉妒排挤。他见国画日失规范，愤而辞职在家，闭门谢客，

① 伍蠡甫：《伍蠡甫艺术美学文集》，复旦大学出版社1986年版，第335页。

王雪涛 《玉兰金刚图》

生活上遇到很大困难，几年的时间全家人啃窝窝头咸菜度日。而他愈穷愈傲，以绘画对污浊风尚口诛笔伐……”[①]王梦白的傲骨与偏执可见一斑，文中所提“愤而辞职”就是指辞去艺专之职，据记载：“及至师曾、启超相继亡去，嫉者环相排挤，以致先生妻子有冻饿之虑，出门有无车之叹。愤极，闭门不出者半年，怕闻艺院之钟声（先生居邻艺院），迁居凤城之东，然先生虽噤若寒蝉，然嫉者仍呶呶不脱，故先生怒而买醉，醉而仰面骂人，骂则极绘声绘色之艺术。先生在沪在燕，即具善骂之名，近年更甚，郁郁之气仍不出，乃结于肛门而为痔。”[②]其生活状况可见一斑，不然也不会因治痔疮而死于天津小医院，且年仅47岁，就此陨落了一颗才华横溢、年富力强的艺术生命之星，实为痛惜之极。然而反观王梦白这一悲剧命运，是否与其极端的性格及处理方式有关呢？

同样遭遇不公待遇时，王雪涛表现出的则是冷静、智慧、隐忍和胸襟，最大限度地自我保护，同时使他钟爱的绘画艺术得以可持续地存在和发展。例如在众所周知的“反右”和“文革”的年代，小情调的花鸟画自然是“无用”的，不如展现祖国大好河山的山水画和凸显英雄模范的人物画更能彰显革命的豪气。特殊时期的花鸟画只能描绘一些特定的题材，如红梅、牡丹、鸡场、鸭场等。王雪涛面临着政治上的打击和艺术上的限制，他的压抑和艰难是不言而喻的，但是理性的王雪涛没有选择“硬碰硬”或逃避的方式。当时不堪忍受其辱而愤然辞世者大有人在，而王雪涛不同于任性到极端的梦白师，他尽可能迂回地不激化地对待各种运动中的所谓交代和麻烦，也为表现社会主义的繁荣昌盛画了大

① 王松贞：《忆先父王梦白》，《衢州文史知识》1987年第3辑，第131页。

② 吴迪生：《王梦白遗嘱发现始末记》，《天津商报画刊》1935年第13卷第34期，第2页。

量的牡丹、红梅、紫藤等寓意“姹紫嫣红”“欣欣向荣”的作品。尤其在1966年至1970年间，他接受并精心创作了百余幅外销画，也接受了不题字、不署名、不钤印的苛刻要求，为国家换取外汇做出了无私奉献。在那段万马齐喑的特殊岁月里，王雪涛为了生存、为了艺术别无选择，至少在集中起来创作外销画期间，他可以暂且安静，远离政治运动的麻烦和人事纷扰。据梁志斌回忆，秦仲文说当年他挨批斗时，还四下看看王雪涛来没来，那时还不知王雪涛被集中起来画外销画。[①]更为难能可贵的是，无论王雪涛处于何种境遇，他依然饱蘸热情，“克己复礼”，以热爱自然生灵的笔墨、以颇具匠心的构图和饱满干净的色彩为社会、为时代呈现出股股积极向上的暖流，他的笔下从未有过消极、颓废甚至愤世嫉俗的情绪化表达。尽管常言“画为心声”，但在饱经忧患的心境之下，王雪涛还始终保持着展现美好的心态，为时代提供了不计其数的赏心悦目的作品，这是他的高尚与博大之处。他是20世纪花鸟画坛为数不多的将理性与感性完美合一的大家，是令人肃然起敬的一代巨匠。因此王雪涛对20世纪花鸟画的发展和贡献大大超过了王梦白。

王梦白才高气盛，个性更似徐青藤，笔墨技法的出神入化程度不在徐氏以下，有奇才特质。而王雪涛聪颖勤奋、内敛隐忍，鲜有表现自我的张扬之处，例如齐白石曾写“天壤王郎”赠雪涛，四字大篆写得气象恢宏，笔势强劲，以示赞誉。据萧朗回忆：“拿来后即挂到墙上。过了一些日子，雪涛先生说总是这样挂着不好，便叫我们给取下来。”[②]可见王雪涛一贯的谨慎与谦逊。可以说王雪涛是属于有担当、顾大局的艺术

① 梁志斌口述回忆秦仲文语。

② 萧朗：《回忆先师王雪涛》，《美术研究》1998年第4期，第25页。

家。相比较而言，王梦白属于自己，王雪涛属于时代。

颇有佐证意义的是与王梦白、王雪涛师生二人均有关联的人物徐燕孙，这一事例也能证明艺术生命与艺术家的性格、命运息息相关，值得我们思考。

徐燕孙因艺术成就和直率性格在圈内颇有影响，因此王梦白在绝望中把心中遗愿托付给了交往并不过密的徐氏，遗嘱写道："燕孙同志，生而不常晤教，死而相求，为戚戚也。然君为慷慨悲歌之士，恨恶为仇，每遇伎俩者，君必尽意而骂，骂而不足，必攘臂伸拳，如欲噬之而后快。默察近之艺界，较前尤甚，少年新进，更具丑态，事不满欲，辄相诋毁，此风固由来已久，然不可长。吾逝矣，责毋旁贷，敬嘱吾友，饮醇酒，袒胸裸足，立稷社之西，长美轩前，引吭朗骂，作口诛笔伐，使魍魉自警，土某顿足长叹拜手。"[①]王梦白悲凉而浪漫地寄托于徐氏，痛斥画坛之鄙陋、替自己抒发胸中之块垒，他临终前的凄凉惨状可想而知。所幸的是他的"有奇气之草书"遗嘱还能鬼使神差地由吴迪生和徐悲鸿从孩童手中抢救而得，还能交付到徐燕孙手中。

徐燕孙见王梦白遗嘱后的反应我们不得而知。巧合的是1957年王雪涛与徐燕孙同为北京画院同事，同时被错化成"右派"，同时开会挨斗，但因性格不同，处理方式不同，命运也不尽相同。据记载："在北京国画界反右派的猛烈斗争中，在大家的严词斥责下，王雪涛只吞吞吐吐地承认了一点与农工民主党（章伯钧）的关系，但很不彻底，而徐燕孙则仍然拒不交代自己的罪行。"[②]从这段现在看来颇具时代特色的记载中，我

① 吴迪生:《王梦白遗嘱发现始末记》,《天津商报画刊》1935年第13卷第34期,第2页。

② 《国画界揭露批判右派分子徐燕孙、王雪涛》,《新华半月刊》1957年19期,第107页。

王雪涛 《雪梅鸡觅图》

们看到了王雪涛和徐燕孙截然不同的性格，性格决定了命运，徐燕孙被撤职停薪，生计艰难，抑郁成疾，62岁便撒手人寰。而王雪涛选择了最大化地“迂回”方式，保护自己，不陷害他人，对所谓的“交代”予以避重就轻地回应，这是用理性、智慧的方式确保生命和艺术的继续。而他的老师王梦白、他的同事徐燕孙都因性格的彰显过早地输给了命运，输给了时代，失去了年富力强的生命和他们已锤炼得炉火纯青的艺术成果。我们不难理解为什么王梦白把遗嘱留给徐燕孙而非他人，因为他们是同一种个性的艺术家。

因性格而影响生命的类似艺术家亦不乏其人，例如北京画院画家王铸九，因不堪忍受抄家批斗，于1966年“文革”伊始便愤然自缢辞世；溥雪斋也在“文革”期间携女儿从此人间消失；董寿平与吴镜汀均生于1904年，但吴镜汀因开会挨斗，抑郁成疾，于1972年68岁去世，而董寿平则长寿至1997年，这也是我们常在吴镜汀的多幅未及题款的作品中见到董寿平代签的原因。艺术家的健在是扩大艺术影响力的重要因素之一。各种运动的洗礼和人生跌宕起伏的遭际在某种程度上最能检验出艺术家的生命耐力与性格张力，无奈王梦白、徐燕孙、王铸九、吴镜汀、秦仲文等一大批优秀艺术家都没能迈过这道鬼门关，这是20世纪中国画坛无法弥补的损失，更是值得我们思考的问题。

王雪涛的人生轨迹恰逢风云变幻的20世纪，他的种种人生况味不言而喻。他用毕生精力专事花鸟画创作，以自己的智慧、谦虚、隐忍和勤奋完成了由“白石画风”到“梦白阶段”的转型，最终形成了自己清新脱俗、笔墨过硬、用色讲究的雪涛风格。无论个人遭际如何，他始终如一地泰然处之，理性面对；同时笔底还能创作出充满健康、纯粹、温馨

王雪涛 《和唱》

的作品，展示出生命的活力和美感，体现出不同凡响的写意精神与真诚气质，彰显出一代大家的胸襟与格局。他与梦白师合力为20世纪小写意花鸟画做出了巨大贡献。他的承前启后、锐意进取，他的尊师重道、德艺双馨，都无愧于他所处的20世纪。

最后以梁志斌为王雪涛纪念馆所作的“花鸟传神笔法精，千秋自会有公评。先生驾鹤西归去，魂在花香鸟语中”之诗句，致敬雪涛，谨此结语！

第四章

若将体势论流派　刚出昆仑是上游

论郭风惠的诗书入画与文化自信

郭风惠（1898—1973）早在20世纪20年代于京津地区就有了“河间才子”“北方健者”（严范孙[①]语）之美誉，是诗文书画在创作、教学及社会活动诸多领域中的通人。中华人民共和国成立后，郭风惠更是积极投身于文化建设活动。我国政府于1953年向世界和平理事会赠送《屈原画像》以纪念世界四大文化名人，而这一重任是由徐燕孙画像、郭风惠题诗合作完成的，为新中国在世界树立文化形象做出了贡献。郭风惠是1956年成立的新中国第一个书法组织——北京中国书法研究社的主要发起人之一，是50年代至60年代中日书法交流展之中方的核心人物之一，也是1964年中央电视台首开电视书法讲座之先河者之一，更是1972年尼克松访华前“临危受命”抱病题写“来今雨轩”的“不息翁”（郭风惠晚号），同时还是为秦仲文、李苦禅、王雪涛、吴镜汀等画坛大家题诗配词、锦上添花的“点睛”者。20世纪50年代中后期，郭风惠与王铸九、刘继瑛、李方白等在北京美术公司国画创作室工作，同事们都称郭风惠为“活字典”[②]（刘继瑛语），此语道出了郭风惠在圈内有着“博学强

---

① 严范孙（1860—1929），为近代著名教育家、学者。“南开”“北洋”等学府之创始人。

② 笔者于2002年采访过当代名家刘继瑛女士（1921—2016），此语出自刘继瑛口述。

郭风惠《竹月图》

记”和“多才多艺”的口碑。凡此种种，都体现出郭风惠的个人能力和公益精神，体现出他颇具前瞻性的文化自觉、坚守与自信。

然而郭风惠本人的全面成就并未受到太多关注，有关郭风惠的出版物不多，1997年人民美术出版社出版的《郭风惠书画集》算是较为全面展示其书画成就的作品集。作为诗人书画家，他一生的书画创作都离不开他的自书诗和题画诗，这已形成了他鲜明的创作特色，也是彰显他文化底蕴的过人之处。他一生的诗作不计其数，几经战乱和各种运动，散佚难记，留下了1939年出版的《风惠楼诗剩》和《堞庐诗存》（手稿）。相关研究有魏洲平所编的《郭风惠年谱》[①]和拙文《江河万派此昆仑——论郭风惠的书法艺术论》[②]《腕中有鬼爱蝯翁——郭风惠与何绍基书法艺术比较》[③]《偏爱刚强拜鲁公——从“来今雨轩”牌匾谈郭风惠对承传颜字的历史贡献》[④]三篇，其余散见于回忆文章。时代背景、个人遭际、审美需求等诸多因素，使得郭风惠这样一位命运多舛、曲高和寡的“小众”文人书画家，不会成为通俗意义上尽人皆知的名人。

如今面对画坛“重形式、轻内涵”的浮躁现状，面对强调文化自觉与文化自信的修复时期，需要我们拓宽视野，重新审视以郭风惠为代表的“小众”文人书画家被忽视了的个人成就和被低估了的历史贡献，他们艺术造诣之精深和参与国家艺术活动之尽力，源自对民族优秀文化

① 魏洲平：《郭风惠年谱》，《魏洲平文剩——千古一叹》上册，团结出版社2011年版，第129—150页。

② 梁鸿：《江河万派此昆仑——论郭风惠的书法艺术论》，《中国美术研究》2013年第1期。

③ 梁鸿：《腕中有鬼爱蝯翁——郭风惠与何绍基书法艺术比较》，《中国书法》2002年第12期。

④ 梁鸿：《偏爱刚强拜鲁公——从“来今雨轩”牌匾谈郭风惠对承传颜字的历史贡献》，《美术观察》2006年第12期。

的高度自觉与充分自信，甚至在不被大众理解的前提下，依然坚守、传承和践行着传统文化，实属难能可贵。这也是我们回望20世纪，钩沉历史、垂范当下的意义所在。

一、跌宕起伏人生路

郭风惠，生于书香门第，父亲郭连域为清末光绪年间拔贡，曾任直隶州州判，喜辞章，工书法。郭风惠6岁即随父临池习字，从颜、柳入手，正如他在回忆自己的学书历程时写的“临池每忆儿时事，习罢诚悬习鲁公”，数十年心摹手追，从未间断，深得颜筋柳骨的雄强、劲健之气。不足9岁即为河间府衙客厅绘制花鸟四屏，为乡人书写楹联，有“河间才子”之称。12岁时诗才出众，在河间府立中学堂名列榜首，他的国文教师张季铭曾以“诗已可传年正少，天将降任志能堪”的诗句予以鼓励。17岁考入北洋大学法律科，后因北洋大学文理科系调整，法科移并北京大学，郭风惠即转入北京大学学习。

大学期间，郭风惠常在《大公报》《益世报》上刊发诗文，被教育家、“南开”“北洋”等学府之创始人严范孙赞誉为“北方健者”，充分肯定了郭风惠的才华。1919年末，由于家道中落，郭夫人也因病早逝，生活重创可想而知。郭风惠为完成学业，不得不半工半读，受傅增湘推荐，被艺专校长郑锦聘为兼职教师，讲授文学、书法、英语、西方美学等基础课程，有时其他专业课老师不在时，也请他代授花鸟画技法。[①]那时，李苦禅、王雪涛等都是艺专的学生，这说明郭风惠的资历在同代名

① 张明帅：《北大传奇》，新世界出版社2011年版，第240—241页。

郭风惠 《庄生梦里花》

郭风惠 《应呼老少年》

家中算是师长辈，这也是深受同侪尊重的重要原因之一。

郭风惠于1926年北京大学毕业后，经中国科举制度的最后一位状元刘春霖[1]引荐，离京任绥远教育厅厅长，一年后调任察哈尔教育厅厅长。1929年率北方教育考察团赴日本考察教育。作为诗人，他身在异乡，抒发了“无限心情俯仰间，河山风景异般般；海天也挂如钩月，却与家乡一样弯”的爱国情怀，带着“归将何物分儿女，客梦诗魂载一舟”的《东游四十绝》回到祖国。他立志教育救国，致力于基础教育，亲任河北省立三中校长，并力排众议，首开了河间三中女生班。“九·一八”事变后，在民族危难之际，郭风惠因与驻防河间的抗日将领赵登禹交好并决定投笔从戎，以河北省政府参议的身份和29军少将秘书长之职，协助宋哲元将军处理军政要务。“七·七”事变后，他陪同宋哲元、赵登禹、佟麟阁坚守卢沟桥，亲历了血雨腥风的战争场面，之后作诗以记之：“胡马阴山迹已荒，腥膻荡尽水流黄。桥栏石刻群狮子，应记卢沟起战场。”郭风惠特为抗日殉国将领赵登禹、佟麟阁撰写挽联；全国举行公祭时，代李宗仁撰写了《祭赵登禹将军悼词》，并于1945年后任河北通志馆协修期间，为他们修志作传，以记缅怀之情。[2]

由于这样的身份和经历，郭风惠在那段“极左”年代里境遇不佳，但他始终以“一筇导我来听水，几派如人要下山”的积极入世的热情，渴望为新社会工作。1953年，世界和平理事会为纪念世界四大文化名人，在莫斯科举行和平大会，我国政府向该会赠送了屈原画像，经刘贯

① 刘春霖（1872—1944）与郭风惠为同乡世交，1904年甲辰科状元，是中国历史上最后一位状元，郭风惠有诗称其为“第一人中最后人”，书法极精。

② 魏洲平：《郭风惠年谱》，《魏洲平文剩——千古一叹》上册，团结出版社2011年版，第137页。

一推荐，郭风惠为此画题诗，即《题徐燕孙画屈原大幅》：“悲悔宁殇骨相坚，云冠璐珮写清妍。明知薜荔宜山鬼，忍画芙蓉衣水仙。腕下灵奇真独到，意中哀怨却相连。默听众口称无敌，千载离骚几笔传。”他为树立新中国的文化形象做出了重要贡献。1956年，郭风惠协助陈云诰、张伯驹、徐石雪等人共同创办了新中国第一个书法组织——北京中国书法研究社，并开始参与中日书法交流展，更是中方的中坚力量，每次日方书法代表团来访时，郭风惠与郑诵先都是中方的核心人物。同年他协助章士钊、张伯驹等诗词大家为成立中华诗词研究社，确定了机构人选（章士钊任社长，张伯驹、郭风惠任副社长），[①]因“反右”运动的影响，该社团不久便夭折了。

迫于生计，郭风惠也替人代笔作画，经老友言简斋[②]介绍，1956年梅兰芳访问日本等国所备的礼品画，都是郭风惠代作的，署名“梅兰芳”。[③]1959年经陈叔通[④]介绍，郭风惠在北京美术公司国画创作室任专职画家。据当年的同事、花鸟画家刘继瑛回忆，郭先生学识渊博，对诗书画诸艺无所不通，所以同事们都称他为“活字典”，他出口成章且风趣幽默，也乐于助人，常为同事传道解惑，如同事王铸九喜读诗词，常常请教郭风惠，还替弟子吴悦石请教，为其修润诗词习作。[⑤]据刘继瑛说，郭先生的生活非常拮据，因有吸烟嗜好，有时竟以单位葡萄架下的落叶

---

① 魏洲平：《郭风惠年谱》，《魏洲平文剩——千古一叹》上册，团结出版社2011年版，第145页。

② 言简斋（1887—1972），梅兰芳秘书，中央文史馆馆员。

③ 梁鸿：《二十世纪北京书画名家述评》，学苑出版社2015年版，第72页。

④ 陈叔通（1876—1966），爱国民主人士，全国人大常委会副委员长。

⑤ 梁鸿：《铁铸铮铮真骨力　三苦两石一蟾农——王铸九艺术人生论》，《荣宝斋》2017年第5期，第72页。

充当烟叶。[①]尽管如此，他还是饱蘸激情地创作了大量的书画作品。《郭风惠书画集》中的大幅绘画作品多是这一时期创作的，因特殊时期形势和审美的需要，作品多是浓墨重彩一路，不能代表郭风惠书画艺术的全貌；而收录其中的册页小品几乎张张精彩，可谓郭风惠的心血之作，代表了他诗书画的最高水平。据梁志斌讲述，郭先生从北京美术公司退休后，工资38元，老伴没有收入，生活相当困难。他的书画用纸都是当时最廉价的夹江宣，而且买有破损的处理品，三毛一张四尺整纸，梁志斌帮忙买回后，裁掉破损处。颜料也用最便宜的广告色。郭先生通常是画好三幅，让梁志斌拿到北京文物商店或宝古斋去卖，两幅15元。郭先生让梁志斌只卖两幅，他说三幅也给那么多钱。这一细节让人心生慨叹，深感郭风惠心思的无奈和生活的不易。但是不管条件如何艰苦，都不影响郭风惠对艺术创作的执着与至爱，抑或这正是他的精神寄托。

1960年郭风惠为秦仲文、吴镜汀等北京诸画家合作的《二万五千里长征卷》题写《满江红》：

地迥天高，莽河山，无人蹬越。充浩气，突围摧阵，凭陵百折。万古榛芜盘鹫鹗，千军饥渴吞毡雪。宿草原更照铁衣单，洪荒月。

井岗起，延安结。一年事，千秋业。看晦霾扫尽，晓暾红烈。壮士冲开褴褛路，画师觅得丹青诀。展冰纨恍见汗濡衣，腾腾热。[②]

郭风惠以“井岗起，延安结。一年事，千秋业”十二字高度概括了

---

① 引自笔者2002年采访刘继瑛女士口述资料。

② 魏洲平：《郭风惠年谱》，《魏洲平文剩——千古一叹》上册，团结出版社2011年版，第146页。

长征的意义，精确凝练，诗词造诣可见一斑；以“壮士冲开褴褛路，画师觅得丹青诀”两线并行、巧妙对仗，文学修养不同凡响。此句也被梁志斌引以为佳联，书写参展，以宣传郭师的才华，可惜曲高和寡，时人不识。

1961年10月29日，《人民日报》以专版形式介绍了十几位资深书家的艺术成就，其中选登了郭风惠的鸡毫行草《白居易钱塘湖春行》。那时不得突出个人，不能书写自书诗，书家只可以写毛泽东诗词和李白、白居易等人的诗。1962年，郭风惠受聘任北京工艺美术学校书法教师。1963年，北京和平画店为郭风惠举办了个人书画展（郭风惠有文字记载此事）。同年他又与沈尹默、溥雪斋、秦仲文、郑诵先等著名书画家参与以毛泽东诗词为专题的书法笔会，以鸡毫作《菩萨蛮·黄鹤楼》，这些书法作品曾被制成精美的书笺向社会发行。1964年，在中央电视台首次举办的电视书法讲座中，郭风惠作为颜字专家，应邀讲授了《颜字的特点和它的书写方法》和《谈谈字的结构》两讲，与溥雪斋、郑诵先、康伯藩、刘博琴等几位书家首开电视书法教育之先河，为中国书法艺术的传承与普及做出了重要贡献。

“文革”期间，郭风惠经历了人生的种种磨难，他将自己一生珍藏的诗文手稿分散到老友家保存，而“堞庐”（郭风惠斋号）中收藏的古籍、碑帖及名家字画都被洗劫一空，他痛心疾首地说：“我爱书画爱得倾家荡产了！”[①]郭风惠和老伴也被赶出原来的小院，蛰居斗室，并在街道居委会的监管下打扫街道。据梁志斌讲，因郭先生血压甚高，头晕

① 梁鸿：《二十世纪北京书画名家述评》，学苑出版社2015年版，第72页。

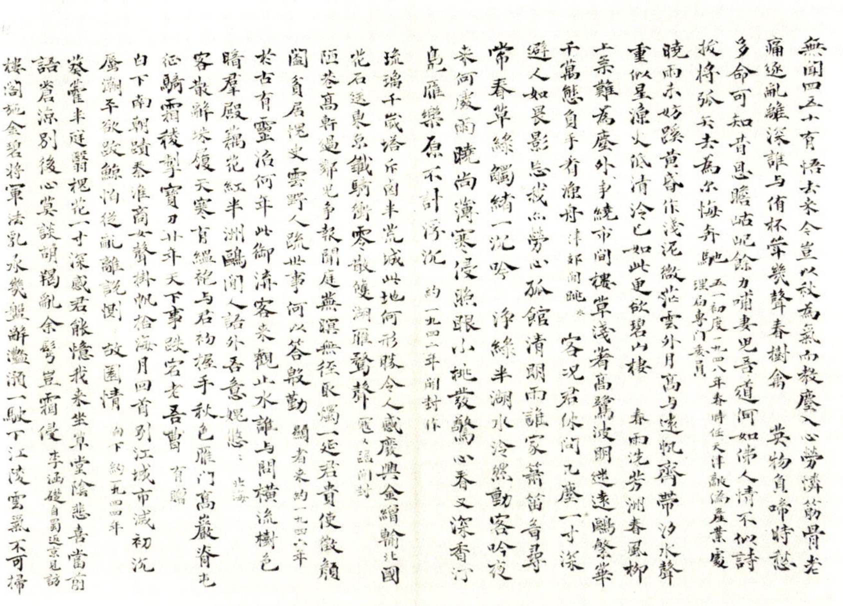

郭风惠 《册页 小楷》

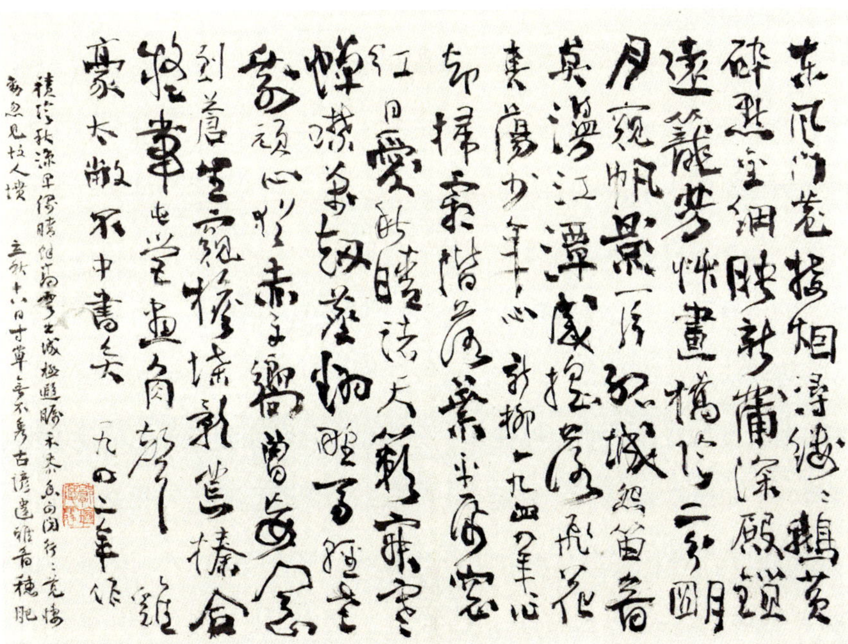

郭风惠 《册页 行草》

目眩，不能出门扫街，在人民医院工作的老友之子见状开出“癌症”的证明，才免去扫街。但是一有政治学习任务，居委会就派郭先生负责念报纸，起初还问：“老郭，你认字吗？”郭先生答：“忒认的了。”斯文扫地，可见一斑。

尽管郭风惠身居斗室，四壁皆空，时被监控，但他仍以“老夫不怕踏冰霜”的诗句自勉，并以顽强的毅力吟诗作画，栽培后学。刻一方“不息翁”印，寓意“天行健，君子以自强不息”，并以“诗不能雄画不奇，腕中蛇蚓待临池。有时欲死何能死，蚕老犹珍未尽丝”的诗句，表达了自己对艺术的生死追求！“昨夜月明中，纸窗爬蜥蜴”正是他凄凉心境的写照。他曾评价清人王渔洋的诗是：“渔洋神韵似华鬘，七宝楼台面面看。所惜平生遭际好，绝无精语到饥寒。”的确如此，王渔洋的诗神韵超逸，有名仕风韵，但是缺少对人生苦难的体验和理解。对于创作者来讲，苦难是一种财富，自古以来就不乏其例：苏东坡正值意气方刚之际，因“乌台诗案”遭遇贬谪黄州的打击，抑郁不平之气却成就了他的诗书创作，留下了人称“天下第三行书”的《黄州寒食诗帖》。也正缘于此，郭风惠对于有过苦难经历的、一向以悲苦严冷见长的清代诗人吴野人的诗有着切肤之痛的共鸣与慨叹，他写道：“胜国多诗有凤麟，各尝一滴味津津。铁君独漉吾低首，更欲荒滩拜野人。”足见他对吴野人诗作的击节叹赏和五体投地，种种人生况味也自然会在郭风惠的笔墨中汩汩流淌，正如孙过庭所言：“穷变态于毫端，合情调于纸上”，用悲凉和苦难铸就的诗文书画，当然会愈发地苍劲老辣。郭风惠留在人间的最后诗句这样写道：“破晓衰翁拄杖行，人间天上太凄清。是怜是妒谁能解？月姊身边一小星。”[①] 其晚年悲凉心境，可见一斑。他甚至在给梁志斌的信中有过“我以早走为快”的绝望吐露。

郭风惠跌宕起伏的人生经历，成就了他丰富而深刻、雄奇且老辣的艺术风格，但也影响了他在某一领域的明确定位和广泛影响。回望历史，他做过教育厅厅长、校长、教师，也有过戎马倥偬的军政经历，最后以北京美术公司画师退休，显然最后的工作不是他最准确的定位。拉开视距看，郭风惠应该是杰出的诗人，但旧体诗人在新中国时期乃至“文革”时代属于“抱残守缺”者，更没有职业可言。1951年“敬老崇文”的中央文史馆成立，这是可以发挥郭风惠特长的文史机构，但他迟迟未能受聘，这恐怕是郭风惠最大的遗憾。1957年北京画院（当年称“北京中国画院”）成立，为一批老画家找到了“家”，而郭风惠又不是资深专事绘画的名画家，因此职业错位，颇为尴尬，这算是郭风惠命运多舛的人生憾事。

二、诗书入画画精神

正是因为郭风惠有着丰富而坎坷的人生体悟，尽管他没有毕生专事绘画，却有着扎实的书法基础。他尊崇颜真卿，《论书诗》写道：“虞褚风流亦巨宗，簪花美女笑啼工。老夫懦过娄师德，偏爱刚强拜鲁公。”意思是尽管虞世南、褚遂良的书体风流妩媚，堪称大家，但他还是偏爱刚正不阿的颜鲁公和方正饱满的颜体字。他也称赞柳公权字的“铁骨铮铮”，有诗云：“弩张剑拔论何偏，殿阁微凉婉谏传。铁铸铮铮真骨力，古

① 郭风惠诗句见于《堞庐诗存》手稿。

今一个柳诚悬。”他将柳公权“心正则笔正”的历史典故和价值判断精辟地浓缩在七绝里，这是凸显郭风惠思想深刻和才华出众之处，同时也是他个人的审美追求，可以说“骨力”正是郭风惠书画的灵魂。另外，郭风惠也十分钟爱何绍基的书法，正如他诗中所言：“南帖北碑多涉猎，腕中有鬼爱蝯翁。”他在字里行间中流露出来的沉雄郁拔、变化多姿的风神与何绍基的书风十分贴近，堪称异代知音。

郭风惠善用鸡毫作书，且运用自如。鸡毫笔是用鸡茸毛特制而成，笔质极软，笔锋易散，摄墨力强，难于控制。不论是苍莽遒古的金文、雄劲古雅的汉隶、朴拙险峻的魏碑，还是跌宕奇肆的行草，郭风惠都喜用鸡毫创作，而且常在作品上跋一句“风惠试鸡毫”，以示甘苦和自信。在刚健遒婉的笔姿和干湿变化的墨韵中，展示出他高超的驾驭能力，并以此形成了郭风惠作品的独特风貌，用他自己的话说就是“能用最软的笔写最硬的字”[①]。

郭风惠不仅有着过人的诗词才能和过硬的书法功底，还兼具不凡的触类旁通、博采众长之提炼与驾驭能力，丰厚的学养使他笔下的花鸟、松石、山水都不同凡响，颇具郭氏风貌。他的绘画，从风格上看属于古朴凝重、笔简意饶的文人画；从方法上看，是“以书入画”的典型，似乎都是笔笔写出；从渊源上看，他幼年师从孙品三先生，中年师法古人，如“青藤白阳”，得其奔放、纵逸、疏朗、健爽之神，如八大山人，得其简约、荒疏之境，如新罗山人，得其清新、秀逸之趣。同时他也汲取近代吴昌硕和朋辈齐白石画法的营养，得其老辣、沉雄之风和墨彩、工写之法。另外李苦禅大写意的古拙笔法、汪慎生画面中的烂漫情趣和王雪

① 梁志斌口述郭风惠语。

郭风惠 《枇杷小鸟》

郭风惠 《松鼠图》

涛绚丽不俗的色彩等，在郭风惠笔下都有借鉴和吸纳。他在艺术上是入古出新、融会贯通的能者。

郭风惠以书法入画，用诗文点睛，发挥着自己深厚的国学优势，特别是在新中国时期表现出积极入世的热切心情。例如郭风惠的《雄鹰》，一只雄鹰立于树干，威风凛凛，目光炯炯。类似题材并不稀奇，只因题画诗的运用，方显文化内涵，提升了作品的厚重感。诗云："是何意态竣威棱，来自阴山两翅冰。敢拟史迁传飞将，书生手笔写雄鹰。"前两句以自问自答的形式表明雄鹰的身份和功绩，隐含着自喻；后两句试图以司马迁写《李将军列传》的精神来画雄鹰，抒发自己老骥伏枥、壮心不已的积极入世的诉求。题画诗的作用可见一斑。而《岁寒三友》也有异曲同工之处，题画诗曰："龙鳞凤尾郁苍苍，几点胭脂翠袖旁。盛世园林足幽赏，老夫不怕踏冰霜。"在结构上，以松为主，竹梅辅之。墨彩厚重，笔致苍古。"岁寒三友"是古代文人画中常见的题材，大多表现清高、隐逸的出世思想。但郭风惠此幅不然，通过题画诗表现了他希望参与社会，想为新中国效力的积极态度。诗作格律平起平收，典雅含蓄，书法古拙老辣，与画面浑然一体，表达了画面题材本身未能表达的主题深度，这也是郭风惠诗书画完美结合的精品之一。

郭风惠善于在寻常题材中展现其联想丰富、构思奇巧的诗人特质，对于历史典故，信手拈来，引人入胜，非一般画家所及。例如他在《兰石》题画诗中写道："写出幽香当谱骚，彝斋徵仲太苗条。何当一受红裙拜，唤起秦淮马月娇。""彝斋"指南宋赵孟坚，"徵仲"是文徵明，马月娇是明代秦淮名妓马守真，三人均擅长画兰，但郭风惠认为他们笔下的兰草太过"苗条"。郭风惠自己追求的是沉雄、老辣的画风，他以淡墨画兰叶、兰花，以浓墨点苔，寥寥几笔却深得八大之旨趣，颇具朴拙、苍凉之感。这样的兰花，让郭风惠联想到屈原在《离骚》里歌咏的幽兰，所谓“伏清白以死直兮，固前圣之所厚”，意思是保持清白之志而死于忠贞之节，这向来是历代圣贤所推崇的品格。由幽香的兰草拟人化地联想到坚贞不渝的屈原，郭风惠以刚劲、遒力的小楷题写。承载着充满厚重历史和文化内涵的题画诗，彰显出郭风惠的底蕴、情怀与自信。

而《梨花黄鹂》依然是寻常题材，构图也并非新奇，但题画诗的烘托，提升了画面的文人内涵，使之成为一幅典雅的花鸟画。题诗云：“溶溶淡月映窗纱，蓦忆杨家丽质娃。急起调青配雪粉，一枝带雨写梨花。”白居易在《长恨歌》中有“玉容寂寞泪阑干，梨花一枝春带雨”的诗句，郭风惠此处有跨越历史长河的联想，让人感受他作为诗人的怜香惜玉与脉脉温情。有了郭氏题画诗的点睛之妙，再看画面，黄鹂似有含情凝望带雨梨花的凄美之感，这也是此幅作品的出彩之处。郭风惠在表现阴柔之趣时，堪称能者，曾有过《题牵牛花》的诗句：“冰裁圆晕露匀脂，花缀瓜棚叶补篱。更比人勤贪早起，五更星月上妆时。”如此描写牵牛花，可谓情态盎然，宛若少女，使郭氏的花鸟画具有点画之外的韵味，与他素有的“北方健者”的阳刚风格形成鲜明反差，不似出一人之手。类似的题画诗还有《题寒鸦菊石》：“粗笔蘸墨写秋色，我用我法教纵横。正苦秋籁不可写，枝上寒鸦啼几声。”一派天机妙趣，不逊古人。另一首《题瓜菜》诗：“乱挥赭黛写瓜棚，茄菜鲜腴共大烹。添个青虫更潇洒，便嫌纤琐作秋声。”寻常题材经诗人的奇思妙想，便情趣盎然地勾画出一片田园秋色。也许这正是郭风惠驾轻就熟、信手拈来的诗词能力所在，他的才华曾得到过桐城派诗人吴北江的钦佩，有“公之诗才，当

郭风惠《梨花黄鹂》

郭风惠 《梅花小鸟》

于今世首屈一指，即前后五百年亦无敢与之争席者，其珠光宝气，煜烁具在，非夸词也”[①]的赞誉。郭风惠与梁志斌谈作诗感悟时曾说过：“作诗要狠！”[②]他所说的“狠”就是入木三分，他以“昨夜月明中，纸窗爬蜥蜴”来表现凄凉心境，以“客况君休问，几尘一寸深”来表达一言难尽的无奈与苦衷，真可谓苦难深刻佳句出。

完整体现郭风惠诗书画三位一体的代表作，属《梅花小鸟》为最。此作构图简约，设色古朴厚重，笔力遒劲老辣。寥寥数笔即画出小鸟的眼之神，爪之力；枝干苍劲有力，点缀几朵双钩红梅，形态各异，富于变化，可见郭风惠的笔墨功力。诗文和书法几乎占据了画面的“半壁江山”，题画诗写道：“此幅神情似我师，荒疏孤陋进迟迟。吾今白发师黄土，忍忆垂髫捧砚时。”进而跋语：“余八岁从吾乡孙品三师钰受书，师写意花鸟极雅健，余窃摹拟，初遭呵禁，终承指授，九岁能画花鸟四屏。今六十年矣，一艺无成，愧对师门也。”词翰双美的文字承载着郭风惠怀师忆旧的真挚情感。郭风惠自幼从师孙品三先生学习花鸟画，九岁即能为乡里画花鸟四条屏，显示出不凡的绘画天赋，得先师雅健、严谨之风，为后来从事绘画工作打下坚实的基础。当忆起自己的先师时，他百感交集，再联系到自己的晚年境遇，让人感受到他欲言又止的人生慨叹，使这幅看似简约的“梅花小鸟”更加耐人寻味、意味深长。

同样题材的《梅枝飞鸟》也是郭风惠风规自远的佳作。题跋云：“柔肌秀骨真妩媚，十倍当能胜魏征。新罗画以柔笔细墨，别饶韵味，致成

① 梁鸿：《腕中有鬼爱蝯翁——郭风惠与何绍基书法艺术比较》，《中国书法》2002年第12期，第7—11页。

② 梁志斌口述郭风惠语。

逸品，真须眉中异质。吾久病无俚，偶摹一叶，而吾笔偏刚、偏涩，宜其格格不入，遣兴云尔。”这是临摹华嵒的作品，笔画精细秀劲，色泽淡雅。以淡墨写枝，白花红蕊，花蒂略点石绿。黄色小鸟做飞翔状，给人以清新隽逸之感。从造型上看，颇具新罗山人的结构特点，从笔墨上看，还是郭风惠本人的特色。凡大家临摹书画，多为遗貌取神。郭风惠评价新罗山人的画妩媚有余，缺少魏征那种“忠直”刚健的笔力。而此画集秀逸、“刚”、“涩”于一体，是具有创造性的临摹之作，从题跋上的诗文书法看，更有高于新罗山人的书卷气息。从题句不难看出郭风惠崇尚雄强的艺术追求和充分的自信。

而另一类寻常题材的画作，如《白菜》《螃蟹》《双鱼》等，因郭风惠诗书入画的点睛之笔，使观者随之油然而生出浓郁的怀旧与不舍之情。《白菜》题画诗云：“晚菘如雪到根腴，饭熟羹香母在厨。七十余年如昨梦，伤哉不见喂儿盂。”一般白菜题材的画，多是赞扬它的青白品质，但郭风惠笔下的两棵白菜，一大一小，一浓一淡，笔墨苍劲，充分展现了“以书入画”的创作特色；题字古拙老辣，浓淡干湿变化自然，与画面浑然一体；题画诗的运用，表现了他晚年境遇不佳、心灵孤寂的状态，跋语中“风惠年七十六灯下写”几字道出了他的凄婉与悲凉。身处老境，回忆儿时，缅怀母亲，读来令人心酸与慨叹！

《螃蟹》题画诗为：“生看爬沙熟煮黄，记曾呼酒过重阳。记曾亲见渔辛苦，曲脔平腰野水凉。”画面简洁，三蟹形态各异，用笔苍劲有力，用墨富于变化，浓淡干湿相间；书法老辣沉雄，与画面风格统一。题画诗内容充满怀旧之感。古代文人写重阳饮酒诗，多有感叹人生易老、抒发及时行乐的消极思想，像“煮酒烧红叶，人生有限杯”等。而郭风惠

郭风惠 《双鱼》

这首诗则不同，他忆起当年饮酒食蟹过重阳之时，曾亲眼所见渔民的辛勤劳动，至今记忆犹新，表现出郭风惠体恤劳动人民的思想感情。他不是“不食人间烟火”或“淡泊名利”的清高隐逸类诗人，而是一位积极进取、渴望实现自我价值的“入世”诗人。因此，任何寻常题材的画面，在郭风惠辨识度极高的笔墨语言中，都处理得不再寻常。只要有题画诗，就有郭风惠“诗言志”的这一心声。

《双鱼》题画诗云：“网得鲜鳞俎上跳，渔家娘子善烹调。无多佐料偏腴美，只舀船头水一瓢。”这是郭风惠1935年于白洋淀烹鲜得句。画面简约，以空白为水，双鱼一大一小，大鱼为主，着墨较多，古朴厚重；小鱼为辅，鱼尾处理得婀娜灵动。双鱼上下交错，繁简得当，并有游动之感；用墨有浓有淡，用笔有湿有干。书法苍劲老道，与画面和谐统一，给人以“人书俱老”的古拙之感。题画诗的运用，提升了画面未尽的寓意，使人深刻感受到“不息翁”心底难以言状的怀旧情愫。

郭风惠素有“北方健者”之称，他的绘画与书法一样强调主体至上，写出“胆气”和他的“燕赵豪气”，彰显他的观念自觉与文化自信。他不受陈规束缚，主张“江山无尽画无尽，窠臼陈陈岂丈夫”。他晚年偶作山水，题画诗云：“敢拟米颠刷字例，老夫大胆刷山来”，另一幅《山水》题画诗为：“驿马收缰念未删，眼中脚底百江关。乱柴大斧披麻法，都不能为强画山。”此幅册页山水，笔墨苍古，意境荒疏，有八大笔意。他以飞白法画山石，遒劲有力，体现出山石坚硬险绝的质感；用篆籀笔法画树，圆熟沉实，表现出古树苍老斑驳的效果。其墨色饱满，点染有力，真如赵孟頫所说：“石如飞白木如籀，写竹还应八法通。若也有人能会此，须知书画本来同。”从题画诗上看，意味深长。郭风惠以“驿马”

郭风惠 《册页　山水1》

郭风惠 《册页　山水2》

自喻，休闲不得，曾身经百战，且见多识广，至今依然老骥伏枥，壮志未酬。即使不能依照“乱柴法”“大斧法”“披麻法”，也要努力“画山”，暗喻着自己渴望继续为新社会服务的拳拳之心。郭风惠此作钤“燕赵愚夫”之印，体现出他个性中的“燕赵豪气”以及强调主体至上的创作观念。

总之，郭风惠的画面简约凝练，古拙老辣，往往只用寥寥数笔，却能神形兼备，自然天成。他善于章法呼应，看似不经意，实为“秃笔着力熔成铁，剩墨传神惜如金”的提炼之功。而师法造化也是郭风惠绘画艺术中的重要一点，用他自己的话说就是“最爱天然稿”。当然郭风惠绘画中最为精彩之处，还是他“诗书入画画精神”（梁志斌句）的文化内涵。

三、郭风惠研究的现实意义

在20世纪大家云集的画坛，郭风惠显然不是最受追捧的“领军人物”，但他却是饱学卓识、饱经风霜、才华横溢而又怀才不遇的“小众”宿儒的典型代表。古往今来，成就一代翘楚，需要集自身的天资、学养、功力、情商、命运等诸多因素于一身，同时不可避免地还要接受时代的选择，正如齐白石深谙此中滋味的“本事三分命七分”的经验总结。郭风惠当然不是时代的宠儿，但他自身诗书画三位一体的全面成就、不辞劳苦积极“入世”的公益精神都来自他对民族优秀文化的深刻认知和百折不挠的坚守与自信，这一可贵之处是值得我们潜心学习并深入研究的。

从某种意义上说，当今是“非艺术因素”决定着画坛和市场，而不是靠艺术本身，“重形式轻内涵”现象的根源在于文化缺失，缺失认知就缺失自信，就更不可能在作品中体现文化内涵。急功近利、追名逐利甚至物欲横流的状况已成画坛“默认值”，并误导着从业者的价值取向和艺术格调，因此我们有必要重温郭风惠等一批尚朴重质的中华文化的守望者，更有责任修正当下的盲目与浮夸之风气，强化文化自觉与民族自信，让技法大于文化的浅薄现象有所扭转。下面就“文化内涵”和“公益精神”两个层面，探讨郭风惠个案的价值和意义。

（一）文化内涵

众所周知“从来书画贵士气”是何绍基“从来书画贵士气，经史内蕴外乃滋。若非柱腹有万卷，求脱匠气焉能辞”中的名句（“士气”即“书卷气”），此诗是对书画作品强调“书卷气”的最佳解读。历史上的书画大家以及他们的作品之所以产生震撼人心的力量，最重要的原因就是作品的“书卷气”“学问文章之气”，他们不仅仅是书画家，更是诗人、学者。诗文意境与笔墨功夫相融合，也是中华民族审美习惯所决定的，所以，书画美的意境范畴又增加了诗化的标准，能在诗境上略胜一筹的才是千古佳作。从王羲之、王摩诘、苏东坡、赵孟頫、文徵明、徐文长到离我们不远的吴昌硕、齐白石，近而潘天寿、秦仲文、郭风惠、启功等等，无不具有诗文与笔墨的双重审美价值。黄庭坚在评价苏东坡的书法时有过“学问文章之气，郁郁芊芊，发于笔墨之间，此所以他人终莫能及”的经典论述，这里强调的正是：只有“学问文章之气”才使作品的艺术韵致和书画家的情感寄托得以浑然天成地表现出来，才使一代大家达到“他人终莫能及”的境界。

郭风惠算是离我们不远的艺术通人，他所呈现的文化内涵里，有两层含义：一是诗书入画，郁郁芊芊，如文中第二部分所述；二是他的前瞻性、开拓精神和先进理念。20世纪50年代至60年代，就书法而言，书坛的总体审美标准基本上是以沈尹默为代表的“二王”系统，讲究的是技法至上和二王风韵。而郭风惠对北碑的追求可以说贯穿了他学书历程的始终，他认为“朴拙原非姿媚俦，毚毚古貌气凌秋。若将体势论流派，刚出昆仑是上游”。此诗原是郭风惠赞美古朴天成的《龙门二十品》的诗句，诗中也反映出他的美学观点和创作追求。无论书法还是绘画，郭风惠都尚朴重质，以文为本，以人为本，凸显文化内涵和风骨端凝的“北方健者”之风范，具有较强的开拓精神和现代意识。他敢于突破当时的清劲之风，在他鸡毫创作的不同书体中，熔铸了较多的内容：远古的篆籀气韵、汉隶的端雅遒古、魏碑的朴拙险峻、鲁公的“粗服倾城”、蝯翁的沉雄郁拔，甚至还兼容了刘墉的诙谐及沈曾植的生辣。他的胆识和魄力，他的“燕赵豪气”在当时是颇受质疑的。郭风惠还敢于挑战前贤，敢用杜甫的《秋兴八首》之韵作诗唱和，在彰显自己诗词才华的同时，也彰显了自己“北方健者”的个性特征，这让极为推崇杜甫的清末翰林陈云诰颇有微词。郭风惠自信自己诗书入画、笔笔写出的综合能力在京城是数一数二的，强调北京第一就是中国第一，中国第一就是世界第一。[1]郭氏的个性彰显无遗。也许在开始倡导文化自觉与自信的今天，郭风惠的言语不足为奇，但是在一个甲子之前的特殊环境下，郭风惠的前瞻性与自信心都显得尤为可贵。他的开拓精神与主体至上的观

① 梁志斌口述郭风惠语。

念，似乎与时流格格不入，他有一枚“燕赵愚夫”之印，即体现了这种精神。当时宗帖学者认为他的书法是“努力为棱，故意作态”[①]，但这毫不影响郭风惠的理念和追求。他曾对梁志斌说：“陆游晚年学书，不为时人接受，说过‘即今讥评何足道，后五百年言自公’”[②]，表现出其博大的胸襟和充分的自信。“画与篆法可合并，深思力索意孤行”与“离奇作画偏爱我，谓是篆籀非丹青”原是吴昌硕的两联题画诗，但集在一起恰恰与郭风惠的艺术特色十分吻合，这源于他们相通的以书入画、诗文点睛的创作理念和表现形式，更源于他们博大精深的文化内涵。

（二）公益精神

郭风惠在未能充分实现自我价值的特殊时期，依然积极参与各种文化艺术活动，依然痴心不改地“为他人做嫁衣”或为他人题诗配句，锦上添花，表现出高尚的公益精神和合作胸襟，恐怕这也是那一代学者共有的境界与美德，这对当下追名逐利于己、缺乏合作意识、淡化公益精神等心态和表现，都具有参照与榜样的作用。

郭风惠从新中国成立后到1973年去世前，几乎参与了所有的北京地区的重要书画活动，从1953年为徐燕孙《屈原画像》题诗赠联合国，到1960年为秦仲文、吴镜汀等合作的《二万五千里长征卷》填词装点大会堂；从1956年协助成立新中国第一个书法组织——北京中国书法研究社，到1964年参与中央电视台首开电视书法讲座；从1957年开始参与的以书法增长国威的中日书法交流，到1972年抱病为中山公园题写“来今

---

① 根据梁志斌口述。

② 梁志斌口述郭风惠语。

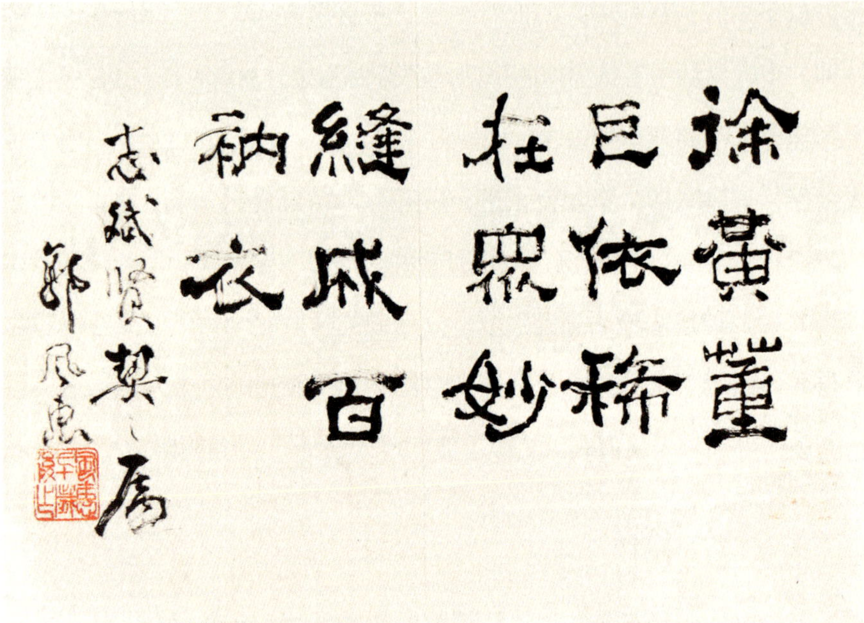

郭风惠《册页 题句》

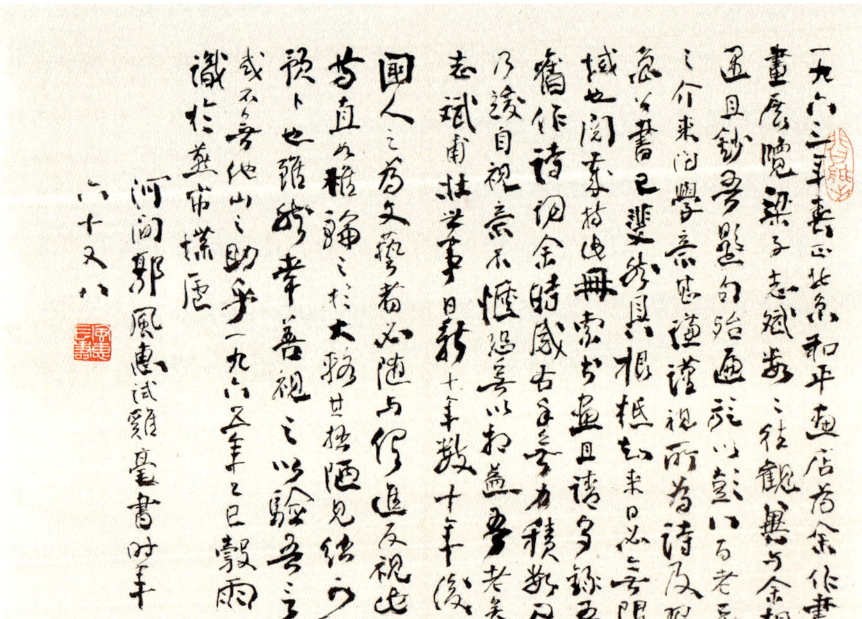

郭风惠《册页 行楷》

雨轩”牌匾，甚至为颐和园题写“石舫餐厅”、为香山题写“松林餐厅”及“普兰德洗染店”“大华影院”等，也为电影题写片头，诸如《智取华山》《万水千山》《美丽的西双版纳》等。[①]凡此种种，不计大小，都欣然题写，无不体现出他博大的公益精神和艺术服务社会的崇高境界。

除此之外，他常常为同侪、为后学题诗补句，锦上添花，而且乐此不疲。其中最有代表性的题句当属郭风惠《题仲文画梅雪涛补双鹊大幅》，这是一首古风，长达241字，“秦夫子，寿者徒，颜如童兮一发无。画笔倏然落苍鹘，千崖万壑如可呼，呼来腕底奇画图。看此老梅如怒虬，腾踔翻屈不可捉，满身鳞甲，化为千花亿蕊如云铺。……七十健叟画不止……”[②]。此可谓题画诗中鲜有的刻画形象、描述情态、谈古论今、亦庄亦谐的佳作，以古风题句颇见诗词修养和文化底蕴，吴昌硕也是这方面的佼佼者。

据梁志斌说，当年秦仲文常在北京文物商店和宝古斋卖画，秦先生作画很快，而且看重作品的文化内涵，但又苦于难以每张必有诗，就派梁志斌到郭风惠处“救急”，郭先生作诗迅速，是秦仲文最信任的诗友，也是秦仲文作品中题句频率最高的“幕后英雄”。

郭风惠为印坛宿儒钟刚中题句：“定志多远力，深讳有才名。纸贵诗藏稿，石顽铁有声。”“桴翁昨岁分葵籽，紫芒深嵌朵今开。土薄水艰秋又冷，小似黄蓉亦快哉。”[③]钟刚中也为郭风惠作《堞庐歌》，并为郭风

① 魏洲平：《郭风惠年谱》，《魏洲平文剩——千古一叹》上册，团结出版社2011年版，第146—149页。

② 郭允苓、王任、啸沧编：《郭风惠书画集》，人民美术出版社1997年版，第48页。

③ 魏洲平：《郭风惠年谱》，《魏洲平文剩——千古一叹》上册，团结出版社2011年版，第146页。

惠治印多枚。另外，郭风惠的书画用印非常讲究，他通晓金石篆刻，自己于篆刻一道也偶尔为之，曾刻“堞庐”单刀阴文一印，快健淋漓。正因了解方寸之间的难处与妙处，所以他非常佩服老友钟刚中。

郭风惠还为彭八百《题画兰》：“使墨真能五色宣，长条密箭郁风烟。知君最爱天然稿，曾坐深山看一年。”“老笔纷披石淡皴，每邀题句衬兰荪。从来怜我名心懒，苦劝多留雪爪痕。”[①]

郭风惠对后学都是平易近人、有求必应，显示出长者风范。60年代初，北京美术公司画师胡爽盦作《群猿古松图》，李方白补画山峦云月，请郭风惠题诗，他欣然为两位晚辈同事题写道：“画师意境何清绝？苍烟古木飞红叶。狖猿成队寂无人，一段荒山千里月。”郭风惠在诗句后补上“卅年旧作”四字，以免招致麻烦。还为胡爽盦所画《猛虎图》配诗云：“石涛画松能画皮，渐江画山能画骨。两师黄山住半生，不见当年此神物。”寥寥数语，典故多多，轻松幽默又警醒深刻，颇显郭风惠信手拈来的诗词才华。

总之，郭风惠虽未因绘画作品繁多而单纯地名重画坛，但他“谓是篆籀非丹青”的以书入画的鲜明特色和诗书画的相互映衬，在20世纪画家行列中，成为继吴昌硕、齐白石等人之后，“画笔通书鼎可扛”的重要人物之一。尽管他的名气和影响并未得到广泛认知，尽管他比齐白石“出道”还早，但他的“河间才子”和“北方健者”之誉是以诗文才华而名噪一时的。诗画一道，兼之极难。凡画名在先者，更容易贴近大众和艺术市场，影响自然广泛，所谓的在“接地气”方面，齐白石便是不可复制的无二范例，但是齐白石本人自称诗第一，而非绘事第一，这说

① 梁鸿：《画奇书老足怡神——彭八百其人其艺》，《荣宝斋》2016年第8期，第235页。

郭风惠《老蔓蟠虬作草书》

明艺坛对诗文的看重和对诗人的敬重。而郭风惠的遭际和时运未能尽如人意，未能施展他的诗人抱负，时代赋予他的知名度未能达到与其诗书画艺术造诣相匹配的高度。

就个人诗书画的综合成就而言，郭风惠并不逊于古人，甚至还有出蓝之处，他更是20世纪新旧碰撞、中西交汇的文化大背景下坚守民族文化的典范人物。但他张扬的个性和出色的才华恰逢特殊的年代，他的曲折经历以及阴差阳错的种种错位，让他未能充分实现自我价值，让他颇有怀才不遇之憾。当然这不仅仅是郭风惠个案的无奈，他只是一批从民国走来的“小众”宿儒的代表，类同者还有钟刚中、言简斋、孙荣彬等，他们承前启后、历经磨难，厚植了我们今天可以倡导文化自信的根基，因此功不可没。

在当下多元并存甚至盲从接轨的学界和画坛，只有做到文化自觉和自信，才能在不同背景文化的对比与参照中稳住本土优秀传统文化之根基，获得文化选择的能力、地位和话语权。就学界与画坛而言，文化自信不是故步自封，不是抱残守缺，更不是唯我独尊，而是用自己的笔墨语言、自己的美学哲学广而告之地弘扬自己的优秀文化。动辄就在中国书画的特色领域里牵强附会地套用西方文艺理论，生搬硬套、不伦不类，犹如20世纪50年代套用苏联模式一样，这都是文化自卑和势差的具体表征。文化艺术不是科学技术，文化艺术都是有民族性的独特领域，是用自己的艺术工具、艺术语言表达自己的精神诉求和情怀意趣，这一独特性无须接轨。作为这一前瞻性的认知、自觉和自信的践行者，郭风惠当之无愧。继往是为了开来，研究郭风惠的价值和意义，正在于此！

第五章

铁铸铮铮真骨力 三苦两石一蟾农

王铸九是齐白石弟子中少有的以军人品性勤奋创作且造诣不凡的大家。他擅长大写意花鸟画，在师承吴昌硕、齐白石并上溯徐渭、八大、石涛诸家遗风的基础上，在刻苦研习与长期创作中，形成了自己气势雄强奔放、笔墨沉实泼辣、色彩浓郁华滋、充满勃勃生机的“两石”风貌。王铸九生于1900年，卒于“文革”伊始的1966年，因性格耿介刚烈，不堪忍受“文革”洗礼，自缢于画室，弃世而归天，成为生命不长、传世作品不多但人格与作品不朽的艺术家。有关王铸九的资料不多，学界对其关注更是不够，本课题以文献资料为基础，参照荣宝斋所藏的王铸九作品，梳理其亦文亦武的“三苦”人生、论述其“两石”风格与李苦禅异同、剖析其“宁为玉碎不为瓦全”的“嶦农”性格，为20世纪美术史勾勒一位铁骨铮铮、画如其人、雄气夺人的王铸九。

一、亦文亦武的“三苦”人生

王铸九（1900—1966）,原名王鼎，字嶦农，河南舞阳人。王铸九有“三苦”：出身贫苦，生活艰苦，学习刻苦。他早年念过几年私塾，随

王铸九 《东风吹得牡丹红》

后在舞阳师范学校求学时，“以粗粮干饼加咸菜萝卜条度生，为了学习，有时粗粮干饼长了绿毛，经太阳晒一晒，再继续吃”[①]。艰苦的条件使王铸九养成了吃苦、坚毅的性格，他曾起堂号“百忍堂”，正是对那时生活艰苦与修炼品性的写照。王铸九22岁毕业于舞阳师范学校，因成绩优异留校任教两年。后为摆脱生活贫苦，投笔从戎，加入直系萧之楚[②]部队，先任连队文书，后升任营部书记官，1925年，萧之楚升任第十五旅少将旅长后，王铸造九被提升为团部书记官，后升任旅部上校参谋。1927年，王铸九随冯玉祥部队参加北伐战争，加入西北军。萧之楚任第二集团军（总司令冯玉祥）第三方面军（总指挥韩复榘）暂编第一师中将师长，王铸九被任命为暂编第一师少将总参议。不久，他奉命攻打张宗昌直鲁联军，收复豫东地区。[③]北伐胜利后，王铸九不愿继续参加内战，回到老家，1928年夏在舞阳县城参加了中共舞阳县特别支部委员会的成立，后因策划武装暴动失败，被迫离开家乡，按地下党组织的指示，重返萧之楚部队，任副官处长、联络参谋。中原大战后，王铸九随部队移防山东，负责所在部队与山东省政府（韩复榘任省主席）的联络工作。韩复榘主政山东不久，积极推行乡村建设，指定民政厅厅长李树春负责，培训全省各级干部，王铸九从萧之楚部队被选拔后任山东省堂邑县县长。任职期间，王铸九深入农村，积极推进乡村建设，因工作卓有成效，韩复榘下令奖励该县两辆军用卡车，在当时的山东全省造成了很大

① 王甲东：《王铸九生平述略》，《中国书画》2008年第8期，第32页。

② 萧之楚（1897—1958），山东菏泽人，国民党北伐、抗日名将。

③ 杨保森：《西北军人物志》，中国文史出版社2015年版，第85页。

轰动。[①]这是对王铸九工作的充分肯定与褒奖。抗战初期，韩复榘、李树春等路经河南时，专门看望了王铸九，特向他赠送一支德造的二十响驳壳枪和一柄刻有“王铸九”名字的宝剑，[②]这也是王铸九戎马生涯的永久纪念。但是否因这些历史印记给他在“文革”中招致了麻烦？我们不得而知。

1929年，29岁的王铸九赴京拜齐白石为师，学画八年；卢沟桥事变后，王铸九已无法继续留京学画，只好携家人回到河南老家。临行前，他把家里的用具都寄存在白石老人家，以便日后继续跟随白石师。返回家乡的王铸九从事教育工作，曾任县中学语文教员，也当过小学校长、中学校长，任教期间从未中断过绘画创作。抗战胜利后的1946年冬，王铸九携长子重返京都，开始了他钟爱的绘画生涯。

王铸九在艺术上是以军人的毅力深下苦功的。为学好篆刻，他经常刻至深夜，刻了磨，磨了再刻，直到满意为止，弄得桌上地上都是泥浆；他习字习画都用元书纸，稍微好一点才用夹江纸，用不起宣纸；为了画好一枝一花、一鸟一虫，他在废纸上正反面无数次地练习，直至把纸全部画黑为止。他的勤奋刻苦深得齐白石的赞赏，白石曾言“王生从我学画不到一年，而胜过多年者矣”[③]。王铸九不仅自己刻苦，而且还严格要求子女同样勤奋，打好扎实的诗书画基本功，其长子说：“我7岁上学，8岁时父亲即教我画画、练字、学诗、读古文。父亲对我要求很严，每日必写一百个毛笔字，画一张画，偷懒完不成就罚跪打手板……

① 杨保森：《西北军人物志》，中国文史出版社2015年版，第85页。

② 同上，第85—86页。

③ 胡德周主编：《天南地北舞阳人》，中州古籍出版社2005年版，第468页。

父亲47岁时带我返回北京，他继续跟白石老人学画，我也随父亲常去白石老人家，时常为其研墨抻纸，也得以亲看白石老人作画。”[①]由此可见王铸九自己勤奋的同时也注重培养后人的刻苦精神和意志品质，并为后人创造学习机会，以便接受前辈大师的耳濡目染和言传身教，这种中国艺术特有的传授方式往往令学习者终生受益。这正是王铸九重视传承的体现。

1948年春，王铸九与李苦禅、王青芳等在中山公园举办联展，徐悲鸿观展后订购了王铸九的一幅丈二《芭蕉》，并赠王铸九《奔马》一幅；之后又在北京前门箭楼举办画展，展出作品几乎全部售出。[②]当时琉璃厂的多家画店也有王铸九的作品挂售，齐白石亲自为其制定了润格；1949年后在荣宝斋和王府井的和平画店都有寄售。可以说，王铸九在当时是小有名气的齐门弟子中的佼佼者。

1950年冬，经徐悲鸿、叶浅予介绍，王铸九在北京展览室做石膏人物雕塑工作，由于长期接触凉水石膏，双手经常麻木难忍，但他从未叫苦。为增进雕塑人物的技艺，王铸九还拜“泥人张”为师，以崇高的“为人民服务”的精神境界和实际行动完成工作，在雕塑艺术上颇有建树。20世纪50年代初北京儿童医院私转公建院时，王铸九为医院作“母婴雕塑”，据其子回忆：“父亲受北京市文化局、卫生局推荐，为北京儿童医院作巨大慈祥的母子雕塑像，父亲用我妻抱子照片为素材，制成母抱子巨幅雕塑像。现仍存放在北京儿童医院，受到市政府、艺术界和群众

---

① 王甲东：《王铸九生平述略》，《中国书画》2008年第8期，第32页。

② 同上。

王铸九《白梅双鸠》

的高度赞扬。"[1]这段记载让我们了解到王铸九作为艺术家的奉献精神和严谨的创作态度。

1955年前后，王铸九调入北京美术公司（北京画店前身）工作，每天到前门外廊房头条的一间工作室上班，与郭风惠、娄师白、李方白、胡爽庵、刘继瑛同在国画创作组。上班就是画画，每天上交所画作品。因王铸九的绘画资历和造诣高于同组同事，所以作品标价也略高一筹，约八元一幅四裁小品。现在传世的王铸九作品中，多数是北京美术公司保留下来的。在北京美术公司工作期间，尽管王铸九的绘画造诣高于同事，但他非常注意书法和诗词的并重学习，常常向郭风惠请教诗词问题。他钦佩郭风惠的诗文，当时北京美术公司的同事们都称郭风惠为"活字典"；另外，王铸九还替弟子吴悦石请教郭风惠诗词，据吴悦石回忆："余少年时即遵师命读书、写诗。每每诗成，先生则请郭风惠先生再为指正。先生说郭先生诗文好，每向郭先生请教诗文，诗文不成难以发展，余诗文有可观之处多赖先生初始之栽培，先生曾要求每周一诗，余以为苦，然不敢搪塞，日日苦吟，今日始知吾师用心良苦。"[2]这段回忆体现出王铸九诲人不倦、虚心问学、一丝不苟、精益求精的长者风范。可以说，这些优秀品质至今依然不为过时，仍然是为人为艺为师的核心所在，尤其对浮躁的当下来讲，依然具有尊传统、重师道、讲品性的典范意义。

1960年前后，王铸九调入北京中国画院（北京画院前身）任专职画

① 王甲东:《王铸九生平述略》,《中国书画》2008年第8期,第32页。

② 吴悦石:《法合两石　沉着酣畅——王铸九先生书画艺术散记》,《中国书画》2008年第8期,第28—29页。

师，这也使花甲之年的王铸九进入了绘画艺术的黄金期。例如1961年新春所作《双鸡南瓜图》，题句“回家风味”，显示出这一时期王铸九的创作热情和大好心情。那是新中国成立后相对宽松的一段时期，王铸九与众多老画家一样，笔墨饱蘸热情，积极投入创作，让艺术服务社会。

据家父梁志斌回忆，他曾于1962年在彭八百家中见过王铸九，有过一面之缘。王铸九身材不高，面容清瘦，蓄留胡须，身着长衫，干净利落。彭八百介绍说“梁生会作诗”，王铸九接过梁志斌写给彭八百的诗，像宿儒一般摇着头半眯着眼吟诵起来：“一树亭亭满院凉，虫声隐隐入纱窗。晚风无限殷勤意，缓缓南来送墨香。”[①]王铸九连连说：“好，好，年轻人会作诗好啊！”交谈间，他常常拈须聆听，时而闭目含笑，待人十分诚恳谦和。据梁志斌讲，他还听彭八百说过王铸九更有尊师之美德：王铸九曾跟白石老人同住一条胡同，白石偏爱炸糕，王铸九就每天早起手托两块热炸糕给老人送去。寻常小事，可见王铸九的朴实无华。

总之，王铸九亦文亦武的“三苦”经历，在他1946年重返京城、专事绘画到1966年不堪屈辱、弃世归天的二十年中，留下了深刻的烙印；在王铸九的大写意作品中也充分展示出铁铸铮铮、生机勃勃、气宇轩昂、绵里藏针的鲜明特色；同时作为寄情于传统文化的王铸九，他的功力和修养又让他的大写意作品蕴含着书卷气，而毫无野气与俗气。

二、“两石”风格与苦禅异同

王铸九，号两石，关于“两石”的由来，有这样的记载：“（王铸

① 梁鸿：《二十世纪北京书画名家述评》，学苑出版社2015年版，第199页。

王铸九 《白菜萝卜》

九）曾画一巨幅牡丹，着意吸取吴、齐两家之长。一遗老见之，叹谓：‘实在是溶两石之长也。’铸九极欣赏‘两石’二字，遂号两石。”[①]60岁以后号“两石翁”。“两石”既有体现王铸九画风之意，同时也是他坚毅性格的象征。他善画大幅，纵向取势，有大气磅礴之感。

王铸九的学画路径和渊薮可从齐白石为其制定的润格中得以一目了然，齐翁写道：“王鼎字铸九，号嶦农，少喜作画刻印。二十岁后，闻有收藏家，不辞远道，必往求观，得见前清诸名人真迹既多，遂得其法。复从吾游，明几夜灯，从无虚日，不辞酬应，积纸如山。吾谓从来知画刻者，皆高人逸士，能事之精微，出自清闲。分阴无暇，工匠也。为拟润格，减省烦劳。爱嶦农者，不以铜山当作珠海也。”[②]

诚如齐白石所言，王铸九对艺术“不辞远道，必往求观”的广采博收和“明几夜灯，从无虚日”的专心致志，师从齐白石学艺的同时牢记“学我者生，似我者死”的白石名言，他的一方“两石煮画”印可谓意味深长，道出了探索之路的甘苦，最终在调入北京画院后的花甲之年，凸显出鲜明的自家风貌。由于王铸九去世早，存世作品不多，但总体风格都是以他酣畅淋漓、锐气弥漫的军人气势示人。他用笔既沉实泼辣，又灵活生动；墨色鲜明，浓淡干湿富于变化；设色既显浑厚华滋，又能高洁肃穆。他的大写意既求大美，亦不失精致，细节处理颇见匠心和意趣。

王铸九的创作黄金期正值艺术服务政治的时代，题材有限定，色彩要鲜明。例如梅花有斗严寒、傲霜雪之誉，紫藤、牡丹有“姹紫嫣红”之象征，因此那一时期此类题材常见于诸多画家的笔下，但是画为心声，因

① 孙洵：《王铸九与“两石”》，顾国华编：《文坛杂忆　全编三》，上海书店2015年版，第126页。

② 齐白石：《为门人王生书润格》，严昌编：《齐白石诗文集》，湖南人民出版社2010年版，第433页。

人而异，可以说一画一风景，一人一面貌。王铸九的“姹紫嫣红”题材颇具个人特色，浓郁繁茂，花团锦簇，但用色讲究，艳而不俗，不杂不乱。除时代所需的“姹紫嫣红”之外，王铸九在设色上更偏爱静穆、沉实、冷艳、雅逸一路，常用花青、赭石与墨色调制，用色以少胜多，和谐统一，反映出“紫丁香室主人”王铸九的高雅追求和不同凡响的艺术造诣。

王铸九擅长画牡丹，无论墨彩，都用笔灵动，用墨变化，曙红色花头，气象雍容，再以浓郁的墨色或墨绿色枝叶相衬，显得沉实凝重，生机盎然；以章草笔意书写“艳丽随朝露，馨香逐晓风”题句，起到点睛之妙，古雅大气，毫无牡丹题材易流于甜俗、艳俗之弊。因此题材不是问题，关键在于画者的格调高低和修为程度。王铸九兼有高洁、典雅的文人风骨和纯正、凛然的军人气质，这使他笔下的风物花卉卓尔不群，富有欣欣向荣之势，是力与美浑然一体的融合。王铸九牡丹题材的代表作有《竞艳》《管领群芳》《艳丽随朝露》《东风吹得牡丹红》等。

王铸九还喜画藤萝，如2米长、1.5米宽的代表作《一唱雄鸡天下白》便是范例。尽管王铸九身材不高，但大尺幅画仍能驾驭自如，因成竹在胸，故下笔迅疾，挥洒淋漓，有撑天拔地之气势，这与他的军人气概不无关系。此作藤萝缠绕成帷，笔法融合了徐渭、八大、石涛、吴昌硕、齐白石等众家之长，笔力雄健、笔势灵动。藤萝层次分明而穿插自然，乱中取势，乱而不乱；缠绕松紧相宜，特别是花穗与枝头处的舞动之势跃然纸上，仿如眼前跳跃的五线谱。这是以真挚的创作热情和高超的笔下功夫诠释了“来源于生活又高于生活”的典范作品，是王铸九的能力所在和出彩之处。他笃实干练，从不拖泥带水和得过且过，这些品性及习惯使他的作品有着与同侪不同的力量感和精气神。

王铸九 《玉兰喜鹊》

王铸九的《玉兰喜鹊》也极具个人特色，以双勾法写玉兰，繁茂而错落有致；花瓣与众不同，呈长梭形，含苞待放；用花青、紫色与墨色调制设色，妆点朵朵；妙处还在于通身墨色的喜鹊颈部，有几笔花青的点染，既鲜明醒目又与玉兰花色和谐呼应，呈现出凝重、深沉、静美和雅致的独特效果，迥异于汪慎生笔下玉兰的儒雅、郭风惠的老辣、李苦禅的古拙和王雪涛的俏丽。王铸九所作玉兰有着难以言状的高洁和静穆之感，耐人寻味，令人过目难忘。

有“君子之风”的荷花同样是王铸九擅长的题材，诸如《荷边》《白鹭青荷》《高荷野鹤》《翻翻荷叶乱秋思》等都是他挥洒自如的佳作。王铸九的墨荷，有八大的韵味而没有八大荷叶的衰败之势及荷花的凋谢之态。他以浓墨写新荷，纵逸泼辣，郁郁生机；以淡墨写枯荷却无萧条之感，这反映出时代不同、画家遭际不同、精神气质迥异所致的笔底不同。王铸九的墨荷有着石涛的气势和自身特有的力量感，更在画中融入了书法特点，多有干枯、飞白和运笔迅疾之迹，给人以酣畅淋漓，一气呵成之感，笔致虚实与墨色浓淡之间尽显“两石”画风和深厚功力。以《荷边》为例，大写意画叶，墨韵横生；半工勾花，姿态各异；花叶之间夹杂着赭色水草，增添了灵动之趣；两只仙鹤一直立一倚侧，目光犀利，神态高傲，羽毛富于层次而凸显质感。墨彩结合，以墨色为主，配以花青点染花瓣与仙鹤之部分羽毛。格调清新脱俗，高洁冷艳。整个画面章法讲究，繁简得当，妙处还在于画面左边留“白”为“水”，如波中天，颇具匠心，妙不可言，足见1959年时王铸九的大写意造诣之高，已入化境，令人叹服。

松鹰、家禽、农家风物等更是展示大写意画家水平的必选对象，而王铸九对这类题材可谓驾轻就熟，他笔力沉雄劲爽，风骨端凝，具有高超的艺术创造力，代表作如《松鹰图》《野鹤松风》《草枯鹰眼疾》等。王铸九以书法、篆刻之法入画，笔笔相生。他善于色墨并用，再配以铁画银钩般的题款，有点睛之妙，使作品洋溢着勃勃生机和股股正气，亦如其人。这类题材既展示出他高超的笔墨驾驭能力，同时更寄寓了其玉树临风的人格理想。王铸九处理《草枯鹰眼疾》中的草叶，非但不枯，反而劲健有力，赭色草叶，再以墨线“强调”疾风劲草之势，这是王铸九对王维名句的全新解读，配以展翅飞翔的老鹰，有威严不可凛犯的壮美之势。另一类题材如《葫芦》《石榴》《葡萄》《池塘》《竹鸡》《猫戏》《大跃进》《镇心除暑》《松鼠西瓜》《红多白少》《白菜萝卜》《柿子红时》《农家秋趣》《年年有余》《老来颜色似花红》《自进明珠打雀儿》《名画灿烂冒霜开》《春江水暖鸭先知》等作品又充满着生活气息，一派农家乐的盎然生机和繁荣昌盛之喻，呈现出鲜明的时代特色。由于王铸九熟悉农村生活，所以此类喜闻乐见的题材便信手拈来，妙趣自成。

王铸九的梅花承袭了吴昌硕、齐白石的遗风，金石入画，气势贯通，笔力放逸而老道；虚实相间，疏秀相宜，意气相连；墨梅古拙，红梅古艳，古意盎然。存世作品如《白梅双鸠》《梅竹玄鸠》等，仿如恽寿平“古梅如高士，坚贞骨不媚”之风范，这既是他军人风骨的体现，也是其人格力量的象征。

王铸九还偶作山水，如《空山新雨后》，以石涛法作，笔墨厚重，设色纯净、沉实，仅以墨色、花青和赭石调染，意境幽远，清新壮观。画面中树干盘虬，层次分明；松枝劲健，繁而不乱，最后用花青点染，一派王维之“空山新雨后，天气晚来秋。明月松间照，清泉石上流”之静穆气象，充满诗情画意。

如今，像王铸九这样真正意义上由心写出的且笔墨功夫过硬的大写意画家已不多见。在当下要么野俗要么甜俗的良莠不齐的画坛，有标新立异的“丑书”“丑画”——算是戏耍层面的“大写意”——充斥其间，而中华民族正大、充沛之气象却难觅其踪。因此，需要我们回头寻温王铸九从精神内涵到笔墨形式都丰富、耐看的经典作品，需要弘扬王铸九真诚、笃实、勤恳与高洁的为人为艺，需要强调画品亦人品、内外须兼修的一统性规律。正如李苦禅所言：“国画艺术是纯洁而伟大公正之矗立者，不含一切之垢渍，不服一切之威严、权势，反之，即不成美善之国画也。作者先具得品格，亦即高尚的修养，方可作出好作品。”[①]李苦禅所言正是说到了人品与画品之间不可拆分、互为作用的关系，只有至诚、纯真的品格方可写意出真挚、纯粹的画作，方能打动人心，而摒弃做作、浮躁、功利之气。王铸九的现实意义在于，无论时间走过多远，其作品依然具有雄健华滋的阳刚之美和热情奔放的精神能量，这是王铸九大写意作品永不过时的关键所在。

从技法层面上，需要继续倡导书法在大写意画中的重要性，尽管“书画同源”早已强调了若干年，中国写意画的发展也充分证明了这一点。例如吴昌硕数十年写石鼓文，以篆籀写法入画，凝重、苍雄；黄宾虹晚年作品也是见笔不见形，把所有的形都转化为书法，笔笔写出，浑然忘物，一片化境。书法对大写意画的取舍、提炼具有非常重要的指导

① 姚有多:《现代笔墨大师李苦禅》,《美术研究》2000年第1期,第5页。

王铸九《空山新雨后》

意义。

王铸九丰富的大写意笔墨语言之所以精彩，正源于他继承和发扬了以书入画、“画至书为极则”的传统，笔笔相生又笔笔送到，堂正且饱满，泼辣而不俗野，他的笔致墨韵是齐白石门人中的佼佼者。王铸九重视且擅长书法，早年学唐碑，对李北海用功至深。1960年，60岁的王铸九书风大变，行草中融入章草特点，沉实古朴中不失劲健与灵动。他远追宋仲温、近学罗复堪之章草笔意，融入自己特有的刚劲、遒力之笔锋，同时传统文化的积累使他在字里行间中平添了古意风神和书卷气息，其书法造诣也赢得了章草大家郑诵先的称道。尽管他纯粹的书法作品已不多见，但从绘画作品的题句中可窥见其书法之真功夫。王铸九的特色章草，依然是力与美的结合，亦如他的精神世界。

王铸九与李苦禅作为同时代的齐白石的入室弟子，二人的书法水平都很高，都是倡导“书法为本”并身体力行者，都是一生尚朴重质、钟爱书法的大家，都追求笔墨中所表达的雄厚、浑厚、朴厚之美，甚至都偏爱章草，而且都在各自的画作中书画结合，风格和谐，相得益彰。但二人字如其人、风格不同，各有千秋，李苦禅更古拙，王铸九更遒劲健美，更讲究古法。

同为人品画品都值得称道的大写意大家，王铸九与李苦禅的画风也不同：李苦禅是以气势雄强开张、笔墨浑厚古拙取胜，大写意中也有西画元素，有装饰性和现代感，章法出奇，匠心独具；而王铸九把书法篆刻的行笔、运刀、章法与体势都融会贯通于大写意绘画中，形成了富有金石气息的独特画风。他以篆笔写梅兰，狂草作藤萝。从状物绘形的角度看，王铸九并不逊避李苦禅，甚至造型更准确、笔致更生动、气息

王铸九 《春江水暖鸭先知》

更活跃。大写意往往追求的是落笔纵横，意不在似，追求笔力雄强能扛鼎，而王铸九的特色是在似与不似之间的恰到好处中，因此其作品别开生面，辨识度高。

与李苦禅的大写意相比，可用“金石入画、力透纸背、灵活飞动、骨气夺人”来概括王铸九的艺术风貌，这就是他博采众长、食而化之的“两石”风格。遗憾的是王铸九的艺术生命过早地结束于“文革”，才华和机会就此陨落，他的历史定位和知名度也无情地被低估，甚而被忽略，因此这更需要研究者在王铸九的遗存中采珠，在钩沉中补写。

三、“宁为玉碎不为瓦全”的“巉农”性格

从王铸九的“三苦”经历到“两石”风格，都伴随或影响着王铸九的个性，仿如他的字“巉农”一样，有山峰之誉，坚硬挺拔，不可侵犯。尽管他平日待人接物文雅谦和，常常闭目含笑，但他是外圆内方型的艺术家，兼有军人风骨和文人情怀，抑或说是文武兼备的独特性格。这一复合气质既成就了他雄伟、浑厚、飞动与华彩的鲜明艺术特色，同时也让自己的生命与创作止步于铺天盖地的疾风暴雨中。我们不妨以王铸九与其同门好友李苦禅做一对比，面对人生劫难时该何去何从，以便从中得到思考和借鉴。

同样大写意，同样齐门弟子，同样遭受迫害，为什么李苦禅能忍受屈辱，熬过“文革”十年，而王铸九却在“文革”伊始便不堪忍受，不再面对，九月便决然辞世？王铸九的刚烈性格亦如他大写意的浓墨重彩一般，雄强炽热，锐气夺人。二人相比性格不同，李苦禅经历的磨难更

多，韧性与忍耐度更强。

李苦禅更多的是艺术家的特性，天性豪爽，胸怀豁达，经历也相对简单。抗战时期，国难当头，李苦禅的画屋也成了各路地下抗日志士往来接头的地方，他也因此受到牵连，遭到日本人的酷刑毒打，死去活来，但他保护学生，绝不招供，以文天祥的《正气歌》自勉自励。李苦禅讲起当年的情形时，曾对梁志斌说："当时死就死吧，死也不说，后来居然又活过来了！"在他朴实、率真的表述中，蕴含着最为可贵的民族气节与君子风范。大难不死，对李苦禅来讲是个无坚不摧的人生历练，因此在之后的历次运动中，他都能熬过来。特别是"文革"期间，李苦禅是被红卫兵批斗的第一位著名画家，酷暑烈日，七十高龄，游街示众，饱受屈辱，甚至有红卫兵把糨糊扣在他的头上，但他依然没有被击垮，依然达观不绝望。他常说："老将军、老革命都被整得那么惨，我算什么？没整死，还活着，挺好。"而在李苦禅平反之后，当年批斗他的某些人表示忏悔时，李苦禅豪爽地说："没什么，你们当时还都是娃。"[①]李苦禅所具有的常人不及的博大胸襟，可见一斑。

而王铸九与李苦禅不同，他是军人与文人并重的复合气质，外圆内方，犟大于韧。尽管二人同为齐白石的得意门生，且年龄相仿，友情深厚，同有出身贫苦、生活艰苦、学习刻苦的"三苦"经历，但是王铸九戎马倥偬的军人生涯给他留下了"士可杀不可辱"的人格崇高感，有着"宁为玉碎不为瓦全"的嶙嶙傲骨，特别是无论在部队任少将总参议，还是到地方做县长，他的忠于职守和业绩卓著都让他一路受到尊重、提

① 梁鸿:《二十世纪北京书画名家述评》，学苑出版社2015年版，第156页。

王铸九《镇心除暑》

升和褒奖。另外，从他的一方“家在南阳古定陵”的闲章可体会出他对古都家乡的热爱与自豪。凡此种种，都在他心里积淀着诸多的荣誉与尊严感，他是“三苦”中的“精神贵族”，受不得精神折磨和人格侮辱，也许这一点是王铸九在“文革”洗礼初始便选择以死相抵的致命原因。

王铸九在生活中也体现出他是一位有军人风范的勤勉上进、不肯苟且的艺术家。1949年，王铸九送长子王甲东入解放军军政大学学习，送次子王耀东参军，也参加了抗美援朝。王铸九的思想进步也带动了后人，同时也缓解了家庭的重负。他家住沙井胡同一大杂院内，三间东厢房，一间家人住，另两间通开是自己的画室、客厅兼卧室，屋内陈设极简，一床一案一坐凳，一立柜存放书画，干净整洁有序，可谓“斯是陋室，惟吾德馨”，他为自己的“陋室”起名为“紫丁香馆”。丁香花语有着光辉不灭和纯洁无瑕之喻，王铸九的内心诉求不言而喻。王铸九平日习惯作画前后都要洗砚、收拾整洁；衣着也同样讲求干净，虽然他只有布衣旧衣，但整洁利落是王铸九给人的印象，完全没有一般人认为的艺术家容易不拘小节的“通病”。凡此生活细节都佐证了王铸九的内心世界是干净、高洁、一丝不苟的。最为痛人心魄的是，他在不堪忍受人生劫难之际，依然不忘保持自己最后的尊严，换上新衣新裤新鞋新袜，在自己的“紫丁香馆”内弃世归天！“宁为玉碎不为瓦全”的蟾农性格，昭然若揭！

也许在半个世纪前的那场疾风暴雨中，生命尊严已被无情践踏，王铸九的决绝离去已不足为奇，甚至可能会司空见惯，因为有太多的“王铸九们”无法面对巨大的风暴来袭，无力承受非人的摧残和打击，无奈选择“一了百了”的极端之举。但是文明进程走到了今天，当我们回望王铸九的人生遭际时，痛定思痛，依然感到唏嘘不已，依然为20世纪中国画坛上一批“王铸九们”的生命与创作就此戛然而止而痛心不已！其巨大损失无法估量，更难再弥补。因此，作为研究者，为了20世纪美术史的真实、全面与完整，对王铸九等一批匆匆离去的艺术家们的钩沉、对其艺术遗存的深入研究，就显得尤为必要和重要。

最后，笔者借同样在“文革”中遭受迫害的潘天寿的“莫嫌笼狭窄，心如天地宽。是非在罗织，自古有沉冤”之呐喊，告慰两石王铸九。

第六章

得意金城双弟子　昇湖渊穆镜湖清

吴镜汀与陈少梅艺术成就概述及相关思考

之所以选取吴镜汀和陈少梅作为山水大家的代表人物进行阐述和类比，是因为二人的导师金城曾提出过“精研古法，博采新知”的主张，强调从临摹入手及古法写生，同时注重诗书入画的文人情怀。金城主持的“中国画学研究会”及之后其子主持的“湖社画会”即代表了这一艺术理念。在金城的诸多弟子中，既年轻有为又能独当一面的领军于京津地区的佼佼者当属“镜湖”吴镜汀和“昇湖”陈少梅，正如资深山水大家惠孝同（号柘湖）所言：“金北楼的弟子我最佩服两个，第一是陈少梅，第二是吴镜汀。”[①]他们都强调民族绘画的继承发扬，坚守国画特有的文化精神和笔墨语言，对中国画传统的承传与底垫有着不可低估的贡献，并且是经过岁月的淘洗而愈久弥新的。

基于上述原因，这里试从吴镜汀、陈少梅二人的艺术人生进行概述和类比，弥补已有研究之遗漏处，旨在弘扬他们既是金城传统主张的出色实践者，分别在京津画坛创造着意境高远、精密严谨的北宗风格的共性之美；同时又各具特色，各有优长，吴镜汀转型后的青绿山水更有现代感，陈少梅更为渊穆爽健、古意盎然。由于他们都坚持了中国画的语

① 徐群：《传统绘画的守望者——陈少梅》，《国画家》2013年第2期，第74页。

言方式和审美韵味，加之自身过硬的笔墨功力和高雅的意境追求，从而显示出优秀传统自足发展的强大生命力。最后对二人的个性进行剖析并对这一类传统大家的命运问题展开探讨，希望对当下书画家有所启迪和借鉴。

一、吴镜汀的艺术人生

吴镜汀（1904—1972），名熙曾，号镜湖，字镜汀，斋号灵怀阁，祖籍浙江绍兴，出生并久居于北京。吴镜汀自幼痴迷绘画，15岁就参加了北京大学画法研究会，17岁便受到画坛领袖金城的赏识与提携，正如吴镜汀的同侪画友秦仲文所言："我结识他（吴镜汀）是在四十多年前一同参加'中国画学研究会'时期，那时他不过十八岁。金北楼会长和陈师曾诸前辈画家对他相当契重。我记得金先生教他临摹王石谷的《溪山无尽》真迹长卷，仔细地近于复制许多遍。后来他又借到王蒙的《青卞隐居图》和四王的一些草稿，参照影本，不断反复临摹。就用这样的学习方法，打下了笔墨技法基础。次年（1921），中国画学研究会举办第一次成绩展览，他的作品便引起了大家的注意。""他临摹体会，刻意钻研，至三十岁成为有名的画家。"[①]秦仲文的这段文字道出了吴镜汀的学画之路和造诣之高。

在吴镜汀的艺术成就中，绘画第一，绘画中山水成就最高，格调清新悠远，笔法精严；书法习董其昌体，偶作诗句。学习和研究吴镜汀者以当代大家启功为最。关于吴镜汀的已有研究，目前所见马明宸的《灵

① 秦仲文：《观吴镜汀画展后书》，《美术》1963年第2期，第39页。

怀独诣——吴镜汀的生平与艺术》[1]较为全面而中肯，文中阐述了吴镜汀的山水画成就并肯定了新中国时期吴镜汀励精图治的可贵探索和积极意义。本文则以家父梁志斌当年拜访吴镜汀的亲身经历为第一手资料，真实可感地再现吴镜汀晚年的状貌，侧重论述他在墨竹和书法方面的造诣，从而补充阐述其山水之外的多方面才能。

据梁志斌回忆，1972年夏天，由夏午樵[2]引荐前去拜访吴镜汀。夏午樵准备好齐白石所画的折扇，让梁志斌拿着作为风雅之物，至小院大门外，夏午樵让梁志斌在外等候，他先去说明情况。他出来后，面有难色地说："今天吴先生身体不适，现在不能接待客人。"二人只好扫兴而返。

过了几天，梁志斌求访心切，独自登门拜访。院内空寂无人，花木掩映，清雅幽静。梁志斌在窗前叫一声："吴先生。"先生回答："哪一位？请进来。"梁志斌进屋见到清瘦的吴先生半躺在床上，吴夫人坐在一旁。梁志斌说明自己是郭风惠、秦仲文的学生，喜爱诗词、书法，现在非常想学画，吴先生看了梁志斌的诗作和习字，露出十分欣赏的样子，并说："你的诗书功底好，我自信能教你画画。"梁志斌非常激动，自己没想到初次见到这样一位大画家，他竟能主动说出要教自己画画。

梁志斌再次拜访吴先生时，为先生作了一首律诗，写道："花园几度访高贤，竹树交阴绿映帘。兴寄丹青闲鹤发，誉隆京国丽燕山。偶吟清韵追游迹，常写行书过晚年。珍重人间吴道子，江山画谱待公编。"吴镜汀读到"珍重人间吴道子，江山画谱待公编"时，谦虚地说："不敢当。"之后抱病为梁志斌画了一开册页《墨竹》，并写了一首行书《纪游诗》：

① 马明宸：《灵怀独诣——吴镜汀的生平与艺术》，《荣宝斋》2013年第8期。

② 夏午樵，当时北京地区著名书画家，启功、刘炳森等曾向其求教。

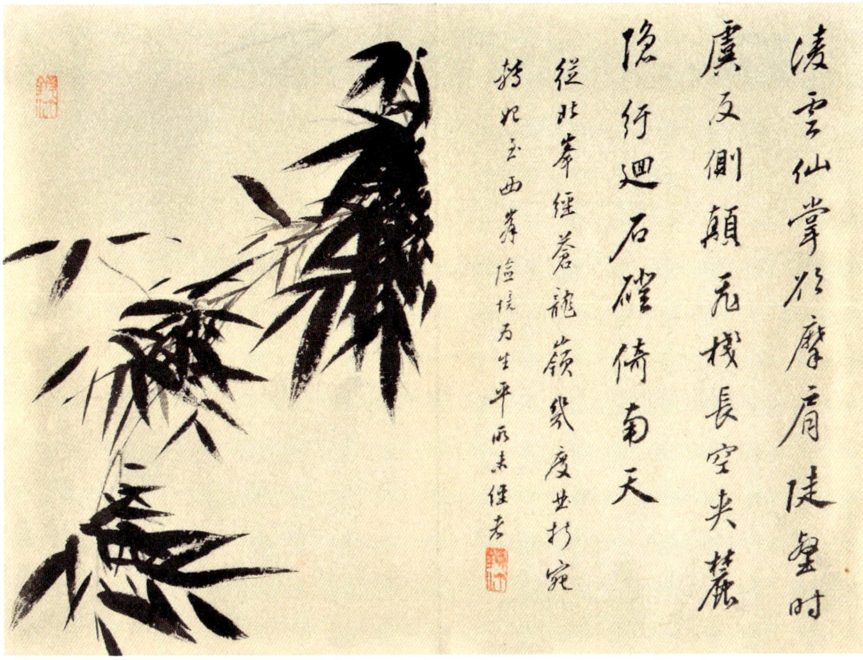

吴镜汀 《墨竹·纪游诗》

“凌云仙掌欲摩肩，陡壑时虞反侧颠。飞栈长空夹麓隐，纡回石磴倚南天。”并自注：“从北峰经苍龙岭，几度曲折宛转，始至西峰险境，为平生所未经者。”

后来吴镜汀指着册页上的《墨竹》跟梁志斌说：“本来写字，写错了字，就画竹叶遮盖了。”吴先生留下了梁志斌的册页，说待身体好转后再画。此细节可见吴老身体欠佳已至力不从心的程度，同时也体现出他为人做事一贯秉承的诚恳与认真，包括对学生也是一视同仁。

一次，梁志斌买了一条鲤鱼去看望吴镜汀，吴先生非常着急地说：“以后别买东西了，生活不容易。”他偶尔会让梁志斌帮忙买一棵白菜，一毛钱猪肉（当时猪肉七毛一斤），吴镜汀始终是“卑屋寒蔬，不改其素”的生活状态（秦仲文语）。

令梁志斌遗憾的是，他几次造访，都未能亲眼看见吴先生作画的风采，他们于1972年夏天相识，而吴先生辞世于当年的11月。

当梁志斌在报纸上看到吴镜汀去世的消息后，即刻赶到吴家慰问，吴镜汀侄女（吴光宇之女）向梁志斌说明了先生病逝的经过，这时吴夫人把册页交给了梁志斌，并在吴先生的书画上钤盖了印章。

当梁志斌持册页让秦仲文先生看时，秦仲文感慨地说：“平时吴夫人有病，这时居然这么清醒……”秦仲文告诉梁志斌说，吴镜汀虽驰誉画坛，却清苦一生，都说吴夫人年轻时受过刺激，也有精神病，平日少言寡语……所以秦仲文感慨吴夫人能把吴镜汀画的册页交还给梁志斌，并盖上吴镜汀未来得及盖的印章，这种特殊时刻的格外清醒着实让人心生慨叹，颇为感动。秦仲文当即写下挽联，由梁志斌送往吴家。

秦仲文看到册页上吴镜汀画的竹叶后，立即让梁志斌撕掉自己之前画的墨竹，梁志斌珍惜不忍，秦仲文执意撕掉，他没有解释原因，但梁志斌理解秦先生的意思。秦仲文的墨竹潇洒精熟，闻名画坛，此时秦仲文不愿在同一本册页里，在画竹上与已故的老友一比高低，况且吴先生的竹叶是为遮盖错写而画的。他不止一次地告诉梁志斌说：“我再画一辈子也赶不上吴先生的山水……”那代人宽厚博大、扬人之长的高尚品德，应垂范画坛，也令当下汗颜。

墨竹之所以作为中国画的重要题材而承传有序、源远流长，是因为从内涵上看，竹有高洁、虚心之喻；从笔墨上论，书画同源，用笔相通，所以墨竹由文同、苏东坡到倪瓒、赵孟頫，经历了因人文精神的提升而凸显为独立的画科，且寓意丰厚；而且所谓“半生画竹”的说法亦道出了画竹的难度，不同寻常。

吴镜汀的墨竹既得倪瓒、夏昶之渊薮，又有自家山水之气象，晴竹和风竹各具特色。例如晴竹图，画面修竹数竿，结构精密，章法严谨，竹节用笔劲健，竹叶“个”“介”相叠，清晰生动，富于弹性，与竹节“飞白”处和谐交映，浓淡相宜。再如风竹图，竹叶纷披且繁而不乱，落笔即成临风摇曳之势，以墨色浓淡分出前后层次，同样以石配竹，布局讲究，笔墨雄阔。吴镜汀墨竹的整体风格属于“画家竹”，非文人画的寄兴抒怀，不是逸笔草草地写胸中意气，而是还原竹子于自然环境之中，在竹画中融入了山水画的笔墨意境，格调清新大气，神形具备。

吴镜汀在临摹古人和精研笔法方面下过苦功，他曾写过一篇评论倪瓒画的文章，即可略知一二。吴镜汀说：“他（倪瓒）对古人的看法，并不像一般人那样只是徒具形骸的模仿，而是运用自己的思想，对自然界生的一切景物有着直接的感受。所谓师法某某，也只是供他参考而已。”① 所有的临摹、研习都需要一个漫长的自我体验与感悟过程，如何能融会贯通地表现出某家某派的风貌来，“其主要因素还是在于他个人的思想、情调与外在物象合拍了，所以他的画显得自然、生动”②。吴镜汀这样理解倪瓒的画，显见他对倪氏的深入研究和客观评判，同时也表达了自己的绘画心得与艺术观点。我们今天读来依然具有借鉴价值，那就是临摹更讲究精神契合。所以吴镜汀早年间临摹王石谷，达到了贾羲民所说的“无甚异处”的境界，这绝不仅仅是笔墨上的过硬功夫，正如秦仲文所言：“他（吴镜汀）综合运用了从王石谷上溯宋元各家的画法，并

① 吴镜汀:《简论倪瓒的画》,《光明日报》1961年4月13日第4版。

② 同上。

吴镜汀 《泰山南天门》

非出于临摹。这说明他学习王石谷，不只是记得一些稿本，而是继承了他的画思和笔法的。”[①]因此，精神契合，内外兼修，方能达到神形兼备的高度，类似的异代知音，如徐石雪学赵孟頫，秦仲文写米家山水等，都是禀赋性情与思想境界的高度一致，方可呈现出心手双畅、造诣精湛的艺术作品。

除山水、墨竹外，吴镜汀也擅长花鸟走兽及人物，如在1939年2月25日齐白石题写的《立言画刊》封面上，即有吴镜汀与王雪涛的合写双兔，神态唯肖，栩栩如生。诸如荷花、翠鸟、仕女等也多有涉猎，显示出其不同凡响的绘画功底和全面修养。

吴镜汀的书法与他的画风相辅相成，他用笔清劲，书卷气足，沿袭了董其昌隽逸、散淡之风，这与他长期潜心精研董其昌不无关系。他晚年身体状况欠佳，常写书法多于山水创作，全因山水巨幅是需要体力支撑的艰苦创作。如前所述的梁志斌诗句“偶吟清韵追游迹，常写行书过晚年”便是吴镜汀70年代初的创作状态。在《吴镜汀书画集》里有一幅草书作品，此作写于1967年，写的是毛泽东的《沁园春·雪》，此词内容更适于以草书书写，如苏轼的《念奴娇·赤壁怀古》、岳飞的《满江红·怒发冲冠》等，都是以奔放的草书书写的，因此吴镜汀此作未用自己擅长的行书，而改用淋漓痛快的草书。此作笔势豪放流畅，有苏、黄行草之笔意，章法亦随心所欲，开端和收尾极其自然，恰到好处。创作前不求经营设计，没有墨绳之拘，浑成自然而妙于变化。由此作可了解吴镜汀书法造诣之一斑。李苦禅曾告诉梁志斌说：“书比画难，诗比书

① 秦仲文:《观吴镜汀画展后书》,《美术》1963年第2期,第37页。

难……”只有切身体验者方能感悟此中的甘苦与奥妙。

吴镜汀的作品有着静谧清远的基调，这恐怕与他的出身、性格、遭际等不无关系。

吴镜汀先祖在清乾隆年间为官时迁居北京，以经营“天汇药栈”为业。清末至民国年间，吴镜汀一辈兄弟四人，长兄吴寿曾[①]继承祖业，是北京地区的名中医，支撑着吴家的开销。吴镜汀行三，胞弟吴光宇又名显曾，是著名的工笔人物画家，与徐燕孙亦师亦友。当时圈内称兄弟俩为“三先生、四先生”，二人无心经商，痴迷丹青，心无旁骛，一心嗜画。后得金城亲自到吴家说情，才让吴镜汀兄弟俩到中国画学研究会进行专门研习，正如前面秦仲文所言，吴镜汀于1921年中国画学研究会举办的第一次画展时，便脱颖而出。1922年吴镜汀随金城、陈师曾赴日参加中日第二次绘画联展。1926年金城去世后，其子金开藩另立湖社画会，吴镜汀随之转入湖社，并取号“镜湖”，以念金城的知遇与提携之恩。此时画坛宿儒相继谢世，在年龄上还是学生辈的吴镜汀便开始执教山水画一科，成为湖社年轻的中坚力量。

另外，吴镜汀的个人经历对其气质也是深有影响的。他的第一位妻子是工笔人物画家王叔晖的妹妹，吴王氏因病早逝，这给年轻的吴镜汀以沉重的精神打击，因此患上精神疾病。为及时解救吴镜汀的病痛之苦，吴家兄弟想尽办法，甚至弟弟吴光宇听信中药偏方，割肉制药为哥哥吴镜汀治病，兄弟情义感天动地。据说吴镜汀住院期间，在病房墙壁上画满了山水画，有人看了说，这是痴迷绘画，不是精神病。他在患病

① 吴寿曾兼事书法，北京老字号“月盛斋”牌匾即出他之笔，且沿用至今，名扬中外。

期间吸食鸦片以求镇静，在烟馆结识了李淑德女士。李淑德身世凄苦，原籍甘肃，因家贫被卖到烟馆，吴镜汀痊愈后欲续弦李氏，遭到兄长反对，便毅然决然地离家与李氏迁居到北京西城区石碑胡同，取斋号“灵怀阁”，从此便与李氏清苦生活数十载，并无子女。吴镜汀夫妇晚年身体欠佳，弟弟吴光宇便让自己的子女过去照顾兄嫂，并叮嘱儿女不得索要字画。兄弟老年相互关爱，也时常叙旧，吴光宇于去世前曾看望哥哥，“他们都吸烟，光宇先生的烟两次掉落在地上，镜汀先生给他拾起两次。天渐黄昏，镜汀催他回家，怕他受凉，可光宇像有些微嗔，光宇走后，镜汀先生大哭了一场，那竟是他们的最后一晤”[①]。吴光宇先于吴镜汀去世。弟弟去世之际，哥哥竟辗转反侧，夜不能寐，与胞弟有着神奇的感应，听来令人唏嘘慨叹，凄怆动容。凡此经历都透露出吴镜汀单纯、内向、沉郁、执拗的个性特质，也让人对名噪一时却低调内敛的吴镜汀多了些许的理解和同情。据秦仲文回忆：“镜汀同志几十年闭门作画，孜孜不倦；卑屋寒蔬，不改其素。”[②]恐怕潜心作画是吴镜汀寄托情愫的最佳方式。

吴镜汀平素寡言，但讲起书画鉴赏或言及某家某派的来龙去脉时，便头头是道，常常会兴之所至信手示范笔墨方法，令人叹服。吴镜汀也爱好京剧、昆曲，早年曾在金北楼寓所结识了梅兰芳、余叔岩、言菊朋等名伶，常与俞平伯、张伯驹、高步云诸先生雅聚吟唱。吴镜汀唱余派老生，也唱昆曲。晚年他不忘故交，每到春节，都给高步云老先生寄去20元。在那个物质极其匮乏的年代，这20元是情深义重的体现。晚年病

① 傅洵：《画坛忆旧——回忆吴光宇先生》，《艺术中国》2014年第12期，第101页。

② 秦仲文：《观吴镜汀画展后书》，《美术》1963年第2期，第40页。

重时，他很想听听老唱段，京剧名旦李多逵之子李世林仰慕而来灵怀阁为吴镜汀唱言派名段《让徐州》，吴镜汀以一幅斗方高丽笺山水画赠予李世林为谢。[①]其怀旧、重义之举，令人敬佩。从吴镜汀的出身遭际、人际交往及个性品格，兼及他的为人作画，道理一也，因此在吴镜汀笔下，自然流露出一种既沉实又幽远、既饱满又清高的独特气息。他痴迷绘画，心无旁骛，加之晚年耳背，他的“静”是由内而外的静谧和纯净。

新中国时期面对国画改造，内容和形式都需要与时俱进，吴镜汀也尽力适应时代，随行写生，反映生产第一线的劳动场景，这个时期他创作了《十三陵水库工地》《岱宗旭日》等作品，这对传统文人书画家来讲是个极大的考验。吴镜汀的山水画不同于长安画派的“鲜明”，不同于岭南画派的“革命”，也不同于李可染的长途写生和对景创作。李可染的社会活动多，相关职务高，经历丰富，改革彻底；吴镜汀对于写生的借鉴是局限在一定范围内的，他依旧保留了传统的笔墨和章法，强化了体感与气势，凸显出雄浑的时代要求。吴镜汀通过写生锤炼并升华了他的山水画功力，形成了在复杂与巧妙的章法中刻画自然形态的骨法，笔墨浑厚而富于纹理表达，这是对传统笔墨的发展和重要贡献所在，甚至形成了北京地区传统派山水画改造的特色。可以说20世纪60年代前后，吴镜汀已成为北京地区乃至全国范围内的传统派山水大家的代表。1958年吴镜汀任北京中国画院副院长，1960年与北京中国画院的诸多老画家合作《长征万里图》，同年被选为中国美术家协会书记处书记，

① 傅洵：《画坛忆旧——回忆吴光宇先生》，《艺术中国》2014年第12期，第101页。

吴镜汀 《唐人诗意》

1963年又被推选为中国美术家协会北京分会副主席，于中央美术学院陈列馆举办了首次个人画展，人民美术出版社出版了《吴镜汀画集》，其画坛影响力达到了吴镜汀艺术生涯的高峰。

然而吴镜汀无意于政治，他一向低调内敛，淡泊名利且个人经历单一，社会经验缺乏，长期潜心作画，不改其素。因此，当各种政治运动来袭之时，他是无力应对的，他的精神是恐惧和苦闷的。各种运动的接连批斗，使他身心疲惫，郁郁寡欢，不久身患胃癌，加之弟弟吴光宇的去世，对吴镜汀可谓是沉重打击，他最终没能挺过去。以1972年吴镜汀去世为节点，但凡熬过了风雷运动的艺术家才会有重见天日的可能。与吴镜汀类同者还有秦仲文、惠孝同等，这些艺术大家在“文革”期间，或含冤离世（如秦仲文），或悄然谢世（如汪慎生），在进入新时期之后，他们大多被淡忘甚至被湮埋，有意无意地造成了对有过历史贡献的老艺术家们整体“失忆”，这一状况亟待修正和补写。

二、陈少梅的艺术人生

陈少梅（1909—1954），名云彰，号昇湖，字少梅，湖南衡山人。他自幼随父学习书画诗文，深受中国传统文化的熏陶；15岁加入金北楼、陈师曾等发起的“中国画学研究会”；17岁成为“湖社画会”的骨干成员；22岁主持“湖社天津分会”，成为津门画坛的掌门人。中华人民共和国成立后，陈少梅任中国美术家协会天津分会主席、天津美术学校校长。1954年，年仅45岁便匆匆辞世。

有关陈少梅的已有研究大致有启功、薛永年、何延喆等名家学者的专门论述，有陈少梅之子陈长智所作的年表呈现，有相关专题的硕士论文及回忆文章若干，凡此多侧重于陈少梅的生平记事、绘画历程、风格成就等方面。此处着重论述和类比其在短暂而超负荷的艺术生命中与吴镜汀的相似之处，他们都呈现出边创作边教学的既“独善其身”又“兼济天下”的立体成就。二人的共同点在于都以沉实细腻的笔墨功力、成熟老到的艺术语言、高雅纯正的艺术格调、空灵隐逸的悠远意境，成为京津画坛上成就全面、作品精良的两位大家。特别是在西学东渐的强势冲击中，他们坚守传统笔墨语言的纯粹性，在传统中探索发展，在“古为今用”上寻求突破，展示出北宗为体、北骨南韵的真才实诣。从这个意义上说，特别是对陈少梅而言，他的有价值的生命不短且贡献卓越。

陈少梅强调民族绘画的继承与发扬，坚守中国画特有的精神内涵和笔墨语言，这体现在他关于《气韵与笔墨》的谈画理论上，他说：“中国绘画最重气韵。倪云林作画，寥寥几笔，画稿亦常常不换，可是很好，就因为有气韵。画有雅俗之分，即在于气韵之有无，必作画之人先不俗，画才能雅。作画讲气韵，不能只在画中寻求。个人平素修养，非常重要。”[①]

陈少梅的论点表达了他对中国画的深刻解读及自己绘画上的审美追求。他对倪瓒是颇为欣赏和膜拜的，这一偏爱在他的书画作品中处处可见。陈少梅作为倪瓒的异代知音，他们的共性契合处在于境界和格调。而在同时代里，陈少梅与吴镜汀更为接近，与书坛的吴玉如亦是互为知己，根源也在于此。

倪瓒简约萧散的山水画风对后世影响深远，他是明清乃至民国诸

① 卞慧新：《陈少梅谈画——气韵与笔墨》，萧乾主编，姚以恩、刘华庭编选：《新笔记大观》，上海书店出版社1996年版，第514页。

多大家膜拜的对象，如明代董其昌，清代石涛，民国吴镜汀、陈少梅等大家均属其列。优秀的艺术家往往既属于他的时代，又不局限于这个时代，这是艺术对时代的超越性价值。陈少梅又不同于倪瓒。倪瓒多是笔简意饶，惜墨如金，寥寥数笔，却有晋人风度，墨竹也是偃仰有姿、逸气淋漓一路；而陈少梅的绘画语言丰富，作品往往涵盖山水、人物及花鸟，章法复杂而讲究，十分耐看，画风清润，工写和谐自然，常常是疏林坡岸，悠远旷逸，绝尘脱俗。至于作画的基础，陈少梅认为这须从笔墨谈起，他认为："用笔首先应知轻重。画人，用线条的粗细托出人物，成为立体。用起住笔的轻重表现力量所在。如画衣袖，古人袖口宽，近腕处用笔重，其下端自能飘起。用笔，轻重之外，应知选择。如衣纹在衣服上实际很多。画时则只选择其最主要的几笔。不必要的衣纹，务须简去。凡一笔能表示的不要用两笔。用笔还须知变化。如衣袖之纹，须用几笔合起来表示。笔与笔之间有一定的关系，一笔下去，其他笔已确定，再着笔必须在其合理之地位。同一衣袖，可用几种不同的衣纹组合表示，不过每一组合的各笔皆有其一定相关的地位。所谓用笔的变化，即谓线条组合上的变化。再谈一下笔的使转。宋元以上皆用中锋，起笔藏锋于内，转折处笔亦转折。用中锋才能笔笔成立体，显得古厚而不致平扁无力。"[①]凡此详尽解读，无不显示出陈少梅深谙笔墨技法的扎实功底，亦可折射出他潜心研究古人笔法的实实在在的真功夫。

陈少梅的真功夫来自金城"精研古法，博采新知"的引领。金城既重视北宗院体画之功力，也借鉴南宗文人画之韵味，实现北骨南韵，从

① 卞慧新：《陈少梅谈画——气韵与笔墨》，萧乾主编，姚以恩、刘华庭编选：《新笔记大观》，上海书店出版社1996年版，第514页。

陈少梅《太白举杯》

而弘扬优秀传统，摆脱晚清文人画之空疏，恢复民族绘画之自发活力。陈少梅正是这一主张的践行者，他对南北宗之说和所论及的画家了然于胸，虔诚地对待所有优秀传统，潜修默练，探本溯源，陶铸百家而后自成一格，形成了陈少梅风格。如何解读陈少梅风格？恰如薛永年所做出的评价：“陈少梅是金北楼最喜爱、最年轻的弟子，一生醉心艺术，而不以艺术为谋生手段和攀高结贵途径。他从临摹历代北宗院体名迹为主，上溯宋元。他的作品深得北宗的精整爽健，又吸收南宗的文雅精微，创造了一种精雅之美，严谨、精密、娴熟、潇洒、有情调、有韵味，比一般的院体画含蓄精微，比一般的文人画功力深厚。由于坚持了中国画的语言方式和审美韵味，形成了南风北骨的风采，显示了传统自足发展的

陈少梅 《春山图》

生命力。”[①]这恐怕是对陈少梅艺术风格最为贴切的总结。

同样，陈少梅的书法造诣也不亚于他的山水成就，只是被画名所掩。从他的题款中可以欣赏到他的倪瓒书法。正如启功所言：“他题画的书法，着字不多，而笔笔耐人寻味，足与画笔的气息相映发。元代画家倪瓒，书法学六朝人，僻涩中独具古媚的风格，后世像恽寿平、僧渐江等都曾学过他，并不能十分相似，足证不易模拟。少梅先生学倪氏的书法，则真可说是搔着痒处，令人惊奇而又喜爱，并不在他的画法之下。”[②] 陈少梅自己也说：“我喜倪字，更喜云林的绘画，寥寥数笔即成

① 薛永年：《论20世纪中国画变革中的陈少梅及其流派》，《二十世纪美术作品档案 陈少梅》，北京出版社2012年版，第11页。

② 启功：《二十世纪美术作品档案 陈少梅·序言》，北京出版社2012年版，第6页。

佳作，意境深远，有书卷气。”[①]综观陈氏作品，不难发现陈少梅对南宗巨擘倪云林的情有独钟，陈氏书法曾学倪瓒，后学米芾，他的书法是以倪瓒隽逸清雅为基调并注入米芾潇洒酣畅之风神的逸品。其楷书题款既精美、遒力，又率意、散逸，这一特有风格在陈少梅的书画作品中比比皆是。倪瓒古淡天真的脱俗风格是陈少梅、吴镜汀等一批格调高雅者所推崇的，陈少梅的过人之处更在于他不仅追慕，还能与倪瓒者形神兼备，堪为异代知音。前面谈过吴镜汀书法属于董其昌一路，在这个层面上，陈少梅的书法境界更高一筹。可以说在20世纪京津地区的山水大家中，陈少梅与秦仲文的书法当属出类拔萃者。

陈少梅的学长、画家刘凌沧曾说：“我加入‘画学研究会’时，少梅早已是会员了。当时他年龄很小，画得却很好。他对艺术很忠实，说话极痛快，每提到国画总是侃侃而谈，很有见地。”[②]陈少梅后来成为20世纪最年轻最成熟的北宗山水大家，是集他的天资、勤奋甚至透支才完成的。他有时连续创作忘了吃饭，竟会把家人放在画案上的馒头蘸墨吃而浑然不觉……他的“唐寅之后第一人”的美誉就是这样修炼而成的。[③]

陈少梅于画坛不仅“独善其身”，同时“兼济天下”，不足23岁即赴天津主持湖社分会工作。据记载，1931年3月10日，湖社在天津分会开始授课，报名的学子异常踊跃，致使原先的教室无法容纳如此多的学生，只能另觅新址。在陈少梅的主持下，天津分会的规模不断壮大，一时间画

① 龙智年：《陈少梅年表》，《二十世纪美术作品档案　陈少梅》，北京出版社2012年版，第284页。

② 徐群：《传统绘画的守望者——陈少梅》，《国画家》2013年第2期，第74页。

③ 戴东尼：《陈少梅：唐寅之后第一人》，《艺苑春秋》2007年第2期。

社人才济济，为天津画坛开拓了新局面。[①]此后陈少梅便居津门长期课徒作画，为津门画坛的发展做出了厚植基础和引领方向的重要贡献。尽管他不是土生土长的天津人，但其艺术的辉煌岁月是在天津度过的，也实至名归地成为主持天津画坛的年轻却成熟的掌门人，他坚持“以传习国画造就专门人才”[②]的美术教育原则，培养了如王叔晖、黄均、冯忠莲、孙天牧等一批重视传统、推陈出新的中坚力量，让天津画坛焕然一新并可持续发展，他自己也从画坛才俊成长为一代宗师。这种不同寻常的成就恐怕与之不同寻常的世代书香的文化望族出身和与生俱来的使命感不无关系。

据“陈少梅年表”记载，其“远祖乃有虞氏之后，累世公卿，代有名臣，名声最著者：汉丞相陈平……唐江国公陈叔达；宋绍定元年陈氏为避金元乱徙衡山……近代以来衡山陈氏名人辈出。光绪壬午（1882年）乡试，陈少梅父陈梅生中第一名解元，胞兄毓光与同榜，湘人传为佳话。陈少梅的许多近亲都创造了中国近代史上多个第一：少梅堂叔陈期支持维新变法，以戊戌变党获罪，与谭嗣同等六君子同被绑赴刑场，虽未杀头，但被永久监禁；少梅堂叔陈范是近代中国最早的报人，创办《苏报》；少梅大姐陈云凤能诗善书，以两箱诗书作嫁妆，嫁到夏家，是夏明翰等四位革命烈士的母亲；少梅堂姐陈撷芬与秋瑾为挚友，是近代中国第一位女报人，主编《女报》；少梅堂姐陈衡哲是新文化运动中第一个女作家，1917年发表文学史上第一篇白话小说《一日》，任鸿

① 徐群：《传统绘画的守望者——陈少梅》，《国画家》2013年第2期，第74页。

② 刘萍：《以陈少梅为例看近现代中小名家书画拍卖热之成因与预测》，《考试周刊》2008年第16期，第187页。

隽、陈衡哲伉俪与胡适在文坛上有‘三个朋友’之称……”①

当然对陈少梅影响最直接的还是其父陈梅生，父亲为他取名“少梅”寄予厚望。陈父善诗文、工书法，且支持民主革命。秋瑾曾有《上陈先生梅生索书室联》写道：“如雷久耳右军名，问字愁难列讲庭。欲乞一联绮丽笔，闺中曾读养鹅经。”②可见陈父书法之名气，陈少梅人格画品之高标典雅，当得益于深厚博雅的家学风范。由于陈父思想开明，支持民主，辛亥革命后曾召集漳郡父老，听其自治，然后挂冠还乡，归途中唯一舟明月、半船书籍。他赋诗自嘲：“莅位九州越十年，愧无德政慰先贤。清风两袖常随我，不负闾阎不负天。”③少梅随父返乡并在父亲的督导下研读诗书经史，学习书法绘画。1919年，10岁的陈少梅随父北上，寓居北京湖南会馆，得以向京城名流宿儒学习，他艺术起点之高和格局之大绝非偶然，正是得益于他深厚博雅的家学风范和敢为潮流之先的望族传统，因此陈少梅大器早成是水到渠成的自然。金北楼曾言“余弟子累百数，而少梅超诣绝群，必以过我”，并为少梅取号“昇湖”。1924年，中日第三次绘画联展在京沪两地进行，中国南北名家荟萃，陈少梅作品参展并一鸣惊人，开始在画坛崭露头角。他以艺术的方式在20世纪中国画坛书写着与家族相映生辉的华彩篇章。

1928年，中日绘画联展在上海、大连、奉天举行，19岁的陈少梅的作品是画展的重心之一，张学良将军亲临祝贺，陈少梅也结识了张学良秘书、后来的章草大家郑诵先。《艺林旬刊》第10期载陈少梅绘《赵州

① 龙智年：《陈少梅年表》，《二十世纪美术作品档案　陈少梅》，北京出版社2012年版，第282页。
② 同上。
③ 同上。

和尚像》，画幅上端有陈少梅父亲楷书《赵州和尚传》。此为已发现的少梅最早见于报刊的作品。1930年在布鲁塞尔举办比利时建国百年纪念博览会，21岁的陈少梅的作品荣获美术银奖……[①]凡此种种记载，都是反映陈少梅大器早成的佐证。所以说，研究陈少梅不能按生理年龄论艺术成就，大器早成与大器晚成者一样，都具有特殊性，需要具体情况具体研究。

陈少梅的心理年龄和艺术造诣都属于早熟，他的作品也自然会静谧古雅，题材也多取自古典诗歌，如《桃花源》《赤壁游》《秋声赋》《金陵十二钗》等作品都取材于相关的古典诗文，他以稳健、巧妙、清逸之笔触表现诗情画意。他对古文辞章的深厚修养，自然使作品有着高古之韵和书卷气息。观赏陈少梅作品，往往是奞奞古貌，跃然纸上。在他的作品中，多依宋人法本，尤以马、夏为宗，元人的简淡韵致、南宗的清雅秀逸，南北宗元素的杂糅并统一，都彰显出他兼容并蓄之深厚功力。尤其在人物与山水和谐相融方面，被世人推崇，张大千称赞其衣纹有宋人风格，张大千弟子巢章甫在《北洋日报》上介绍陈少梅画展时云："画家陈少梅先生，英年力学，名震平津。……人物、仕女，并皆绝佳，山水更兼南北二家。并世作者，殊不多睹也。值此艺术消沉之际，正复异彩当空，光芒万丈，盛可知也。"[②]尽管遣词中不乏文人溢美之习，但透过文字看真才实诣，如此成就对于26岁的陈少梅而言，不能不承认他是一位艺术奇才。启功在为《陈少梅画集》作序时写道："我比少梅先生虽仅小两岁，但学画时望先生的作品，已如前辈名家，可见他成

① 龙智年：《陈少梅年表》，《二十世纪美术作品档案　陈少梅》，北京出版社2012年版，第283页。

② 同上。

陈少梅《秋林独思》

陈少梅《曲径通幽》

就之早。先生画，早年工人物，后多作山水，下笔便沉着爽利，这无法不说是出自天然。学宋派山水，较豪放的似戴进、吴伟一路，但边幅修洁，删略他们那种粗犷的习气。细笔的似周臣、唐寅两家，又能在潇洒中不失精密严格的法度。”①启功特别是在陈少梅《钟馗图》上题写：“运毫何殊运斤，着墨即是明人。梅老已成千古，钟公铁面长春。此故人陈少梅先生遗作，其纸不过三十年，其笔则三百年。”足见陈少梅功力之沉雄博大，可与古贤比肩，他无疑是晚明以来传承和发展宋画艺术最为杰出的画家。倘若对其艺术历程及风格的形成进行梳理和研究，必将对当代潜习正脉书画者有所切实的启迪和有效的借鉴作用。

1949年，40岁的陈少梅被推举为天津文艺工会负责人，主管宣传工作，他以更大的热情和心力投入新中国的文化建设中，探讨国画事业如何为新社会服务，常常早出晚归，期间创作了《白洋淀上》等现代题材作品，绘《采棉图》等年画。1951年春节，陈少梅写下：“人生观的基本问题，就是立身处世的问题，就是个人与环境的关系问题，我们生活在这个时代、这个社会、这个人群中，自己应当站在哪一边，采取什么立场，自己是谁，谁敌，谁友，为谁服务的问题。”②此话颇有几分耐人寻味之意，不难体会到陈少梅对于美术如何为新社会服务、怎样服务的认真思考。1952年，陈少梅出任中国美术家协会天津分会副主席，出任天津美术学校校长并亲自授课。同期陈少梅创作了《观瀑图》，这是他的代表作之一，以大斧劈皴绘成鬼斧神劈的断崖绝壁，枯松倒挂若屈铁，飞流直泻似狂草，生动写出“连峰去天不盈尺，枯松倒挂倚绝壁”的李

① 龙智年：《陈少梅年表》，《二十世纪美术作品档案　陈少梅》，北京出版社2012年版，第283页。

② 同上。

白诗意，并绘制连环画《孔十爹》《相思树》，为赵树理小说《李家庄的变迁》绘制封面……凡此种种，都反映出陈少梅在新时期急速转型的迫切心情和加倍透支的状况。

对于陈少梅而言，1953年更是其快马加鞭“以一当十”的一年，他应中央美术学院国画系主任叶浅予之邀赴京，暂居张伯驹后海寓所，后又租住胡佩衡住所，绘制意境清新、笔致峻拔的《小姑山》，参加第一届全国美展，自标新格，别开生面。同年，他为毛泽东六十华诞绘《春山图》，冯忠莲画《春江图》，二图合寓“江山永春”（现藏中央档案馆）[①]。陈少梅不满足于已有的成就，以极大的热情投入到中国画创新的探索中，转变画风，但他仍然坚持对传统的自信，用传统笔墨表现现实生活，并赴西山写生，创作了大量反映时代风貌的作品，如《颐和园玉琴峡》《晨林山径》《现代人物》《山间小憩》《燕山秋色》《颐和园知春亭》（未完成）等作品。1954年秋，中央美术学院、荣宝斋、民族美术研究所等单位邀请陈少梅前往工作，陈少梅举棋未定。9月9日，他去烂漫胡同湘乡会馆探望老母时突发脑溢血，猝然倒在老母面前，年仅45岁。这个年纪，这种突发，不能不说陈少梅是为丹青事业透支了自己宝贵的生命。

三、“两湖”艺术之比较及艺术家生命问题的相关思考

镜湖吴镜汀和昇湖陈少梅有着类同性，二人都是深受恩师金城赏识和提携的年轻有为的京派重要成员，都是毫无欺世炫俗之习的纯粹艺术家，都是在技法、格调、意境上经得起推敲的借古开今的佼佼者，甚至

① 龙智年：《陈少梅年表》，《二十世纪美术作品档案　陈少梅》，北京出版社2012年版，第284页。

都是古贤倪瓒的追慕者，也都是当代大家启功的师长，启功在吴镜汀、陈少梅二人的遗作中，代为补写的题款最为多见。

吴镜汀和陈少梅共同的艺术经历可反映出京津地区山水画发展的历史脉络。其中有两个重要的关键点：一是青年时期参加中国画学研究会和湖社的创作及其后的课徒；二是新中国时期国画改革。陈少梅于1954年英年早逝，吴镜汀于此时段至“文革”前的写生创作成为中国画发展过程中的重要标志，丰富了吴镜汀山水画的创作面貌，使其画面既能有精谨，亦有洒脱，展现出其深厚的绘画功底和全面修养。在西学东渐的20世纪初，西方文化冲击着本土文化，导致传统文化向多元化探索以求别开生面。吴镜汀与陈少梅等传统派的可贵之处在于融合南北宗、略取风规处，守望传统而能自出高格。他们用精研古法、固本自强之道自我改进，古为今用，不断生发出纯粹而卓然的绘画语言，分别在京津艺坛传道授业，为20世纪中国画坛做出了不可低估的贡献。

吴镜汀与陈少梅都是北宗山水画的杰出者，他们都属于全才型的大家，擅长山水，兼及人物、花鸟、走兽，工写兼长，功力深厚，只是山水画成就最高。相对而言，陈少梅更古，他的《太白观瀑图》即体现了这一点，构图分上、下两部分，中间以水纹相隔，笔断却意连。画松用笔如屈铁，用白描轻松勾勒出人物神态，自然生动。《岁朝图》取宋人山水遗意，表现年终欢庆场面。此图是典型的节庆风俗画，陈少梅笔下古意盎然，奇趣横生，人物关系和穿着符合过去习惯，由此可窥见陈少梅传统艺术造诣的出色。

与陈少梅的“古”相比，吴镜汀的山水能“新”。吴镜汀继承了宋元以来的传统，他从清代的四王吴恽入手，对王石谷的精研至深，进而上溯宋代的郭熙、米芾、马远、夏珪和元代的倪瓒、黄子久、吴镇、王蒙诸大家，并能博采众长而出新意。《峨眉览胜》就是一幅别出心裁的作品，立意新颖，处理题材巧妙而精炼，画上并非实景的罗列、堆砌，乃是安排了挺劲而天矫的冷杉树于近处，以巍峨耸翠的巨峰为主体，复以云海浩荡雪山远映。由虚衬实，实中见虚，显出豁朗的境界及分明的层次。气势磅礴，雄伟壮观，生动再现了峨眉胜景。特别值得强调的是其表现方法不拘一格，不囿于成规。所画没骨的青绿山水既能继承传统之菁华，又能大胆地参以新法，而泥金、白粉、破墨的使用也非全按古法，但又合乎画理，别有一番韵致在其中。

当然陈少梅的“古”和吴镜汀的“新”都是相对而言的，吴镜汀也有扎实深厚的古的功底，陈少梅英年早逝，未来得及“新”。陈少梅在1952年创作了《采棉图》《送饭图》等反映时代题材的作品，背景依然是他驾轻就熟的山水、树石、花草，依然是一派田园景象，唯独人物表情和神态不似劳动者，依然是古人模样……或许陈少梅未来得及探索求新，或许陈少梅的气质里更多的属于“古”，他就是诞生于20世纪的古贤。

但凡英才早发者，往往容易英年早逝。例如高才博学的王勃未冠而仕，两度被贬，英年早逝，留下了“海内存知己，天涯若比邻”的高迈绝唱；同样生命匆匆的李贺也是一句“天若有情天亦老”道出了无尽的感伤和自然法则的无情。说到20世纪的中国画坛，金城、陈师曾、王梦白、陈少梅等都年寿不永，都不足天命之年，且都艺术思想超群，身心相对脆弱，吴镜汀曾患精神疾病，陈少梅长期透支，王梦白性格“幼稚”。

艺术家的生命问题是值得关注和思考的群体性问题。艺术家需要自觉地修炼一些理性的思维、有意识地规范与健康息息相关的生活习惯。

大致而言，齐白石是一类，是以艺术维持生活的纯粹艺术家，目标明确，不感情用事；黄宾虹是一类，安静从容做学问，是耐得住长期不被理解的寂寞的学者艺术家，寻常从业者望尘莫及。

另外，在吴镜汀和陈少梅各自的画集里，可发现有相当数量的作品题款是由他们的老友董寿平、学生启功代为完成的。这一现象说明吴镜汀和陈少梅生前都是笔耕不辍、勤奋创作的，因此才留下了未曾题款，或许因不甚如意便不题款的“半成品”。吴镜汀与董寿平同生于1904年，但吴镜汀去世于1972年，而董寿平至1997年，二人整整相差了25年之久。这对于艺术创作而言，是何等宝贵的时间财富；对艺术家的命运而言，则会有多种千差万别的可能性，甚至天壤之别。试想齐白石没有高寿做本钱，哪有衰年变法的精力？哪有命运逆转的可能？王梦白只活了齐白石年龄的一半，二人在当今画坛的地位和影响恐怕是难以同日而语的，这不能不说是个莫大的遗憾。艺术家的艺术生命首先需要健康身体作为支撑，这是根本。说到陈少梅与齐白石，同为湖南人，同样从人才“于斯为盛”的湖湘之地走出，而且陈少梅对20世纪京津画坛的社会贡献和责任担当都不在齐白石之下，但学界对于“家在洞庭衡岳间”的陈少梅的关注、传扬和系统研究显然还远远不够，只因其英才早发却又英年早逝，透支了才华和生命，后世知音甚少，大多追逐名利，这也是难以改变的无奈现状。

与陈少梅1954年匆匆离世相比，吴镜汀更多体验到了新中国成立初期至“文革”期间国画的命运沉浮。据当年的新华社记者王孔诚报道：“在中央美术学院内，国画这朵花到底开放得如何？记者就这个问题访问了北京的一些国画家和学院的一部分教师。他们认为国画这朵花在中

陈少梅、冯忠莲《布袋和尚图》

央美术学院中并未盛开，相反的是受到宗派主义者的歧视和排斥。他（李苦禅）画出的画，系领导会当面训他：‘你画的是什么东西！’由于这样，他在画画的时候，甚至不得不关上窗子。”“国画家高希舜已经从事国画教学三十多年了。1952年开始到学院担任副教授，但现在他也被解聘了。”“国画家汪慎生说，他和其他的国画家曾在1952年集体创作了两幅大型的国画，当时放在和平旅馆。领导看了后就说：‘这些画应当放到茅房去。’”“国画家们带着痛苦的心情谈到了附属在学院中的民族美术研究所。……北京有名的国画家如于非闇、王雪涛、吴镜汀、汪慎生等都被聘为研究员。几年来，这个研究所竟做了些什么工作呢？……有的国画家说，学院内的民族美术研究所好像是在照顾画家，实际上是‘敬鬼神而远之’。”[①]从这个角度上看，陈少梅没有赶上那个斯文扫地的特殊时期，也算是一种解脱。他这样一位家族声望和使命感强的单纯、认真又卓越的艺术家，是无论如何也无法招架复杂的甚至是不可思议的各种运动的。这一点，陈少梅又比吴镜汀幸运。

当然对陈少梅而言，年龄不是他艺术成熟的标尺，他笔下的沉实老道、他的静谧儒雅、他的开阔隽永都远远超前了他的实际年龄，这是陈少梅的独特之处，也是所有流星般闪烁光芒的天之骄子的共性，他是天地间短暂却永恒的存在，而非世俗层面的解读。另外，陈少梅的幸运还在于夫人冯忠莲，冯是陈少梅最为出色的继承者，她接替了陈少梅未尽的美术事业，在新中国时期到荣宝斋和故宫博物院从事古画临摹工作，著有《古书画副本摹制技法》一书，为国家修复古画做出过重要贡献。

---

① 王孔诚：《北京一些国画家和教师认为：中央美术学院领导人排斥国画》，《人民日报》1957年5月24日第3版。

从这个意义上说，冯忠莲就是陈少梅艺术生命的延续。

总之，从金城到吴镜汀和陈少梅等一路走来，一脉相承，成为20世纪继承北宗精髓又兼收并蓄、有所新意的京津地区的杰出代表，他们对于传统的选择，偏重院体，又迥然不同于清代主流，尤其有别于清末民初的孱弱文人画。他们以比北宗画家更为优势的开阔视野，追寻人文情怀与笔墨技能的和谐统一，重振了沉寂三百余年的北宗山水之辉煌。他们在导师金城的引领之下，励精图治，心摹手追，即使在传统笔墨语言受到遮蔽的条件之下，依然循古法而出新意，淡泊名利，不染时尘，展现出北骨南风的真才实诣，完成了由技进道的创作升华，满足了观赏者和学习者赏心悦目的审美感受。从这个贡献层面上看，吴镜汀于北京、陈少梅在天津都是值得系统研究和大力弘扬的。

在轻易否定传统、盲目自我创新、一味追求西化的浮躁当下，研究“两湖”吴镜汀和陈少梅的意义正在于如何对待传统的继承，如何成功地继承优秀传统，吴镜汀和陈少梅的艺术成就依然具有示范价值。无论时风如何摇摆、形式如何变化，固本自强、由技而道才是正道，提升对传统的选择和兼容而出新的能力，或许才是最值得借鉴的历史经验。吴镜汀和陈少梅是师古而化的典范，他们对待优秀传统能够做到潜心学习、笃实实践，其根本在于充分的自信，而这种自觉和自信正是当下最为缺乏的心态，或急功近利或投机取巧地从事艺术创作是一种短识，是不可能长久成功的，这是必然规律。

最后，用梁志斌“京津艺苑育精英，画史师承自有情。得意金城双弟子，昇湖渊穆镜湖清”之诗句，致敬金城，致敬京津“两湖”，致敬20世纪坚守中国画优秀传统的京派诸家。

第七章

世人谁识吴迂叟　铁画银钩五色光

吴玉如人品、诗品、书品论

“书道而今重野狂，二王风韵久微茫。世人谁识吴迂叟？铁画银钩五色光。”这是家父梁志斌于1975年拜访吴玉如先生时所作七绝，当时吴先生看后儒雅笑称“不敢当”。[①]如今过去了43年，“重野狂”“尚丑书”的书坛现状是否有所改观呢？

吴玉如作为20世纪京津地区以书法闻名的学者诗家，有着“南沈北吴”的书法高度和大家地位，但其为人为艺的纯粹和高深还未被时人所识并进而充分了解。有关吴玉如的已有研究大致分为三类：一类是其学生整理的吴玉如年表和诗稿手迹，一类是关于吴玉如书学思想的论文，一类是作品赏析及回忆文章。在倡导文化自信、重温经典的当下，在吴玉如诞辰120周年之际，我们有必要更有责任对吴玉如做一全面系统的梳理。本文试从散藏的资料入手，参借梁志斌口述的一手材料，分三个方面阐述吴玉如洁身自好的人品、旷达超迈的诗品和翰逸神飞的书品，旨在弘扬其刚正不阿且不染世故的可贵人品，彰显其或慷慨激昂或天真唯美的风雅诗品，研习其碑帖共融、师古不泥的至美书品。凡此一脉相承的内在关联和互为表里的三位一体，成就了以书法神采示人的吴玉如，

① 文中有关梁志斌所述吴玉如的史实，未注明出处者，均出自笔者的采访记录。

这也是吴玉如书艺之所以郁郁芊芊、高山仰止的底蕴所在，更对当下“士先器而后文艺”的导向有着示范的价值和意义。

一、洁身自好的可贵人品

众所周知，论书重人品乃中华传统。苏东坡有过“古之论书者，兼论其生平，苟非其人，虽工亦不贵也”①的权威论述，这似乎已成为公认的中国特色的价值判断和美学标准。所谓的“作字先做人”便是这个道理，吴玉如则正是这方面“心正则笔正”的榜样人物。

吴玉如（1898—1982），名家琭，安徽泾县茂林人，早号茂林居士，晚年自署迂叟。久居津门，晚年客居京城。一生命运多舛，颠沛流离，几经战乱和各种运动，但他洁身自好、痴心不改且终贯一生。吴玉如耿介不染、不事趋谒的品性主要表现在他几度去留与辗转之间的抉择上。

1912年，15岁的吴玉如入天津新学书院学习。16岁因不满该校教育转入天津南开学校学习，恰与周恩来同班，因品学兼优，深受南开校长严范孙、张伯苓的赏识与奖掖。18岁入北京大学预科，旋而转入朝阳大学。不久其父去世，生活发生巨变，他不得不辍学赴吉林谋生。此后至1929年，吴玉如供职于黑龙江铁路交涉总局，曾任哈尔滨第一任市长马忠骏的秘书。期间，吴玉如于诗词、书法大为精进，参加了哈尔滨著名的“松滨吟社”，活动于遁园（马忠骏的私家花园），那是当时北方文化人的雅集场所，三省名流、京津文人每聚于此，诸如林纾、成多禄、张朝墉、张伯英、钟广生等皆为座上常客，当时的吴玉如属于青年才俊，

① 转引自梁志斌：《行书指要》，华文出版社1999年版，第2—3页。

所谓“同来携手谁年少？惟有泾川吴玉如”便是佐证。[①]

1932年吴玉如入关途经长春，郑孝胥曾挽留吴玉如在伪满洲国任职，他力辞不就，绕道回京，在某一税务部门工作，因看不惯当时的黑暗，不甘同流合污，不久便毅然辞职。1937年七七事变后，天津被占，南开大学奉教育部之命，与清华大学、北京大学南迁合组西南联合大学。之后吴玉如准备去昆明西南联大任教，途经重庆时拜访张伯苓校长，被执意挽留，任参政会秘书。重庆当局有人拟介绍吴玉如加入国民党，吴玉如认为重庆“只宜花木不宜人”，便以“君子不党”为由坚辞，之后得知蒋介石欲召见，无奈之下与张伯苓不辞而别，留下“个郎生小鄙王侯，耻缚功名作死囚”的诗句来表明自己的政治态度和立场，绕道返津，从此深居简出。后来吴玉如能为张伯苓夫妇合衬撰写碑文并书，也算是告慰老师的知遇之恩和师生之情。因在重庆参政会常用“吴家琭”一名，回津后怕日本人发现惹来麻烦，便以其字“玉如”为用，从此以字行世。[②]

吴玉如自律不涉足政界、不与当局接触，但有一次破例。据吴玉如之子吴同宾记载，天津解放前夕，周恩来弟弟周同宇突然被捕，南开旧友纷纷串联，设法营救。但要联名递呈保状，须有社会知名人士而且是当局尊崇者领衔出面，才可能奏效。于是在拟定的名单里就有吴玉如。有人说，吴玉如从不参与政治，恐怕不肯出面。但当南开校友找到吴玉如时，他问明情况，毫不犹豫地一口答应，并且首先在保状上签字。他说：“周同宇只不过是周恩来的兄弟，哥哥的事为什么一定要兄弟负责？

① 韩嘉羊：《吴玉如年表》，《中国书画》2003年第8期，第33页。

② 袁萌萌：《吴玉如书法艺术研究》，河北大学2015年硕士学位论文，第5页。

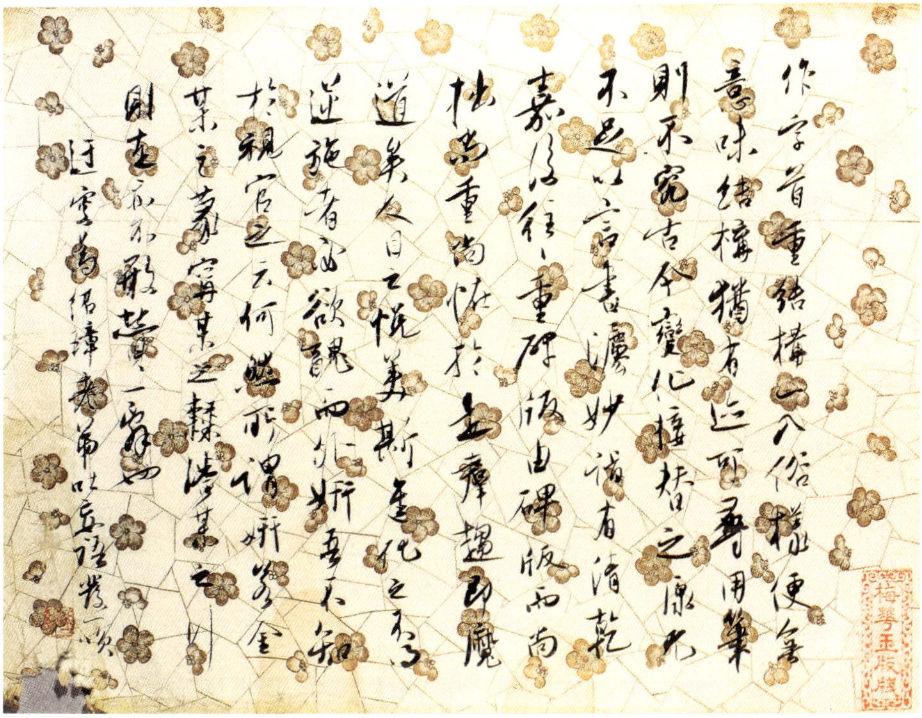

吴玉如 《论书法》

如果没有真凭实据就捕人，那是株连。我们保的是周同宇本人，反对的是株连，光明磊落，义正词严，不怕别人说三道四。”[①]他还主张将此意写进保状里。保状递上后，周同宇终于被保释。此事充分反映出文人吴玉如在大义面前的正义感和担当勇气，这是文人最为难能可贵的品质。

1951年，吴玉如因与津沽大学负责人发生龃龉而毅然决然辞职。自此年始，便以“迂叟”为号，此后吴玉如在京津两地以教书、鬻字维持生计，并为中华书局《辞海》、商务印书馆《辞源》编撰条目。

凡此辗转和去留之间，都尽显吴玉如耿介不染、刚正不阿的民族气节与操守，这是中国传统文人核心价值观的体现；吴玉如不肯苟同、直言不讳甚至不计后果的品性则体现在他毅然决然的一次次辞职上。而当自己的生活陷入窘境时，他清高、自尊的性格又让他难以启齿、不愿求人。

据梁志斌回忆，1972年政治运动呈疾风暴雨之势，75岁的吴玉如痛心疾首，集宋人词句为联：“更能销几番风雨（辛弃疾句），最可惜一片江山（姜夔句）”以解心中忧患之情。吴玉如的生活也日趋清贫甚至窘迫，常常依靠老友章士钊接济，直至章士钊也无力接济，有一次竟向身边的服务员借50元周济吴玉如，并力劝吴玉如给周恩来写信，章士钊说：“周恩来念旧……”吴玉如依旧不肯。无奈之下还是章士钊告知周恩来，周恩来立即致函天津有关部门。不久，吴玉如被天津市人民图书馆聘为顾问，每月有60元生活费。至76岁时，吴玉如的生活才得以保障。吴玉如亲口把这些经历说给学生梁志斌，并嘱咐他记下此事，要写给后

① 吴同宾：《书法家吴玉如的一生》，《天津文史资料选辑》第49辑，天津人民出版社1990年版，第141页。

人，让后人了解周恩来，了解章士钊，了解这其中诸位君子的品性以及他们之间的深厚情谊。

1976年周恩来去世后，吴玉如老泪纵横、痛心不已，写下了《哭翔宇四首》，其一云："十五同窗事眼前，百年到此哭谁边。终身相业清无我，尽瘁生灵百可传。"还亲自写下挽联，并对梁志斌说："周恩来对我有恩呐！"不久天津"周恩来同志青年时代在津革命活动纪念馆"建成，请吴玉如题字，他当即写下了周恩来诗句："险夷不变应尝胆，道义争担敢息肩。"他称赞此句辞情真切，用典自然，少年英气汩汩而出。这幅字一直悬在纪念馆的会客室里。

吴玉如对学生的态度更能彰显其正直、真诚、宽厚、率直的品性。他的学生多是慕名而来的，他都循循善诱，课书必先授立身之道，教导学生写字必先读书，学书先学做人。他以"身正则笔正"的传统正脉言传身教，影响后学，以"功夫到时文章老，学问深处意气平"勉励后学。梁志斌说自己也受益于吴先生的引导，更钦佩其学者风范和师长苦心。特殊时期的古文类书籍难以找到，吴玉如曾亲自动手用复写纸为学生复写古文（一次可复写四份），而且多是默写。他敦促学生一定要趁年轻记忆力强，多读多背古文古诗，必将受益终生。在"批林批孔"时期，吴玉如告诫梁志斌说："要利用这个时间念《论语》，你就看那些被批的内容，记下来回家背……"在文化被虐的特殊时期，吴玉如常常吟诵清人陈恭尹的《读秦纪》："谤声易弭怨难除，秦法虽严亦甚疏。夜半桥边呼孺子，人间犹有未烧书。"只有心存着薪火相传的责任感的人，才会义不容辞、不厌其烦地为学生抄书，甚至"口无遮拦"、无惧危险地具体指导。这正是吴玉如令人肃然起敬之处。其毫无防范与世故的君子之

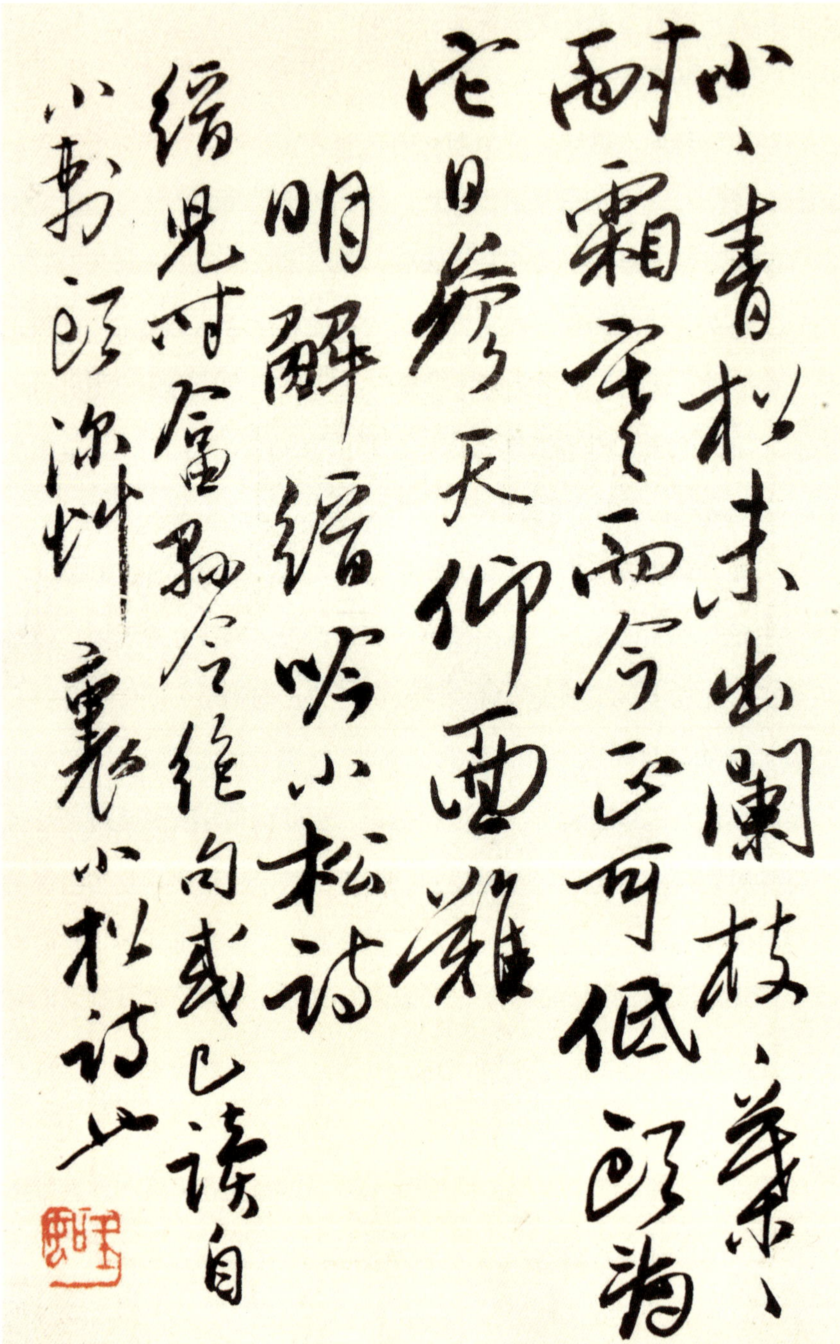

吴玉如 《书明解缙吟小松诗》

心亦可见一斑，其胆量勇气更非一般文人书生所及。

据梁志斌口述，1975年欧阳中石引荐他拜访了吴玉如，吴先生非常欣赏年轻人喜欢诗书，建议梁志斌写“二王”、写《书谱》，并当场给梁写下一首自书诗：“一枝谁折掷泥涂，已分香魂不可呼。插向瓦瓮才几日？花头扶起叶新苏。”吴先生解释说，他在妹妹家养病期间，曾拾起过一枝折断弃地的花，插在盆里，不久花活了，他的病也好了，于是即兴成诗。由此可见吴玉如怜香惜玉的诗人情怀和美好风雅的精神世界。吴先生所赠的此幅佳作也成为梁志斌日后每每讲席示范时的展品，想让更多的学生亲眼看见和领略吴玉如典雅隽逸的诗书作品。但终身遗憾也因此而生，梁志斌说他曾于80年代在北京市西城区少年宫兼授书法课，照例悬挂了吴先生此作，供学生欣赏临摹。在座一学生恳请借去临摹，下次上课归还。他觉得此学生一向书法写得好，目的一定单纯，因此免于戒心，表示应允。遗憾的是吴先生的这幅佳作与这位年少的学生从此音信全无。每每想起此事，梁志斌感慨又无奈，至今依然记得这位学生的名字，但只能用吴先生“开卷有益”的事例自我安慰。梁志斌说吴先生心地单纯，当年遇到学生拿走了自己的书籍，还会心平气和地说：“我的书都是开卷有益的，虽不必楚弓必楚得，但不论谁拿去，希望能好好读一读，千万不要束之高阁充门面用……”这就是吴迂叟，一位学者的风范和师长的气度昭然若揭。梁志斌也希望被学生拿走的吴老佳作安然无恙，保存完好。

可以说，我们所见的吴玉如书法既下笔千钧又风雅如斯，既法度森严、格调高古又气韵生动、翰逸神飞，这源自他持正守中、洁身自好的君子品性和学养。所谓“字如其人”，吴玉如恰如其分。

二、旷达超迈的风雅诗品

"诗言志"，吴玉如的诗正是他人品、学问、志向和才情的完美结合。他一生诗作，不计其数，但几经动荡，大多散佚；加之吴玉如不求闻达，一生不著，对自己的心血结晶不甚在意，正如吴玉如之子、北京大学教授吴小如所言："这（旧体诗）是他生前唯一的文学创作。……至于他作诗，从目前我们能找到的遗稿来看，最早的作品大抵是十八九岁写的，然而技巧已相当成熟，可见他学习写作的时间应该更早一些。我们不妨推定，他一生写了将近七十年的诗，这个估计似乎不会相差太远。搜求先人的遗诗要比辑理他的遗墨更难。他从一开始写诗就没有留底稿的习惯，即兴而成，写完便随手弃掷，并不珍惜。虽然他在写作过程中还是字斟句酌，一改再改的，这从保存下来的先人手稿上完全看得出来；可是一经脱稿，好像他已把灵感安置在字里行间，便算如愿以偿，再不考虑它是否有保留价值了。"[①]所以现存的自书诗稿是学生整理汇集出版的。按其内容大体分为两类：一类是忧国忧民诗，一类是文人墨客诗。吴玉如诗品基本属于宋诗范畴，却又不同于一般专学宋诗的"同光体"诗人，而能直入宋人堂奥，与之比肩，并不逊色。此外，"他对元白长庆体、温李歌行体和绮丽多姿的'无题'体，也下过很大工夫。……八首《落花》诗，虽近似西昆却远胜西昆，没有'选学'骈俪的功底是写不出的。当然，这只是就艺术水平而言，若论夫作品中的精神面貌，虽说写的是旧体诗，却完全具有20世纪一位中国公民的爱祖

① 吴小如：《迂叟自书诗稿·序言》，天津古籍出版社1988年版。

国、爱和平、盼解放、盼统一的时代特征”[①]。吴小如对其父诗词的注脚和评价是恰如其分的。这里按内容大致分为两类，其实也是难以截然分开的，只是便于分析而已。

（一）忧国忧民诗

“除岁君家一局棋，甘贫乐志两相宜。喜君儿女能忘俗，问字从容不忍离。万里惊心忧故国，几人雪涕盼清时。归仍兀守青毡坐，走笔怀君寄小诗。”[②]此诗是吴玉如写给老友安寿颐的，二人于20世纪20年代在哈尔滨即为至交。颠沛流离数十年，二人志趣相投，时相往来，成为通家之好。此诗是吴玉如来北平与安家一聚后返津所作。此诗前四句极言除夕欢洽，娓娓道出对友人一家的深情与不舍；后四句升华，表现出沦陷区的一位爱国知识分子的忧伤情怀。其中吴玉如的一句“喜君儿女能忘俗”凸显出他对“俗”的排斥和对“忘俗”的赞赏。可以说，超凡脱俗是吴玉如一生的追求和准则。另外，吴玉如诗常出现“一局棋”，一则是吴玉如擅长下棋，这是常态化描述；二则深而化之的是，他胸中始终存有“一盘棋”，那是华夏民族整体、那是正脉文化全部。

“无睡城隈信步行，柳风鸦阵晓寒轻。长街雪后春泥泥，短梦灯前泪莹莹。生死方滋情格悔，慧痴都昧世纷狞。莫言老去诗篇苦，唯可心声此自倾。”[③]吴诗中那画面意境、那工谨对仗、那起伏跌宕、那苦中的希望，五十六字淋漓尽致。倘若比肩李商隐、王钟美等唐宋诸贤，此诗

① 吴小如：《迂叟自书诗稿·序言》，天津古籍出版社1988年版。

② 安瑾：《我所熟悉的吴玉如先生》，《南开春秋》总第7期，1994年，第74页。

③ 韩嘉祥主编：《二十世纪书法经典　吴玉如》，河北教育出版社1996年版，第82—83页。

似无逊避之处。

吴玉如的《书愤》也同样不逊宋诗："剩水残山一局棋，世间甚处武陵溪。同为华夏分吴越，难答滕公事楚齐。我自死心安朽腐，谁能系念到黔黎。家居洪浸今何日，涉想尧年未可稽。"[①]此诗情感沉郁，抑扬顿挫，可谓慷慨悲歌、激扬文字，超越了文人书生之手笔。

吴玉如所作的"今日神州属少年，几多热血沥桑田。横流沧海终枯竭，天道好还明者边"[②]，更是立意高远、意境旷达的佳句，即使今日读来，依然给人以波澜壮阔、顿挫激昂的振奋感和正能量。再如"男儿卓荦心光远，只注浮名不值钱"[③]句，更体现出吴玉如志存高远的精神境界，同时对当下追名逐利的浮夸现象也具有点醒和告诫的现实作用。这就是永不过时的经典诗句的魅力，吴玉如诗正是如此。1958年"大跃进"时期，浮夸之风愈演愈烈，吴玉如针砭时弊作对联并挂于墙上："不尚浮夸实事求是，都归安定终和且平。"[④]吴玉如敢发他人不敢发之言，这是他的胆识和率直的性格使然，有着文人可贵的品性。如果以此联映照当下学界书坛的某种现象，是否依旧会一语中的、一针见血呢？"文革"期间遭遇抄家，吴玉如的万卷藏书及珍贵碑帖被洗劫一空、化为灰烬。他在痛心疾首之下，以丁未年（1967年）为冠顶作对联："丁叔末，肝胆轮囷，不逐波流成俯仰；未殂谢，心田活泼，庸因老困便颓唐。"并作七绝："少时吐属何为苦，世乱悲凉百感并。头白才知真乱世，儿时世乱是

① 吴玉如：《迂叟自书诗稿》，天津古籍出版社1988年版，第10—11页。

② 同上，第36页。

③ 同上，第81—82页。

④ 韩嘉祥主编：《二十世纪书法经典　吴玉如》，河北教育出版社1996年版，第89页。

吴玉如《五言联》

升平。”在欲加之罪、动辄得咎的无情岁月里，吴玉如的这些诗句更具有撼人心魄的沉郁、跌宕与悲愤之感，可与陆游、辛弃疾的深邃郁拔相比肩，正所谓“国家不幸诗家幸”是也。吴玉如在民族危难时刻与国家动荡时期所表现出的忧国忧民的赤诚和以身殉道的胆识，都在他的无数诗篇中汩汩流淌，也会在他翰逸神飞的墨迹中代代相传。

1972年吴玉如欣闻中日复交，日本民间访华团将首次来访，作诗《感述》：“几千年后吴侪越，江浙那曾是两家。尝胆卧薪生死搏，挫齐灭楚扑侵奢。兴衰转盼怜王霸，骨肉还期泯怨嗟。世世从今好兄弟，人寰当洗劫中沙。”此诗将回顾历史和盼望和平的愿望浓缩在对仗讲究的八句中，将学者的严谨与诗人的情怀融合得浑然天成、打动人心，这恐怕也是吴玉如诗的特点和感染力。当年梁志斌问学于吴玉如时，手抄过此诗，印象极深。

改革开放后，面对天津道路改造状况，吴玉如有感而发，曾作：“大地艳阳万态新，一花一草绰丰神。纵然斫尽笼堤柳，不信人间无好春。”① 耄耋迂叟的万丈豪情跃然纸上。此诗与宋诗人王令的“三月残花落更开，小檐日日燕飞来。子规夜半犹啼血，不信东风唤不回”之结构相仿佛，但吴诗脱去了王诗的凄美之叹，凸显了激扬超迈之音，从立意和格调上不逊避古人，甚至还有出蓝之处。

（二）文人墨客诗

新中国成立初期，吴玉如继任津沽大学国文系主任，聘请裴学海讲

---

① 韩嘉祥主编：《二十世纪书法经典　吴玉如》，河北教育出版社1996年版，第83页。

授训诂，寿石工、俞平伯讲授诗词，华粹深讲授戏曲，可谓群贤毕至、学者云集。俞平伯有《天津赠吴玉如先生》：“十载京尘永，今兹喜出游。梅阴才入夏，客鬓屡经秋。邂逅苔岑乐，萦纡家国忧。深惭悬榻意，珍重为君留。”吴玉如随即和诗云：“词客洒然至，乱离欣与游。风华余百首，述作有千秋。闲话襟弥远，边氛事可忧。中原何日靖，牢落此淹留。”[①] 诗中抒发了两位学者的相互尊重和忧国之心。

另一首写给锦州老友许壮图的《七律》，也是颇见功力和才情的佳作，诗云：“何期远道殷勤问，三十年前愧旧知。往事百非余老大，今生一憾号书痴。纵然笔法窥唐晋，已是雕虫隔路歧。尔我或当同此感，勉从真率答明时。”[②]诗中传递出了沉实的友情和学书历程的慨叹；展示出吴诗对仗的讲究、上下的呼应、韵律的起伏等过人的诗作功力，即使放在杜诗里恐怕也是上乘之属。吴玉如被公认为书家，其实质更是诗家，他的博学卓识及深厚学养才是他书法造诣精湛的内在支撑。

1951年，吴玉如因与学校某负责人发生龃龉而毅然决然辞职。自此年始，便以“迂叟”为号，并作《自嘲》诗：“吴迂莫认作倪迂，能学倪迂似不迂。貌得倪迂迂可笑，能从神入便非迂。”[③]由此可知吴玉如追慕古贤、力行不惑的内心世界和浑成自然、别有妙趣的诗人表达。他不肯从俗的个性始终不变，哪怕付出巨大的代价，一生中早年的转学和晚年的辞职都是他的性格使然。但也正因为吴玉如的提前退休，才免于接下来的各种运动的直接冲击。试想，凭借吴迂叟如此耿介直率、不留余地

① 此诗见于梁志斌手抄吴玉如诗。

② 吴玉如：《迂叟自书诗稿》，天津古籍出版社1988年版，第19—20页。

③ 同上，第77—78页。

的性格，恐怕在运动中必会凶多吉少。

对于简化汉字，吴玉如极其反对甚而痛心不已，曾有“文字国之魂，魂亡生何寄”的呼声。尤其看到汉字简化草案时，他痛心疾呼：“生为华夏人，应重己文字。毋为败家儿，摧毁等儿戏。”“上下五千年，多少歌哭事。一一文字中，何可遂废置。”[①]作为传统文人，他对中华文化的敬畏之心和维护意识是令人尊敬的。他一度在处理来信时，但凡收到用简化字写来的，他都一概不拆，说不认识这些字，以示自己的抗议。他的执拗之举天真可爱。他坚守“海王星数数冥王，冥想星河无竟疆。文字汉唐才几日，眇予何事哭兴亡”[②]。他自信：“文字语言为国宝，惊魂欲利判人禽。要知舜禹非容易，百代儿孙擎此心。”[③]可见81岁吴迂叟对中国文化的拳拳之心和对传承正脉的殷殷之情。

吴玉如鼓励读书、不负光阴的诗句也不让唐宋名句，诸如：“弱岁读书老未忘，休将弱岁等闲忙。要知老去回头省，年矢无情悔不偿。”“学岂能开顷刻花，惠风酥雨怒春芽。生无一曝十寒理，悟有峰回路转崖。”“衰柳屋头犹带绿，摇风可似好春前”“不尽黄河悲往事，少年莫负好时光”“平世功名须晚节，人生华实粹中年”[④]等诗句可与颜真卿的“黑发不知勤学早，白首方悔读书迟”、朱熹的“少年易老学难成，一寸光阴不可轻。未觉池塘春草梦，阶前梧叶已秋声”等名家励志诗句有异曲同工之妙。

---

① 韩嘉祥、田正宪：《生为华夏人　应重己文字——缅怀吴玉如先生》，《书画世界》2017年第5期，第20—21页。

② 韩嘉祥主编：《二十世纪书法经典　吴玉如》，河北教育出版社1996年版，第1页。

③ 同上，第76—77页。

④ 吴玉如：《迂叟自书诗稿》，天津古籍出版社1988年版，第33页。

吴玉如的《春早二首》写道："不管弥天冷烧红，风温依旧碧茸茸。深幽穷巷无人迹，浓郁芳茵见化工。万里情殷山色外，一堤影乱柳光中。无私造物青青意，写到天然境自融。""谢家池馆动高吟，极目东风散晓阴。何必万花纷照眼，惟然一色可清心。生憎闹市回形迹，自爱藏山忘浅深。最是天街酥小雨，却无好处到而今。"[①]这两首七律从立意格调的典雅和遣词造句的精严上欣赏，都是经得起推敲和玩味的佳作。

吴玉如一生坚守"道不同，不相为谋"的交友原则，作《孔曰二首》为证："孔曰道不同，不能相为谋。此语四十年，为之验心头。酸咸各有味，知己非强求。势利是交道，爱恶有等俦。古者金石心，今人谁可侔。""微生之所尚，书诗是所贪。古人多有之，今人已不谈。随人之不谈，弃之心不甘。我嗜成我好，逐流无乃惭。纵无同心者，独往意弥酣。"[②]吴玉如的道德准则和行为规范尽显其中。

在吴玉如不计其数的诗篇中，除大量的慷慨激昂的忧国忧民诗和文人墨客诗以外，还有不少风花雪月诗，例如《茂林居士忆琴百首》，表达自己对亡妻的怀念与幽思；若干首《落花诗》也是吴玉如的代表作，节选其作于1948年的《落花诗·其一》："海棠谢后和风换，点点飘残簇簇霞。芳草艳阳疑洞府，香魂绮梦泊天涯，明知凄恋终无主，忍说泥涂便是家。写到回肠诗笔苦，不堪冷月听虾蟆。"[③]《后落花·其一》："一丸凉月旧窗纱，红雨阶前惜岁华。顽蝶只争春一晌，啼鹃何止哭千家。墙篱坏引东风恶，茅舍阴连北郭斜。似此香魂谁与托，一枝一叶莫兴

① 吴玉如:《迂叟自书诗稿》，天津古籍出版社1988年版，第12—15页。

② 同上，第50—51页。

③ 同上，第66—67页。

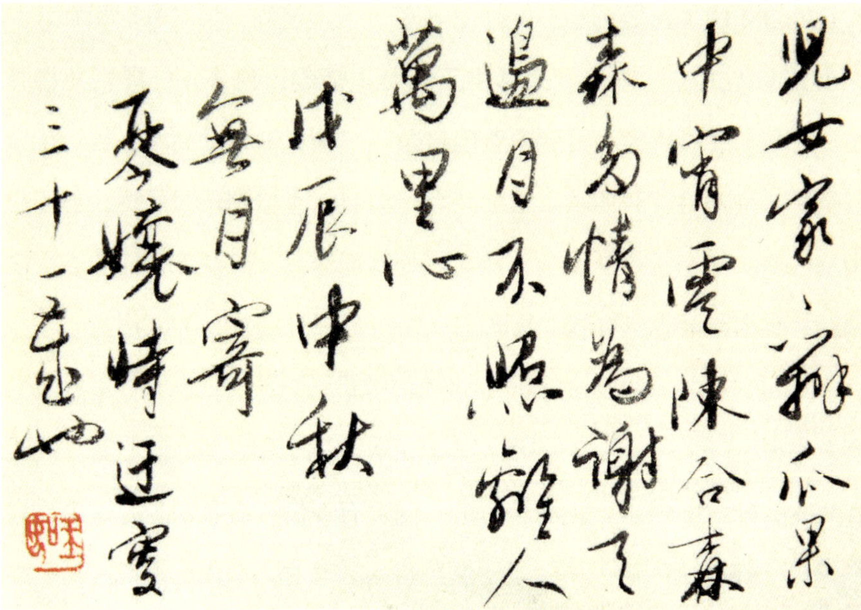

吴玉如 《戊辰中秋寄琴娘》

嗟。”[①]可以说，吴玉如的《落花诗》在才情和立意上不逊避唐寅的《落花诗》；而在格调上，吴诗的典雅脱俗超越了前人。只是目前吴玉如的诗词成就还未受到关注和研究。

总之，吴玉如能驾驭不同风格的诗词，能达到旷达超迈、绮丽多姿的历史高度，这是因为他痴迷中华传统文化，在诗词方面所下功夫与书法不相上下，因而有着深厚的诗词功力和修养，否则是难窥堂奥的。

---

① 吴玉如:《迂叟自书诗稿》，天津古籍出版社1988年版，第71—72页。

三、翰逸神飞的至美书品

尽管吴玉如“从十岁以前就学习书法，到1982年病重入院以前，写了七十几年的字，几乎从未间断过”[①]，但却从不以书家自居。他曾风趣地打比方说：“写字就跟捡粪拾柴火一样，没什么了不起。”梁志斌也曾亲耳听过吴老此言，便将这一玩笑语编成了“捡粪拾柴如写字，莫将翰墨话神奇”以示纪念吴老的独特比喻。那么为什么吴玉如不以“书法家”自封而我们自封的“书法家”却多如牛毛呢?

谈书法与书法家必要先谈前提和规范。所谓书法，正如吴小如所言：“指临池濡翰必有法度准绳，而非师心自用，任意胡来。所谓书法家，必有承先启后、继往开来之功……始足以名‘家’。倘不守法度而信笔涂鸦，或逞臆妄为以哗众取宠，或招摇撞骗行同驵侩，或缺少文化无异匠人，皆属旁门左道，不过博虚名浮利于一时之野狐禅而已。”[②]吴小如的这一阐述犀利地甄别出了真伪书法家，也无须再解释为什么自封的书法家如此之多了。如果用规范了的这一观念和准绳论列古今之书法家，撰写中华之书法史，将有益于弘扬光大书道正脉，而不致误导后人陷入歧途。吴玉如正是这样一位实至名归的书法家，抑或是书家中的佼佼者。

吴玉如书法的显著特点是临摹古人，神形兼备，如临李邕《麓山寺碑》、米芾题跋、赵孟頫《三门记》、王铎《拟山园帖》《崔敬邕墓志》、赵之谦、翁同龢诸家之笔，皆能传神得意，更为难得的是在神形

① 吴小如:《迂叟自书诗稿·序言》，天津古籍出版社1988年版。

② 吴小如:《序言》，韩嘉祥主编:《二十世纪书法经典 吴玉如》，河北教育出版社1996年版，第9页。

兼备之外，还参入原作没有的笔意韵致，此乃功力既深、水到渠成之上的造诣。这得益于吴玉如同条共贯、博采众长的通达理念和泥古而化、羽化而出的书法实践，是他超越前贤与同侪的独步之处。例如苏东坡、文徵明、董其昌、王文治诸家难免有千篇一律之识。吴小如说："亦有今之大名家作字，每号称临摹诸体，其实却只是他个人本色，不论所临者为何朝何代之人之书，其字皆如出一辙，而先父独无此弊。"①可以说吴玉如达到的这一高度，应该算是书家中的翘楚。

吴玉如书法的高超之处更在于，所书诸体手迹，竟达到既不千篇一律，又不各自为政的融会贯通的高远境界。梁志斌曾听吴玉如讲过："学古人书，必要有自家立脚处，一味着力于形貌，去神态愈远矣。"这与黄庭坚"随人学人成旧人，自成一家始逼真"的主张完全契合，这正是但凡大家所共有的自觉认知和智慧总结。因此，吴玉如早在20世纪40年代就有着"三百年无此大手笔"②之誉。1942年，吴玉如曾在天津举办书法展览，这是其生前唯一的一次个展。他不求闻达、不求名利的个性也许不被今人所理解、认同或效仿，但是，这就是吴玉如，这就是似兰斯馨的高贵之处。吴小如说："我最初听到'三百年无此大手笔'的赞语，以为不免言过其实，半个世纪后三复斯言，始渐悟其说确非谬赏。我虽喜作毛笔字，旷日费时，亦不可谓用功不勤，然从不敢以'书法家'头衔妄加于己，正由于先父矩范在前，他生前尚不敢自诩为'书法家'。"③这恐怕正是吴玉如"能从律己莫尤人，便是乾坤不坏身。墨墨鱼鱼空度

---

① 吴小如:《序言》,韩嘉祥主编:《二十世纪书法经典　吴玉如》,河北教育出版社1996年版,第9页。

② 同上,第9页。

③ 同上,第10页。

日，洪荒甚处觅精神”[1]的非等闲之辈的境界使然吧。

吴玉如虽然学识丰赡，但他无心闻达，往往述而不著，与我们今天动辄出文集、言必称专著的流行风气截然不同。他许许多多的智慧总结，多是以三言五语式面授给学生或在碑帖跋语中言简意赅地阐述出来的，这其中不乏真知灼见。他对《元略墓志》等碑帖的点评，可谓鞭辟入里、一语中的，既与古人神契，更令今人受益。在今天看来，这一共识依然具有现实意义。吴玉如的口述散论至少涉及三方面贡献：

（一）同条共贯的碑帖观

吴玉如索解古人的主张是同条共贯、兼收并容的，没有时代之隔、字体之分、碑帖之别、风格之异等门户之见的局限。正如他自述所言："吾十五六岁喜苏，亦不过临《丰乐亭》《醉翁亭》大楷，至《西楼帖》，梦寐以之不能见也。至十八九则喜黄，弱冠后见即广，始知《淳化》《澄清》《大观》之佳者，《兰亭》十余种之不同处；《圣教》虽为集字，实为怀仁整临一过，谓大小不一，行气不贯，为耳食之论也。手初掌实而腕着案，二十五以后，始悟空掌悬肘之用，又知行草为书法之极则，隶书不过四百年即夭折，佳者十数种而尽。北魏吾爱《元略》，方笔《张猛龙》，圆笔《郑文公》，《崔敬邕》兼有之。《张黑女》直入羲之小楷之室矣。"[2]这是他在学书历程中对历代书家的参悟与沥漉。大凡大家都有此共识和实践，然后找到与自己最为契合的那一位。例如郭风

① 韩嘉祥主编：《二十世纪书法经典　吴玉如》，河北教育出版社1996年版，第61页。

② 解小青：《〈元略墓志〉与二王笔法——缅怀吴玉如先生书教》，《书法世界》2004年第12期，第69页。

惠诗“南帖北碑多涉猎，腕中有鬼爱蝯翁”[①]便是例证，郭风惠最钟爱蝯翁何绍基，而最贴近吴玉如气质的便是“二王”风韵且寝馈一生。他对《元略墓志》更是潜心研究，并得出“元略”之用笔与“二王”息息相通，结构似不同，实则由质而妍，亦自然趋势的精辟论点。

“二王称极则，颜（真卿）李（邕）创其尤，米芾入晋唐，王铎继嗣响”[②]，吴玉如用二十字言简意赅地将行书发展脉络浓缩得一清二楚，这既是他个人学书路径的宝贵经验，也是指导后学的津梁要义。吴玉如行书笔致流畅，遒力隽逸，凝练朴拙又率意淋漓，从二王、李邕、米芾一路羽化而出，自成吴体风貌。关于吴玉如书法成就的总结，学界已有相关涉及和研究，本文不再具体而微地就技法层面探讨吴玉如书法，而是主要关注他对《书谱》的贡献和对书坛乱象的前瞻性批评。

“翰逸神飞”来自《书谱》，用“翰逸神飞”形容吴玉如的至美书品，正凸显出他与《书谱》的承传与发展关系。

（二）对《书谱》的进一步细化和深化

吴玉如极为推崇孙过庭之《书谱》，并指导后学研习书谱，曾多次告诫梁志斌一定要深谙《书谱》。正是由于吴玉如的言传身教，梁志斌对《书谱》深下苦功，从80年代中期开始讲授《书谱》，直至2010年离开讲台止，数十年传播《书谱》，让广大学书者真正理解并欣赏这幅辞翰双美的经典作品。据梁志斌回忆，关于讲《书谱》，吴玉如还有一件轶

① 梁鸿：《若将体势论流派　刚出昆仑是上游——论郭风惠的诗书入画与文化自信》，《荣宝斋》2017年第7期，第78页。

② 解小青：《〈元略墓志〉与二王笔法——缅怀吴玉如先生书教》，《书法世界》2004年第12期，第69页。

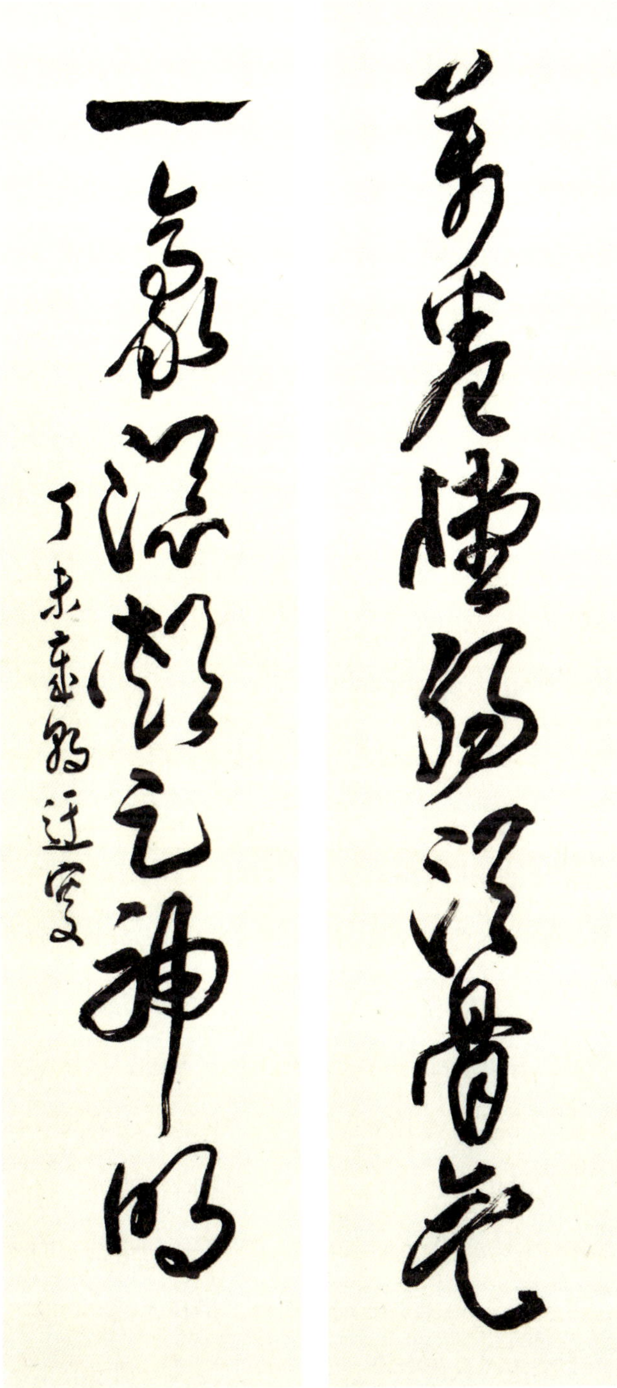

吴玉如 《万卷一豪联》

事。1980年前后，还未正式成立中国书法家协会，付家宝等人在北京市劳动人民文化宫举办了第一次讲座，由吴玉如先生主讲《书谱》，当时人们对《书谱》较为陌生，所以满场座无虚席，结果吴先生只悬肘写下了“古不乖时　今不同弊”八个字。这是《书谱》的核心关键词，然后他说：“《书谱》还用逐句讲吗？讲了也听不懂，还是别讲了。”之后离场，工作人员王逸如随后解释说：“没跟吴老说清楚要讲什么，大家知道什么是《书谱》吗？都知道菜谱吧？书谱大概就是这个意思……”如今谁也无从准确解释吴老当时做法的动因，我们只能推测也许是吴玉如对《书谱》的深谙和当时《书谱》的非普及性之间的距离之大，这距离让吴玉如并不“平易近人”的性格难以趋就随和，因此留下了这个《书谱》轶事。

吴玉如关于书法的诸多领域都有涉猎，可以说有些方面是对《书谱》的进一步阐述，并加入了吴玉如自己的感悟。例如孙过庭在《书谱》里阐明了学习书法要有正确的态度，即所谓“盖有学而不能，未有不学而能者也。考之即事，断可明焉”。这里是宏观强调。而吴玉如对这一问题的解释更为具体而切实可行，梁志斌曾受益于吴玉如对《书谱》的进一步细化指点，吴玉如说：“作书要无论为隶、为楷、为行或草，必笔笔不苟，即一小点或一小转折处亦不宜轻易放过，必使来踪去迹，方圆长短，毫无拖泥带水浮略肿率各病。持之久远，然后可进而言神韵。初步潦草，终身无臻化境之日也。”对于正确的学习方法，孙过庭认为书法学习要经历两个阶段，即入帖和出帖。他主张初学书法的人要“察之者尚精，拟之者贵似”，意思是要用心观察，贵在入帖。历代有成就的书家无一不是从临摹古人入手的，这也是书法艺术有别于其他艺术门类的一个显著特征。孙过庭强调做到“心不厌精，手不忘熟，意在笔先”的程度，才能做到食古而化，入古出新，写出自己的风貌来，自然会进入“翰逸神飞”的出帖境界。吴玉如也有进一步的补充，并强调不按此规律学习书法的后果，他说：“临古人书必先极似，能似得其貌，而后可言得其神。点画使转尚无门径，动言遗貌取神，自欺欺人，此书法之所以不传也。”[①]这是吴玉如在长期书法实践中的深刻体悟，对今天的学书者依然具有方向上和方法上的指导意义。倘若面对如今泛滥成灾的俗书丑书，包括伪名人名家的歪理邪说，不知耿介率直的吴迂叟情何以堪？

（三）关于书法批评

面对“二王风韵久微茫”（梁志斌赠吴玉如诗句）的书坛状况，吴玉如曾一针见血地提出了批评，他说：“读书破万卷，下笔如有神。此自是老杜豪语，亦自是其实在语。今人不读书便自诩有神悟，诚不值方家一笑，要可以欺一时，不可以欺后世也。”[②]强调读书的重要性时，吴玉如说：“吾幼嗜临池，不为俗说所摇，于今发斑斑白白，稍稍有悟。从吾学者，无不倾筐倒箧以授。盖惧斯道之不传也。然无天资者不能领会，聪颖者又多不肯朝夕与之，作而辄辍，而后知一艺之精之难也。又，不多读书者，书法亦不能佳。”[③]他告诫学生：“作字必具绳矩，而后可以示后。必具绳矩，而后始可纵横而得不乱。今人纵字画出于无规矩，楷书且不可识，遑论草书乎。”[④]“今人作字率皆剑拔弩张，功夫不到，

---

① 吴玉如:《吴玉如论书》,《青少年书法》2009年第14期,第4页。

② 梁志斌口述。

③ 吴玉如:《吴玉如论书》,《青少年书法》2009年第14期,第5页。

④ 同上。

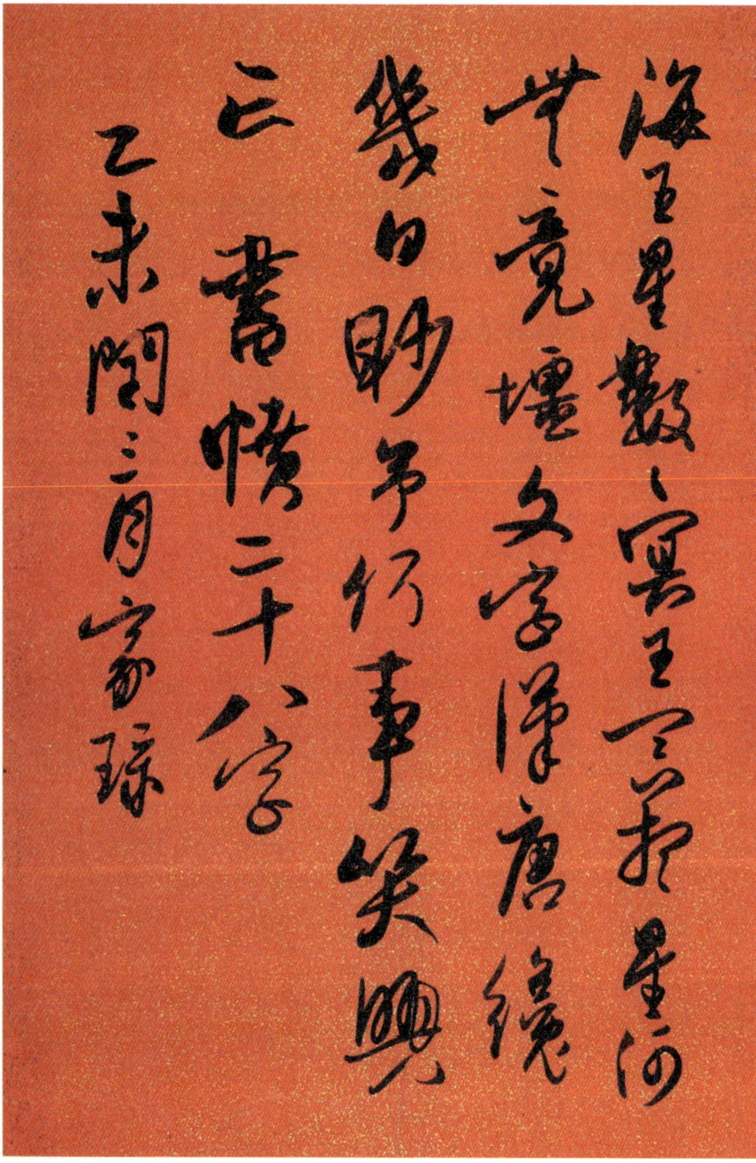

吴玉如 《书愤二十八字》

妄逞险怪，是诚书法之恶道。柔亦不茹，刚亦不吐，能悟斯旨，思过半矣。”[①]对于“今人嗜书法者，动喜云‘脱窠臼’。此本是当行语。陈陈相因，固为病痛。然一捉毛锥，便想出人头地，一鸣惊人而不误，亦不知其可也。”[②]另外特别强调：“作字首重结构，一入俗样，便无意味。结构犹有迹可寻，用笔则不究古今变化接替之原，尤不足以言书法妙诣。”[③] 尤其“作书忌俗与熟，亦忌乖谬潦草，善书者虽笔墨纵横，点画狼藉，而一折一丝无不有来踪去脉，绝无阘茸滓杂之弊。明此而后可与论临池也”[④]。这一个个切中要害的尖锐批评，都是吴迂叟于四十多年前提出的，是非常具有前瞻性的，同时也有针对性地指出了如何避免出现问题的方法。这些具体而微的深刻阐述，都是在《书谱》的基础上进行的或细化或深化的发展，可以说是类似于“论语”形式的书法批评，是弥足珍贵的学书必修内容。

吴玉如强调读书的重要性，这是书法有底蕴、有书卷气的关键所在。吴玉如高于书家之处，即在于他的人品学问文章之气，所以他笔下的小楷《千字文》，毫无多少人写了多少遍的“老生常谈”般的沉沉暮气，他能妙笔生花、韵致横生。而耄耋之年的吴玉如，书风为之一变，意在顺自然之理，成自然之趣。他用笔多用破锋，章法不拘一格，彰显出苍劲老辣、意到笔随的“人书俱老”的境界，而这一出神入化之境是无法临摹和效仿的。

---

① 吴玉如：《吴玉如论书》，《青少年书法》2009年第14期，第5页。

② 同上。

③ 同上，第8页。

④ 同上，第4页。

可以说，吴玉如书法的高品质是以他高品质的人品和诗品作为内在支撑的关键，加之碑帖共融的书法观念、羽化而出的潜心学习和一丝不苟的创作态度，共同构建了吴玉如神采飞动的至美书品。

纵观吴玉如洁身自好的人品、旷达超迈的诗品和翰逸神飞的书品，他无疑是20世纪中国书坛的翘楚人物。他以自己的赤子之心独善其身、内外兼修，矢志不渝地坚守和弘扬中华文化的传统正脉，他践行并传播着“书法以读书为本、读书以做人为本”的从源头做起的学书路径，寖馈其中七十余年，熔铸出了炉火纯青的吴体书法。这是值得后人潜心挖掘的异常丰富的宝藏。吴玉如不仅用自己的道德、学问、修养和技法沾溉了20世纪有幸问学于他的广大后学，而且他同条共贯、碑帖共融的书学思想，潇洒流落、翰逸神飞的书法造诣和一丝不苟、精益求精的创作态度依然具有继续引领当代书坛“主旋律”的榜样作用和研究价值。

重温经典，倡导正脉，脚踏实地，借古开今。吴玉如正是这条路上离我们不远的引路人，他是经得起岁月淘洗的诸多书家中的一座文化丰碑。20世纪可谓是风云际会、各领风骚、人才辈出的时代，倘若陈寅恪被誉为“教授中的教授”、王国维被尊为“学者中的学者”的话，那么吴玉如作为20世纪“书家中的书家”恐不为过。他是以书法为载体的蕴含着吴玉如大道治学、似兰斯馨的中国传统文化精髓的书法大家。正值吴玉如诞辰120周年，特著此文，以志纪念；同时以吴迂叟“一日尚余一口气，着鞭前路莫迟疑”之昂扬诗句，鼓舞同道，精进共勉。

第八章

霸气堂堂在 一足抵十夫

回眸邓散木艺术人生的最后八年

在1898戊戌年生人的艺术大家中，本课题已梳理过郭风惠、吴玉如等京津大家的艺术成就和历史贡献，然而同样诞生于同年的邓散木虽然是地道的上海人，大半生涯和显著成就早已名扬海上，但因其特殊性，也涵盖在所关注和探讨的范畴之内，原因是1955年起，应人民教育出版社之邀，58岁的邓散木移居北京，将自己艺术人生的最后八年贡献给北京，贡献给简化字的推广工作上，贡献给20世纪中国书法的普及式弘扬上。八年间，他忍辱负重、身残志坚、春蚕吐丝、不遗余力，以“堂堂霸气在 一足抵十夫”（邓散木句）的豪迈气魄与全面成就卓然于20世纪艺术大家之林，且恩泽后世、影响至今。

作为学者艺术家，邓散木不仅在诗文书画印等方面造诣非凡，而且他的赤子之心、他的公益精神、他的书生仗义、他的爱憎分明都具有独特的邓散木个性，都在关键时刻彰显出了人性的光芒，都具有垂范后人的积极意义和榜样作用。本文试以“‘霸气堂堂在’之成因”“‘一足抵十夫’之贡献”和“研究邓散木之现实意义”为探讨视角，阐述独一无二的邓散木。在目前多求利益、少讲道义的浮夸风气之下，重温像邓散木这样名副其实的德艺双馨的艺术大家，尤其显得必要和重要。

一、“霸气堂堂在”之成因

邓散木（1898—1963），名铁，字钝铁，30岁后改为“粪翁”，抗战胜利后改为“散木”，号一足、夔（因病截去一足而得号）。斋号厕简楼、三长两短斋等。

邓散木之所以有着与众不同的“霸气堂堂在”之豪迈气概，主要源于两方面因素：一是他开明进步的家庭支持和特立独行的倔强性格；二是他早年已有“北齐南邓”“江南祭酒”之誉的卓越成就，以此为基础，自然会底气十足。

邓散木出生于富足的书香门第。他的父亲邓策早年留学日本，获法学博士学位，回国后在上海某律师事务所供职，并参加了孙中山组织的同盟会，因才干出色被委任为上海支部闸北区会长。父亲的社会地位和丰厚收入为12岁的邓散木考入英人开办的华童公学读书提供了稳定的保障。此校毕业后可公派英国留学，应该是前途无量的。邓散木16岁那年，因写就一篇不错的英语文章，被英国教师怀疑不是华人学生所写，拿起戒尺敲打邓散木的脑袋。邓散木觉得人格受到侮辱，回家愤然把英文教科书全部付之一炬，从此休学，在家自学中文和书法篆刻。他后来写诗回忆道：“教师碧眼胡，贱我如奴星。”[①]父亲邓策的开明、尊重和支持对成就邓散木的艺术事业有着极大的促进作用。因父亲是同盟会会员，邓散木受到进步思想的直接熏陶和影响，少年便立下爱国之志并贯穿一生。

邓散木的书法启蒙老师是韩不同和李肃之。据记载，邓散木早年

① 蒋频：《印人逸事》，人民美术出版社2015年版，第391页。

所居上海的弄堂口有个成衣摊，摊主韩不同能文能武，写得一手何绍基体的好字，还有站桩功的绝门。邓散木便每日向韩不同学书练武，渐渐地，邓散木的指、腕、肘、臂都有了力量，可以单手将核桃“握”得粉碎，这无疑是他创作的扎实根基之一。当得知韩不同突然病故后，邓散木痛哭不已，发誓练字以表报答。从此在家除临习韩师留下的字帖外，还专心临摹书房里父亲好友李肃之写的书法四条屏。不足两年，邓散木的书法大有进步，达到几可乱真的程度。李肃之看出邓散木写字有禀赋，认为“孺子可教”，所以在他离开上海之前，将邓散木引荐给好友赵古泥。

邓散木跟赵古泥是投缘的，自入赵门后，邓散木愈发痴迷书法篆刻，朝夕不辍。赵古泥为吴昌硕弟子，注重从封泥、砖文、古陶中吸取养分。邓散木随之学习篆刻不过五年，但赵氏的艺术风格却影响了邓散木一生。他评价赵古泥说：“先师古泥先生刻印师苦铁，苍头突起，别立门户，当似陈涉之启汉高。”[①]邓散木与赵古泥一样，多瞩目封泥古陶，他曾说：“封泥须平处能险，险处能平，方得逋峭真意。摹封泥须从巧中求拙，拙中求巧，巧三而拙七，始得之矣。”[②]除与虞山赵氏学习篆刻外，邓散木还向虞山萧蜕学习书法，因此有着“虞山弟子”之称。可以说优质的家庭背景、人脉关系及高人引领都为邓散木的艺术之路铺垫了良好的基础，加之自己的异常勤奋，使他更为自信而底气十足。

邓散木年轻时既有“北齐南邓”之重要地位，绝非浮名。他治印以磅礴的气势、多变的章法和苍劲的刀法示人，其结体与章法能够别开生

① 蒋频：《印人逸事》，人民美术出版社2015年版，第392页。

② 同上。

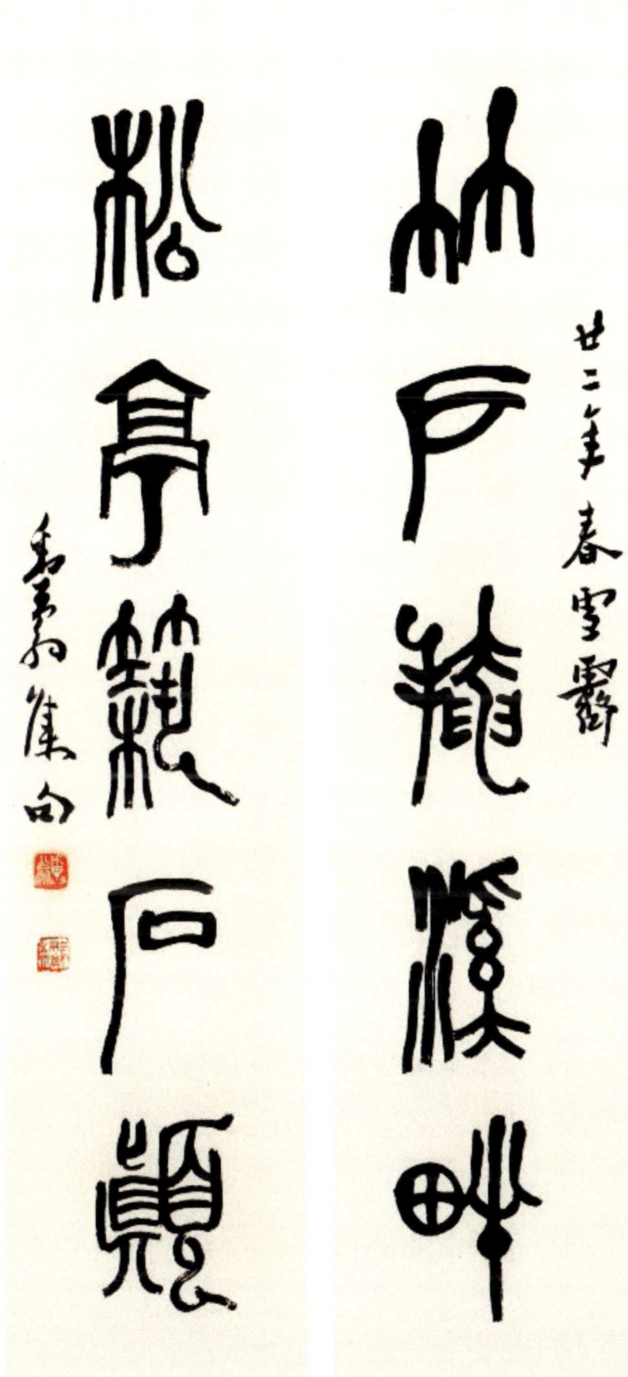

邓散木篆书

面，除艺术修养高之外，更由于他谙熟六书，懂得文字的演变由来，不然无法因字制宜和增损参差，如若不合规矩地随意变化亦非大家之手。邓散木自治印起，便以书为本，精研六法，先书后刻，做到书法与刀味浑然一体。他专注于篆刻的历史变迁，以秦汉为主，辅之以皖浙，多方参鉴，遂集大成。他临刻汉印和借鉴古法从不保守，他反对“不可秦篆杂汉”以及“各朝之印，当写各朝之体”的死板规定，他从文字源流论证小篆与古文、秦篆与汉篆杂用的合理性。[①]对书法和篆刻，邓散木既追本探源又师古而化、入而能出，临神不临貌，取长不取短，即所谓的遗貌取神，这是高水平的研习，这需要有深厚的功底、广博的学识和自觉的胆识及能力，这是邓散木的过人之处，非一般的临摹者所及。

邓散木十分注重章法。他认为篆刻要讲篆法、章法、刀法，三者缺一不可，而最关键的是章法：“治印之必须言章法，犹之大匠建屋，必先审地势，次立间架，挨胸有仝屋，然后量材兴构。”[②]他于章法总结出临古、疏密、轻重、增损、屈伸、挪让、承应、巧拙、宜忌、变化、盘错、离合、界画、边缘等十四项，论述详尽并刻印作为例证，令学习者受益匪浅。邓散木的高超能力在于，无论印文的疏密、繁简多么不同，也不管印材的大小、方圆有多少差异，他都因文字或材料“因地制宜”，印章边缘也因印文的虚实疏密而全盘考虑，做到游刃有余、不拘一格而自然天成。例如“‘风灯吹阴雪　云门吼瀑泉’一印，是一方朱文多字印，他（邓散木）曾经说过：‘多字印必须求某字体笔画为错综，令逐字成章，合章成印。’此印四周稠密，中心疏朗，由于四周的各字都留

① 沈鹏:《邓散木的书法与篆刻》,《读书》1980年第9期，第129页。

② 同上。

邓散木　篆刻　《庚子残人》

以零星空白，而中心之‘云’字以盘曲的线条斜置处理，使全印密而不塞疏而不空，而方折线条构筑成的四边文字，又与中心‘云’字的圆转线条相衬，形成一种和谐互补的美。此外‘吹、吼、瀑’三字中同时又有变化的圆形部件与‘云’相呼应，全印方圆相杂，动静结合，体态团聚而灵动。”①

“江南祭酒”之誉是指邓散木的书法地位及影响，说明他的书法造诣并不逊于其篆刻成就。尽管据邓散木女儿邓国治回忆：白蕉评价邓散木艺术是“篆刻第一，诗书第二；学力第一，天资第二”②，这是非常中肯的。白蕉作为理解邓散木艺术成就的同道大家，他的评价是高标的，但邓散木的书法造诣也达到了叹为观止的高度，不然不会有“江南祭酒”之美誉。他的书法是名副其实的真、行、草、篆、隶各体皆精，

① 陆云达：《中国美术简史》，中国文史出版社2014年版，第344页。

② 邓国治：《剩有未干江海笔　衰年报国有余情——回忆父亲邓散木》，《美术》1980年第10期，第41页。

不是时下空泛标榜的“通用标签”。邓散木的小真书既有欧字的谨严劲健，又有颜书的疏朗大气，笔笔精到，力透纸背。邓散木也兼写北碑，但帖意浓于碑意。其隶书于汉碑多有涉猎，结字谨严且饶有飞动之致。他的行草源自“二王”又归于“二王”，中间经过了漫长的探索，这方面酷似吴玉如的学书历程。邓散木学习“二王”，但从结体到笔法都不是简单地临摹，更不是以临摹相像为能事。他精研各体，善于博采旁糅，使他的行草作品韵味醇厚且意趣横生。邓散木晚年虽病腿截足，但仍自强不息，期间书法成就更多在篆书。其篆书早年学萧蜕，而萧蜕是学吴昌硕的。邓散木的篆书数十年间一直走吴昌硕之路，晚年别开生面，融合大小篆、甲骨文、竹木简等，横不求平，竖不必直，结体开张，布局新奇，随心所欲而气韵生动。他自题：“非篆非籀，非古非今，是自己家数，不自门入。”[①]这是邓散木篆书日臻醇熟的体现。无奈的是，邓散木的书法成就随其生命过早地戛然而止，甚为可叹可惜。正如他的老友沈禹钟所言：“纵横才气老不衰，能事工书印犹独。书兼四体溢池墨，印综皖浙建旗鼓。”[②]

邓散木于江南不仅得到了沈禹钟的欣赏、白蕉的合作，也赢得了章士钊的“慕名而来”。1943年，邓散木在上海举办了“粪翁金石书法展览”，章士钊观后评曰：“粪翁所书各体书法皆精妙。”章士钊是偶然路过展览馆顺便一观的，他不知粪翁为何许人也。他认为世上有此善书之奇士而人们不知，“似是读书人之公耻”。如此评价，可见邓散木艺术成就之高及艺术魅力之大。章士钊说邓散木是“奇士”，这话入木三分。邓散木

---

① 沈鹏：《邓散木的书法与篆刻》，《读书》1980年第9期，第128页。

② 陆康、马尚龙、何菲：《上海人情》，上海文化出版社2014年版，第27页。

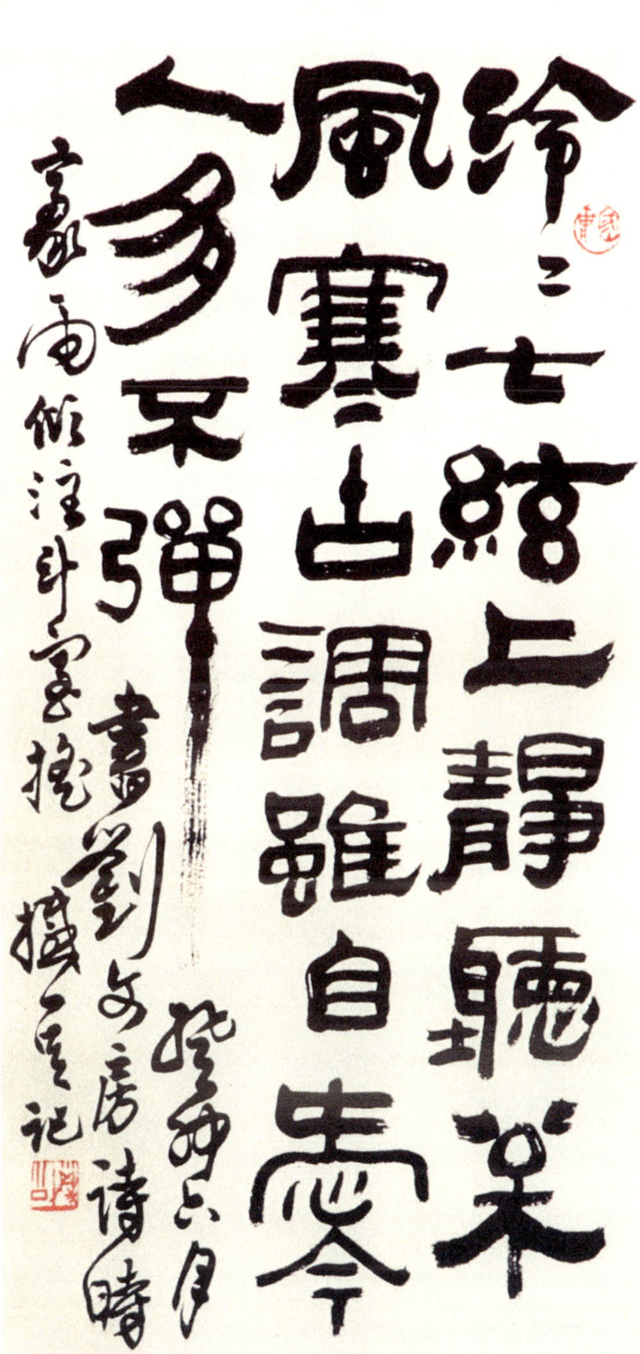

邓散木隶书

一生有奇言、奇行、奇作，亦有奇才，其超凡脱俗之奇，无人可望其项背甚至无法理解邓散木的奇。20世纪30年代著名书法家金松岑曾说："明代无篆隶，清代无草书，民国草书人才亦稀如晨星，而邓钝铁却是此中铮铮者。"①

邓散木不但各体皆精，而且大小由之。大至擘窠书，如杭州黄龙洞的"鹤之亭"，二尺大的篆书横额，杭州"净慈"佛殿二字，字大盈丈，以及丈四狂草长联和八尺中堂隶书等，无不笔酣墨饱，力透纸背。而小字至蝇头细楷，又字字工整，一笔不苟，融潇洒与沉厚于一炉，很见工力。②邓散木凭借自己卓越的金石书法成就早已名扬海上，从1931年在上海觉林首次举办金石书法个展，至1948年先后在上海等地举办个展及师生合展12次。1938年在上海，邓散木、白蕉、马公愚等一批上海爱国书画篆刻家，取"杯水车薪"之意联袂举办"上海杯水书画篆刻义卖展览会"，邓散木和白蕉将义卖所得全部捐给抗战，以示爱国之志。③尽管杯水车薪，但依然体现出作为艺术家，其"匹夫有责"的民族大义与情怀，并坚决拒绝为日伪做事，表现出知识分子的民族气节与操守。

邓散木的"霸气"还体现在他鲜明的个性和常人不可思议的"怪"上，这正是他的独一无二处。他一生特立独行，落拓不羁。据记载"其时尚有两位名书家，商店素不请教，一邓粪翁，这粪字太不顺眼。一钱太希，商店唯一希望是赚钱，这个姓和赚钱有抵触"④。某富商求邓散木

① 刘绍唐：《民国人物小传》第13册，上海三联书店2016年版，第371页。

② 邓国治：《剩有未干江海笔　衰年报国有余情——回忆父亲邓散木》，《美术》1980年第7期，第42页。

③ 路瑶：《邓散木交友考》，《书法赏评》2013年第6期，第36页。

④ 谢友国：《艺术家的故事》，湖南人民出版社2011年版，第70页。

写字，润笔颇丰，只求落款不用“粪”字，邓散木听后当即拍桌大骂。当时国民党一名“中委”仰慕邓散木书法，托人送来巨资请为亡母写碑文，只是“心憾翁之名粪，因请更易”。邓散木愤而答曰：“公厌我名耶？美名者滔滔天下皆是，奚取于我？我宁肯饿饭，不能改名，我心匪石，不可转也。”[①]他痛感自己无能为力，遂借用《庄子·人间世》“散木”之喻，改名“散木”以自嘲，犹如邓散木老友沈禹钟诗云：“我友邓散木，病废支一足。读书破万卷，嗜酒论斗斛。”邓散木的确嗜酒成瘾，也为此付出了健康乃至生命的代价。据其夫人张建权回忆：邓散木好酒，且酒量惊人，曾与人打赌，一下子喝了一坛黄酒，足足有五十斤，吓得别人目瞪口呆。家中院子里分两边放酒坛子，一边是满的，一边则是空的。他买酒从来不是一瓶一瓶地买，他是一次进好几坛黄酒，放在院子里，喝完就扔在空的一边……性烈如火，喝醉后常常针砭时弊，破口大骂，旁若无人。有诗赞曰：“酒色才气是真人，雕虫小技也成尊。纵有千杯还不醉，人间不复邓粪翁。”[②]这便是真实的邓散木。

被视为狂人的邓散木取斋号为“三长两短斋”，“三长”是诗、篆刻、书法，“两短”是词和绘画。沈禹钟评邓散木的“三长两短”最为言近旨远，沈氏诗云：“三长两短语由衷，自许生平印最工。巨刃摩天空一世，开疆拓宇独称雄。”邓散木也自言：“我的诗首首有感而发，不作小女子忸怩之态。”如：“西来白浪打征帆，独抱银筝迸泪还。十万骚心留不住，漫天风雪过横山。”邓散木诗句多是寄兴寓情，字挟风霜，大气浩

① 陆云达：《中国美术简史》，中国文史出版社2014年版，第344页。

② 谢友国：《艺术家的故事》，湖南人民出版社2011年版，第71页。

荡，不同凡响。[①]上述种种都是邓散木之所以有“霸气堂堂在”之豪迈气概的主要原因。

二、“一足抵十夫”之贡献

邓散木“一足抵十夫”的气魄，不仅来自他豪放的性格，更自信于自己卓然的成就与杰出的贡献。他以惊人毅力和时不我待、以一当十的紧迫感忘我工作，令人叹服和敬佩。

本节着重梳理邓散木在人生的最后八年所做出的的杰出贡献。1955年，58岁的邓散木应人民教育出版社邀请，赴京从事推广简化字工作，参与编写《小学语文读本》等多种字帖，用简化字书写和镌刻中小学语文课本及学生字帖，以简化字写展览会序言、条幅……他身体力行、不遗余力地推广文字简化工作。邓散木在《六十自讼》中写道“国家百政新，兴革事弥巨。汉字病繁异，删简利众庶。招我来都门，书苑备熔铸……”邓散木的记述，其实就是诗词形式的“日记”，其修养之深厚可见一斑。

1956年，张伯驹、徐石雪等倡导的北京中国书法研究社成立，邓散木积极参加书社的各种活动，主持书法讲座，筹办新中国第一届书法展，他的参展作品尤为引人瞩目，据梁志斌回忆说：“自己当时还是年轻人，看过此展，印象最深的是秦仲文和邓散木的小楷。邓散木用蝇头小楷在洒金小册页上写了一部《中华人民共和国宪法》全文，精美绝伦，

① 陆康、马尚龙、何菲：《上海人情》，上海文化出版社2014年版，第27页。

观者如堵，莫不惊叹！自己从此更是追慕书法，刻苦研习了……”①

邓散木与北京中国书法研究社副社长张伯驹惺惺相惜，二人常常诗书唱和。作为戊戌年同龄人，邓散木赞赏张伯驹的德高义厚和才华横溢，乃至张伯驹被打成“右派”后，邓散木认为是乱扣帽子的无稽之谈，替张伯驹感到憋屈，甚至挺身而出为张伯驹鸣冤。他还以中国民盟盟员身份，作《书法篆刻不是艺术孤儿》《救救书法篆刻艺术》两份书面发言，希望书法篆刻艺术得到重视。②没想到言论之后，自己也成了“右派”，正如梁志斌后来咏邓散木诗云：“正义难申气不平，激扬文字笔生风。书生哪晓阴谋阵？一样沉冤文网中。”③邓散木的书生仗义之举的确令人钦佩与慨叹，尤其在人人自危的特殊形势之下。

然而，即使如此艰难时刻，邓散木依然以异乎寻常的毅力和胆识作《六十自讼》诗8首，完成《京华续咏》百余首，书《厕简楼临汉碑》45通。1958年，61岁的邓散木书就《分书急就》，填词《多丽一咏·首都绿化运动》，出版《书法学习必读·读书谱图解》。1960年，63岁时患血管堵塞症，以至于不得不截去左下肢，故取号“夔”“一足”“六六残人”等。1961年，邓散木右手腕伤筋，不能握笔，此后间或以左手作书，刻印有时以锤凿成，“谁云病未能”即是左手凿刻而成，印面透出一股奇崛之气。印款云：“病腕作书亦有神采来之，因攘王右丞句，琢此以记。一足，时年六十又五。”其中体现出邓散木的达观境界之高，非常人所及。1962年，邓散木又因胃病切除三分之二的胃，同时发现胃癌，他

① 根据梁志斌教授口述整理。

② 刘绍唐：《民国人物小传》第13册，上海三联书店2016年版，第372页。

③ 根据梁志斌教授口述整理。

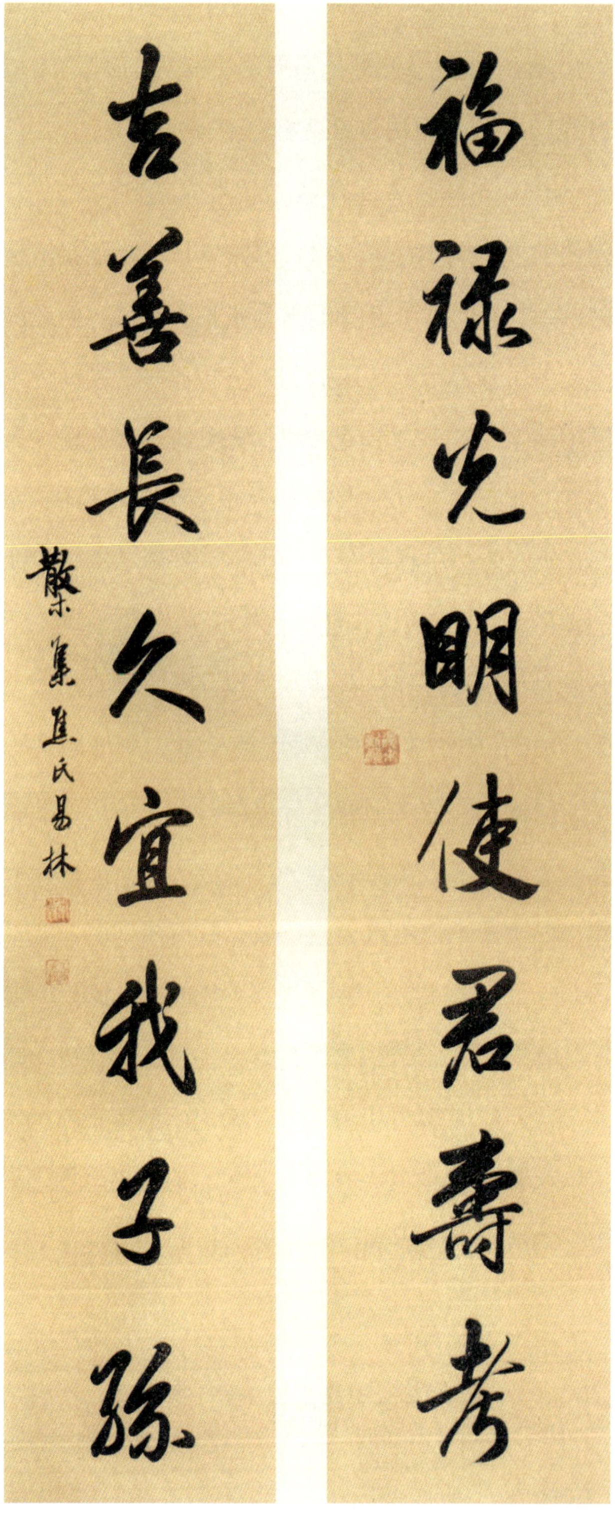

邓散木行书

刻朱文印“白头唯有赤心存”，以章草书就《急就篇》。1963年5月1日，邓散木在北京和平画店举办个展，完成《一足印稿》，出版《欧阳结体三十六法诠释》《草书写法》等，10月8日因癌症去世于北大医院。

从邓散木人生最后八年的大致足迹看，的确是祸不单行的悲苦八年。他是以怎样的常人难以想象的毅力承受着内忧外患、接二连三的毁灭性打击的？在这雪上加霜的痛苦岁月里，又以怎样的“一足抵十夫”的进程和贡献鞠躬尽瘁的？他严谨治学，著述丰厚，著有《篆刻学》《中国书法演变史》《书谱序译注》《一足印稿》《粪翁印稿》《怎样临帖》《书法百问》《草书写法》等16种，《钢笔字范》《钢笔字写法》《四体简化字谱》等字帖近30种。《邓散木印谱》收录篆刻1500余方，诚如所刻“孺子牛”一印，于方寸之间展现出大爱境界与大家风范。

《篆刻学》是邓散木几十年的创作经验和心得之总结，详尽地介绍了古印的沿革、种类、流派，以及各种入印的书体、篆法、章法、字法、刀法、印材等，以蝇头小楷一笔不苟地书就了8万字的全部内容。此书惠及了几代书法篆刻人，不仅在中国书刻史上举足轻重，而且还远及海外，日本东方书店以及港澳地区先后出版了此书。邓散木不仅是20世纪具有里程碑式的书法篆刻大家，而且在东南亚书法篆刻领域，都是有着相当影响的中国艺术家。可以说，邓散木的卓越成就颇具典型性，他是功夫与天资的统一，是广博与专精的融汇，最终达到孜孜以求与自然天成的高度契合。他为推进中华传统文化的普及事业做出了“一足抵十夫”的杰出贡献。

特别说明的是，邓散木作为早已闻名的书刻大家，为给青少年写字打下良好基础，使他们能够快速达到写得既正确又美观的要求，他参与编写了《初级小学习字帖》《高级小学习字帖》与《汉字写字本》等，这在今天看来是难能可贵的功德无量的基础工作，也往往是自定义的“大家”所不肯或不屑做的默默无闻的辛苦工作。邓散木是具有赤子之心和公益精神的真正大家，他还在《初级小学习字帖》《高级小学习字帖》中配有写字姿势与执笔图，字体则根据结构进行分类练习。《汉字写字本》则是小学一年级专用的练字本，共分四个单元：第一单元是七种基本笔画以及由此演变出来的各种笔画的练习，第二单元是七种基本笔顺，第三单元是部分偏旁字的练习，第四单元是形近字的练习。汉字里有不少形近字，字形相差极微，容易写错，需要练习时用心记住。邓散木在此基础上还参与出版了《初级语文小学课本》等书，为帮助小学生学好简化字的识别与书写起到了脚踏实地的指导作用。《简化汉字小楷字帖》共分两册，第一册录入革命烈士诗抄17首，第二册录入革命烈士诗抄22首。每首诗都用隽逸秀雅的小楷书写，详细介绍了每一位烈士的个人背景和诗文注释；《简化字楷体字帖》则是为帮助初学书法者提高书写技巧、快速学好书法而编写的。帖里共列176个简化汉字，包括34种基本笔画。每种笔画基本都画成写法示意图，用箭头标示笔尖在点画里的运动方向和次序，并举列四至八个示范字供学习者练习。《写字练习本》是为注音扫盲而出的，内容分三层，由浅入深，层层递进。凡此种种，都是邓散木用小楷写就，其功德之大、功力之深、用心之苦，令人敬佩。试问，如今哪一位功成名就的“大师”肯为书法普及事业做如此辛勤底垫的工作?

邓散木为方便人们识别和练习简化字，并能熟练掌握简化字的结构，还专门编写了《四体简化字谱》，字谱中用真、行、草、隶四种字体书写简化字，并依照音序分类排列，并用较小的字注明原来的繁体字，繁简相互对照，方便对比记忆，可谓用心良苦。邓散木是深谙草书的资深书家，为让学习者易于辨识草书与楷体的区别，以保持草书的实用价值，邓散木特意将草书写得更为清晰、规范，让观者一目了然。同样试问，如今哪一位功成名就的“大师”真正各体兼善并敢于“亮相”做好示范？诚如萧劳诗云：“金文石刻俱高古，今日京华鲜此才。”①

也许单纯成为书家不难，只需独善其身即可。就个人造诣而言，邓散木的书法气雄力健，浑厚遒力，富金石韵味，尤精于小楷。篆书写得浑厚圆转，神完气足；隶书用笔舒展潇洒，气韵生动，既有汉碑笔意，又有竹木简意趣；行草书出入于二王书系，潇洒秀逸，不激不厉；其篆刻沉雄朴茂，老辣奇倔，清新古拙。达到上述各体皆精的邓散木，当之无愧地成为书刻巨匠，而更为难能可贵的是，邓散木还在书法教育与研究中甘于付出辛劳和智慧，从基础做起，乐于助人，甚至为学习者提供了所能想到的“事无巨细”的书写指导，这才是名副其实的人民艺术家。他以“霸气堂堂在”之十足底气，以“一足抵十夫”之突出贡献，以自己鞠躬尽瘁的艺术之光照亮了诸多学人的求学之路。

邓散木的“一足抵十夫”还体现在他异乎寻常的勤奋上。他一向以惊人的毅力和严苛的计划发奋读书、写字、治印。他曾用一个半月临王羲之《兰亭集序》45遍，用两个半月手写全部《篆韵谱》，用三个半月

① 王逸如：《我的朋友邓散木》，《中华文史资料文库·文化教育编》第15卷，中国文史出版社1996年版，第373页。

手写《说文解字》6册，每天还要刻印数方，[①]甚至在去世前几日依旧伏案工作。为节约时间研习书法篆刻，多做工作，邓散木曾设计并请友人加工制造了磨墨机。磨墨机以手柄连接拉杆和齿轮，可以夹住四块或数块墨块，摇动手柄就可使齿轮带动墨块在墨海中迅速转动研磨，省时省力。邓散木一年四季寒暑不辍，黎明即起，起床研墨，从不懈怠。

更为奇特的是，邓散木深感时间紧迫，曾在日记中记载："今日起实行日光节约法，将时钟调快一小时。"为杜绝自己稍有的松懈，他制定了《自课》："上午：六时临池，七时作书，九时治印。下午：一时治印，三时著述，七时进酒，九时读书。星期六下午闲散会客，工作时间恕不见客。"[②]邓散木用如此紧凑的时刻表，严格约束，自勉自律，直至晚年，依然自强不息。如同齐白石常言的"不教一日闲过也"一样，勤奋是每一位成就卓然者的共性，也因此才会有底气十足的"一足抵十夫"的自信表达。

邓散木以快马加鞭的节奏、"日夜兼程"的付出和"一足抵十夫"的成就，为新中国书法事业的普及式弘扬做出了无可替代的贡献，他是20世纪不该忘却的人民艺术家。阴差阳错的是，这位出生于上海、病逝于北京的书刻巨匠，其近两千件的遗作却收藏于第三地——黑龙江省的"邓散木艺术陈列馆"，耐人寻味。启功题写"高山仰止，景行行止"，赵朴初书"书卷长留东北，堪称曙后星随"，算是告慰。

---

① 蒋频：《印人逸事》，人民美术出版社2015年版，第391页。

② 路瑶：《艺坛赤子　汇古泽今——邓散木书刻艺术浅析》，《文物鉴定与鉴赏》2017年第5期，第62页。

三、研究邓散木之现实意义

邓散木的书法是名副其实的各体皆精，总体呈现出既雄浑沉实又隽逸精妙的风格；在篆刻上以出色的才华和出奇的章法驰骋于方寸之间，犹如自然天成。其功夫之深湛，力量之强悍，令人惊叹，加之学养之深厚，使其作品内涵丰富，令观者回味无穷。如今邓散木已去世55周年，于当下而言，重温他的意义何在呢?

首先，邓散木的公益精神当垂范于今，永不过时。

邓散木作为20世纪书法篆刻成就卓然的巨匠，也是最早出版钢笔字帖的大家，早在20世纪40年代邓散木就与白蕉共同出版了《钢笔字范》一书，为规范钢笔汉字的写法提供了范本。此书一经推出便引起社会强烈的反响，成为临摹的典范，并不断再版。当代文学家谢啼红曾评价："海上书家中有精于钢笔书法者二人，正楷、行草无不如意，并能作于寸中楷。一为云间白蕉，一则厕简楼主散木年兄也。""散木之技尤惊人。"[①]此书堪称是硬笔书法之鼻祖。当时的上海艺坛称白蕉的书画与邓散木的篆刻为"双璧"。邓散木书写的"民生主义"通篇石刻，至今依然屹立于南京中山陵。

邓散木的钢笔、毛笔字帖对当代书法的普及、规范和发展，起到了奠基意义和示范作用，甚至影响了几代人。他的历史贡献已载入史册，他的公益精神依然具有积极作用和榜样力量，他与郑诵先等书法大家一样，在新中国时期的书法普及式弘扬上脚踏实地、鞠躬尽瘁、功不可没。

---

① 路瑶:《邓散木交友考》,《书法赏评》2013年第6期,第36页。

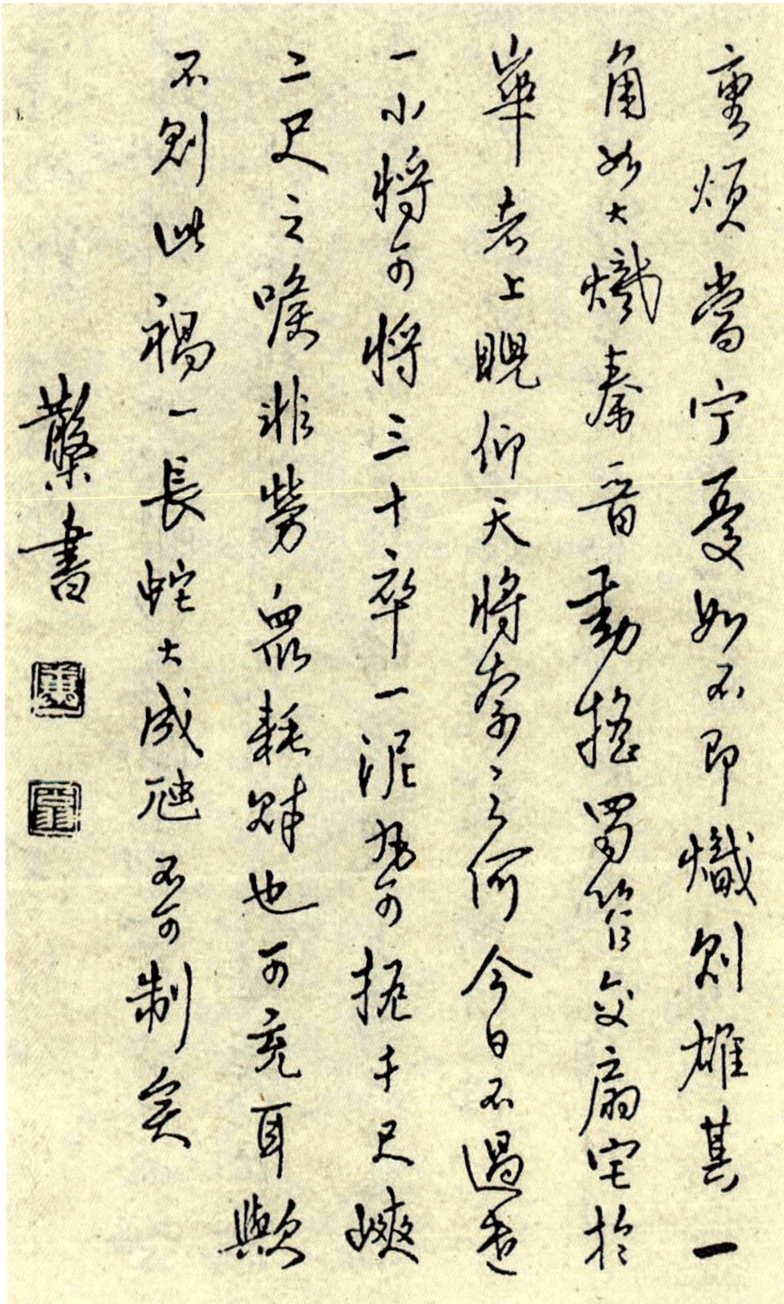

邓散木硬笔书法

往往越是高水平的艺术大家，做起基础性工作越认真、越深入浅出而恩泽后人。例如邓散木在人生的最后八年里，为简化汉字的普及与传扬不遗余力，贡献毕生。他实际是身兼数职的，集原创、编写、美编等“一条龙”工作。翻看邓散木手书的艺术品般的中小学生教材，无不令人肃然起敬，赞佩不已。如今的物质条件、科技手段都大大弥补了当年的种种缺憾，但是如今却缺少了邓散木等艺术大家所共有的敬业精神、深湛造诣、扎实功底和底垫态度，而这却是成就事业、造福后代的核心所在。其实越简单越难说明白，所谓故弄玄虚者易，深入浅出者难。邓散木的种种简化字帖与郑诵先的《怎样学习书法》等普及读物，都有着永不过时的可读性及不可估量的深远影响。因此，无论时光走过多久，他们留下的字迹，都具有历久弥新的艺术感染力，这便是经典的魅力。反观当下，尽管艺坛貌似繁花似锦，热闹非凡，但真正能留下来的经典作品，还需岁月的沉淀与淘洗。

其次，邓散木有着鲜活的个性，他的自律与任性并存，他的书生仗义最为难得。

邓散木的气魄和胆识非同一般。他的赤子之心和仗义执言，甚至关键时刻敢于挺身而出的可贵之处，无一不是作为艺术家所应有的本真特质，而这也恰恰是当下汗颜且缺乏的。众所周知，历来各种运动来袭时，人人自危也必然人人自保，书生们更容易因内心脆弱和纠结而言行暧昧并躲闪，但是书生邓散木不然，他还保持着“士”的品质，为张伯驹鸣冤，为当年书法存有一席之地而大胆写信进谏……可以说，邓散木是一位有着正义感和责任感的真正艺术家。

所谓“风格即人”是对“风格”做出的最简明的定义。至于书法，恰似刘熙载的“书如其人”，与汉代扬雄的“书乃心画”之说如出一辙。邓散木的艺术风格亦如其人，他是奇不失真、华不坠实的美，美到精美，他的一本本精美的范本字帖，可以植入读者心田，埋下艺术之美的种子，这也是以他字帖为摹本的所有学习者的幸运。

当然邓散木性格中的极端性也是真实的存在，其性格中严苛的自律非常人所及，而豪放到任性更是无人可比。例如酗酒，邓散木可以彻夜喝酒，酒量惊人到50斤，属于极端型的艺术家，这一点与傅抱石类同，但又不同于王梦白。同样嗜酒，王梦白气质里似乎消极成分多，而邓散木恰是吴玉如“一日尚余一口气，着鞭前路莫迟疑”之昂扬诗句所代表的积极奋进型。

每一位有性格的艺术家都有自己独特的表达方式，这也是20世纪艺坛展现出异彩纷呈的根源所在。客观真实地尊重每一位艺术家的个性表达，才是还原历史、尊重历史的治学态度。以戊戌年同龄艺术家为例，大致勾勒其各自特点，以示“一画一风景，一人一故事”的自然呈现。

张伯驹是一种类型，属于勇立潮头的大活动家和组织者，为中华文化的保护与承传，可谓鞠躬尽瘁、居功至伟。“书画鉴藏”是最代表张伯驹身份、贡献和影响力的“标签”。他属于传统中的现代人，现代中的传统人。他的可贵之处在于尽管所处环境及交际网络多遗老宿儒，但其自身绝无酸腐暮气；尽管来往不乏社会名流和戏曲名伶，而无沾染浮华气、梨园气。可以说，博学多艺、坦荡超逸和大仁大义，都在张伯驹身上体现得淋漓尽致。[①]

---

① 梁鸿：《厉雨凄风聊旧话　光天霁月展新程——张伯驹·郑诵先与新中国书法保护》，《荣宝斋》2018年第5期，第164页。

吴玉如是一种类型，属于独善其身型。他为人洁身自好，诗词旷达超迈，书法翰逸神飞，从不与不入眼者谈诗论书，始终维护着自己心目中书法艺术的纯正与高雅，不肯从俗，以“不随和”之个性示人。例如吴玉如当年反对简化字，凡是用简化字写的内容一概不看，信封是简化字写的，一概不拆，并说：“我不认识这是什么！”[①]他是直言不讳的纯粹的文人书家。

郭风惠是一种类型，属于错位型。由于时代背景、个人遭际、审美需求等诸多因素，使得郭风惠这样一位命运多舛、曲高和寡的“小众”文人书画家不会成为通俗意义上尽人皆知的名人。他被忽视了的个人成就和被低估了的历史贡献也是“顺理成章”的。尽管郭风惠跌宕起伏的人生经历，成就了他丰富而深刻、雄奇且老辣的艺术风格，但也影响了他在某一领域的明确定位和广泛影响。他做过教育厅厅长、校长、教师，也有过戎马倥偬的军政经历，最后以北京美术公司画师退休，显然最后的工作不是他最准确的定位。拉开视距看，郭风惠应该是杰出的诗人，但旧体诗人在新中国时期乃至“文革”时代属于“抱残守缺”者，更没有职业可言。1951年“敬老崇文”的中央文史馆成立，这是可以发挥郭风惠特长的文史机构，但他迟迟未能受聘，这恐怕是郭风惠最大的遗憾。1957年北京画院（当年称“北京中国画院”）成立，为一批老画家找到了“家”，而郭风惠又不是资深专事绘画的名画家，因此职业错位，颇为尴尬，这算是郭风惠命运多舛

① 梁鸿：《世人谁识吴迂叟　铁画银钩五色光——吴玉如人品·诗品·书品论》，《荣宝斋》2018年第4期，第80页。

的人生憾事。[①]因此，郭风惠的笔底表达总是欲言又止、意犹未尽的。

邓散木的表达方式是爱憎分明，热忱率真，属于极端型。他交友从不看对方的地位和身份，只要谈得来，就能交朋友，这与陈云诰同样有着大家风范。据梁志斌回忆，他曾先后拜访过陈云诰先生四次，陈对梁说，对来访者，只看诗和字，不看穿着和地位。“所以梁志斌每次看望他，临走时陈紫老都会送这位青年后学到大门外，彬彬有礼，鞠躬而别。足见一位大家的修养与风范。”[②]邓散木亦然，他对来求教书法篆刻的人，总是口讲手划，耐心解答。“他看到年轻人特别是中小学生热爱书法篆刻，非常高兴，恨不得把自己的心得一股脑儿倾倒出来，对青少年更是讲解得十分细致具体。记得五十年代中，北京举办‘中学生书法展览’，父亲邓散木当时腿病已较严重，他不但扶病亲去参观，还把每一个作者的名字、年龄、学校、年级详详细细地记下来，回家后兴致勃勃地逢人就讲。”[③]这方面的长者风范与张伯驹、郑诵先等完全一致，仿佛是那一代大家共有的特质。文中所指的“中学生书法展览”正是张伯驹等人为鼓励青年学生学习书法而举办的展览，奖品都是张伯驹个人出资购买的毛笔、字帖等，这不在于奖品价格是否贵重，其价值在于艺术大家的影响力和参与者从中获得的鼓舞。这些大家在为基层做具体工作时，都是不遗余力地真诚付出，这本身就是年轻人最好的榜样，这胜过

① 梁鸿：《若将体势论流派　刚出昆仑是上游——论郭风惠的诗书人画与文化自信》，《荣宝斋》2017年第7期，第98页。

② 梁鸿：《数行修竹翰林家——回忆北京中国书法研究社社长陈云诰先生》，《荣宝斋》2015年第12期，第264页。

③ 邓国治：《剩有未干江海笔　衰年报国有余情——回忆父亲邓散木》，《美术》1980年第7期，第41页。

多少浮夸的口头说教。现在有太多的伪大师为凸显自己而招摇过市、云山雾罩，完全没有时代的担当意识和公益精神，自己能真正拿出什么留给时代？何以永存历史？

再次，邓散木的艺术历程对今天的书刻从业者具有借鉴意义和榜样作用。

邓散木走的是继承与创新的相互融合之路，从孜孜追求到摆脱规矩，从力求华美到返淳归朴的道路。可以说，邓散木是入古出新、古为今用的成功实践者。他最后八年的所有书法范本，既端庄挺秀、法度谨严，又规整流畅、运用灵活，都是对书法艺术之美的最好诠释。邓散木书法范本兼具历史积淀和时代感（简化字），同时展现出他本人高标雅韵的艺术个性。再者，书法艺术作为中华文明的主要标志之一，也是传承中华文明的重要载体，而这一传承与普及的系列工程需要在青少年中尽早推广，需要有水平、有担当的书法人的身体力行。在这个意义上说，邓散木正是把"写好中国字，做好中国人"落在实处的最早的践行者和引路人。邓散木博大精深的文学修养和意在笔先的艺术修为使其独步于20世纪的艺术大家之林，这也是对当下艺术从业者最为深刻的启迪和示范。

作为个人造诣深湛的大家，诸如邓散木、郑诵先、张葱玉等，都在书法普及工作上做出了脚踏实地的底垫贡献，他们既能高屋建瓴也可深入浅出，这才是真正的大家。他们高标的示范和推广，使学习者在审美追求、鉴赏能力与创作水平上得以提升，且受益终生。对于后学来说，高水平的老师是能够化繁为简的，清晰地叙述基本道理和研习方法，仿如指点迷津的一座灯塔，郑诵先的《怎样学习书法》如是，张葱玉的

《怎样鉴定书画》如是。如前所述，邓散木著书更为丰厚，无一不是深入浅出、学以致用的通俗读本，诸如《怎样临帖》《草书写法》《简化汉字小楷字帖》《简化汉字大楷字帖》《初级小学课本——语文》《初级小学习字帖》《高级小学习字帖》《绘图注音小字典》《拼音识字课书》《写字练习本》《简化汉字钢笔字帖》《四体简化字谱》等16种书籍，无一不是。

就今天的书法现状而言，需要强调的是，绝不是敢用毛笔写汉字的都算书法家，更不是书写习气就是书法风格。面对诸多混淆视听的乱象，我们重温邓散木的为人为艺及其精美的范本字帖，具有修正和引领的价值和意义。书法大家吴玉如之子吴小如曾说："我虽喜作毛笔字，旷日费时，亦不可谓用功不勤，然从不敢以'书法家'头衔妄加于己，正由于先父矩范在前，他生前尚不敢自诩为'书法家'。"[①]吴玉如有诗云："能从律己莫尤人，便是乾坤不坏身。墨墨鱼鱼空度日，洪荒甚处觅精神。"[②]这种非等闲之辈的至高境界，恐怕也是吴玉如的同龄人、同样杰出的邓散木最能理解的高标尺吧？

谨此致敬戊戌人郭风惠、吴玉如等京津地区为弘扬新中国书法事业各尽其能的诸多大家，特别是以"霸气堂堂在　一足抵十夫"之豪迈气概远赴京城，将自己艺术人生的最后八年贡献给简化字推广工作上的邓散木先生！他们的成就和贡献将与岁月共存。

① 吴小如：《序言》，韩嘉祥主编：《二十世纪书法经典　吴玉如》，河北教育出版社1996年版，第10页。

② 韩嘉祥主编：《二十世纪书法经典　吴玉如》，河北教育出版社1996年版，第61页。

第九章

厉雨凄风聊旧话　光天霁月展新程

张伯驹、郑诵先与新中国书法保护

在阐述诸位戊戌书法大家的历史贡献时，不可或缺地要大书特书另一位戊戌大家张伯驹（1898—1982）。张伯驹，“民国四公子”之一，其出身贵胄却苦乐参半，其传奇一生也本色一生。刘海粟对张伯驹有过精当的评价，他说：“张伯驹是当代文化高原上的一座峻峰。从他那广袤的心胸涌出四条河流，那便是书画鉴赏、诗词、戏曲和书法。四种姊妹艺术互相沟通，又各具性格，堪称京华老名士，艺苑真学人。”[①]此话算是恰如其分、盖棺定论之语。作为一代勇立潮头的文化翘楚，他在书画鉴藏、诗词掌故、戏曲鉴赏等方面都造诣精深、成就卓然；在戏曲实践和书法领域有着保护、组建和弘扬之功，至今依然具有文化丰碑的垂范意义。

在张伯驹诞辰120周年之际，学界从不同侧面尤其在收藏与捐赠方面进行了回顾与缅怀。本文拟从张伯驹对书法事业的保护谈起，特别是他与同道倡导并成立了新中国第一个书法组织——北京中国书法研究社，也就是今天“中国书法家协会”的前身，而这一具有奠基意义的机构的

① 张剑桦：《“是真名士自风流”——〈大藏家张伯驹〉主人公人格魅力》，《吉昌学院学报》2016年第5期，第48页。

确立，张伯驹功不可没，且不该被历史淡忘。

提到这一书法机构的落实和得以可持续发展，就不能不提张伯驹的同道老友和得力助手郑诵先。与张伯驹的涉猎广泛和名声远扬相比，郑诵先显得颇为“专一”，他是以章草大家为公认“名片”的。其实郑诵先与张伯驹早年有着相似的政界和金融的工作经历，有着他们共同的朋友张学良，更有着多年相互赏识和信任的惜惜情谊，所以在1956年成立北京中国书法研究社时，张伯驹立即写信给天津的郑诵先，请他来京主持书社的日常工作。郑诵先欣然应允，赴京就职，一做便是十年，直至1966年“文革”伊始，书社无疾而终。可以说是以弘扬中国书法为己任的共同情怀，让性格不同、专长有别的同道成就了一项历史性工程，并影响深远、延续至今。

本文分别从“张伯驹与中国书法”和“郑诵先与中国书法”论起，旨在阐述二人既不同侧重、各有所长又不可或缺、相得益彰地共铸书法事业的重要贡献，让喧嚣热闹的当今书坛多一些回望历史、景仰前贤的沉淀；第三部分将阐述二人的共性与差异以及他们对新中国书法保护的互补性，同时也由如何评价张伯驹“鸟羽体”书法引发出相关思考，即对文化名人应多一些客观平实的认识，而非陷入“名人必全能”的神化误区。

一、张伯驹与中国书法

张伯驹是一位20世纪最早用行动甚至不惜生命代价来践行“非遗”保护的文化名人。有关他曲折坎坷的收藏经历已有多人撰写和多部不同侧重的著述存世，这些传记性的专著大多着墨凸显了张伯驹襟怀坦荡超逸、性情慷慨率真的名士品格与君子风范，本文不再赘述相似内容。仅就书法收藏而言，张伯驹功莫大焉。他曾在《丛碧书画录》中写道：“予之烟云过眼所获已多。故予所收蓄不必终予身为予有，但使永存吾土，世传有绪，是则予为是录之所愿也。”[①]张伯驹怀揣着“予所收蓄，永存吾土”的赤子之心倾囊收购了陆机的《平复帖》，并辗转颠沛、保存完好地无偿捐献给国家，正如1956年文化部部长沈雁冰亲笔签发褒奖状上所言：“张伯驹、潘素先生将所藏晋陆机平复帖卷、唐杜牧之张好好诗卷、宋范仲淹道服赞卷、蔡襄自书诗册、黄庭坚草书卷等珍贵书法共八件捐献国家，化私为公，足资楷式，特予褒扬。”这是何等高山仰止、景行行止之义举。凡此都凸显出张伯驹对抢救和保护中国书法的卓越贡献。可以说，张伯驹“京华老名士，艺苑真学人”的品质的可贵，堪比他所捐赠的国宝的珍贵。

众所周知，张伯驹曾倾尽毕生财力从事收藏，他在《丛碧书画录》中将自己收藏的117件书画珍品收录其中，他有着“大收藏家”之美誉，这个“大”不仅喻示着其藏品丰富，更蕴含着其“收而不藏”“化私为公”的“大我”精神，而这种“大我”精神和行为会影响并激励着更多收藏人的效仿跟随，使更多的艺术珍品有更科学的保护和更长远的归宿。同理，在这个层面上说，张伯驹作为“大书法家”也不为过。

除抢救并捐赠了这些真迹绝品之外，张伯驹对中国书法的另一重大贡献便是积极倡导并成立了北京中国书法研究社，让更多的人参与和传

① 项城市政协编：《张伯驹先生追思集》，紫禁城出版社2011年版，第253页。

播着书法艺术。

1956年9月16日，北京中国书法研究社成立，并请德高望重的清末翰林陈云诰任社长，张伯驹和资深的徐石雪、溥雪斋任副社长，办公地点就在北京什刹海南沿26号的张伯驹家中。考虑到书社成立之初日常工作的需要，张伯驹立即写信给郑诵先。据郑诵先之子郑必达回忆："1956年，已是63岁的先父忽得张伯驹先生来函，邀请他去北京，担任由张伯驹创办的'中国书法研究社'的秘书之职。伯驹先生与先父系多年挚友，相知久矣。他筹组'中国书法研究社'，得知先父退休在津闲居，当即专函邀请相帮。先父一生研习书法，虽退休每日仍临习不辍，既得悉北京成立'中国书法研究社'，当然欣喜万分，认为这是新中国成立后弘扬祖国书法艺术的大好时机，自已能参加工作亦可略有贡献。当即欣然应允，启程去京。"[①]正是张伯驹的知人善任和他与郑诵先的一拍即合，同心协力地为书法事业的普及和发展做出了贡献。他主导书社工作仅仅一年，便不得不因被错划成"右派"而停止工作，之后又被安排去了吉林。书社这奠基的第一年非常关键，在物质匮乏、条件简陋时期，书社的办公地点就在张伯驹家中，人事小情都在他家中运筹协商，只有大爱书法的人才能有如此的容量。另外在书社举办的展览和书法比赛中，张伯驹都是个人出资提供奖品。据家父梁志斌回忆，他50年代参加过中学生书法比赛，曾得过一支毛笔作为奖品，[②]这对青衿学子而言，是莫大的鼓励。

---

① 郑必达等:《忆先父郑诵先先生》,《天津文史资料选辑》1994年第3辑，天津人民出版社1994年版，第40—41页。

② 此系采访梁志斌教授的口述回忆。

1956年12月，张伯驹作为北京市人民委员会代表视察故宫博物院，并提出了七项内容翔实的建议，其中涉及继承和发扬中国书法艺术的，便是建议故宫设立铭刻墨迹馆，并早日组织法书、名画的复制与编辑出版，以适应各地研究参考。张伯驹认为“故宫是具有国际意义的全国最大的博物馆”[①]，这一大格局观恰好反映出张伯驹的大视野和胸襟，他是文化发展战略中颇具帅才的“领袖”人物。

1957年，陈毅看过北京中国书法研究社在北海举办的明清和现代书展后，特请张伯驹面叙，极力称赞张伯驹为保护国家文物所做出的贡献，并说：“你们的展览我看过了，很丰富，很珍贵。你的词我也看到了，很有北宋风度。”[②]陈毅的直爽、诚恳、蔼然可亲大大激发了张伯驹为新中国贡献后半生的积极性。但1957年的运动来袭，张伯驹未能幸免，他的赤子之心无处可安，他在书社等工作全面被停，但收获了与陈毅元帅肝胆相照的相知与真情义。

如果用“形而上者谓之道，形而下者谓之器”对号入座的话，张伯驹属于前者，他为保护和弘扬书法事业所做出的流传有序的巨大贡献，远远超出了他个人书法技法上的造诣，他的价值和作用无可替代。所以说，张伯驹是大道意义上的大书法家，而非“器”层面的技法精湛的书法大家。对于张伯驹本人笔下的“鸟羽体”，见仁见智。关于如何看待名人书法的问题，将在第三部分专门谈及。

20世纪以来的各种运动不断冲击着传统文化的沉静和幽谧，而植根

① 单霁翔：《但使国宝永存吾土——纪念张伯驹先生诞辰115周年》，《人民日报》2013年8月4日第12版。

② 冯大彪：《怀念张伯驹先生》，《文史精华》2002年第12期，第57页。

于心底的文化遗存却并未被撼动。张伯驹的独特还体现在他古典与现代的结合上，他属于传统中的现代人，现代中的传统人。张伯驹的古典诗词，今天读来，那温润的词语与旷达的情怀，岂不正是当下所需的净化心灵的精神养分吗？不正是急功近利和琐碎粗糙的生活中的提升和寄托吗？所谓的“快我诗书画，劳人柴米油”（梁志斌句），不正是现实生活与精神世界从无奈到有趣的真实写照吗？

沧海桑田近卅年，1980年张伯驹已成耄耋老人。然而百废待兴之际，他对传统文化的痴心不减，依然老骥伏枥，不遗余力，继续牵头组织文化活动。1980年北京中山书画社成立，张伯驹德高望重，担任社长，并身体力行于书画社的组建工作。一位书画社最初的工作人员曾说：“张老虽然年迈，可他还是亲自处理书画社的具体事务，很多人加入书画社就是仰慕张老的名望和人品。”[①]由此可见张伯驹无可替代的威望、价值和影响力。1981年中国书法家协会成立，张伯驹担任名誉理事。从1956年组建新中国第一个书法组织，到1981年任职于中国书法家协会，张伯驹为中国书法事业的保护与弘扬，可谓鞠躬尽瘁，可敬可佩。

二、郑诵先与中国书法

与张伯驹跌宕起伏、命运多舛的经历相比，郑诵先的相对“平稳”和“专注”更适合主持北京中国书法研究社的大量繁杂工作，更能可持续地具体而微地成就这项“系统工程”，更能最大化地落实普及和弘扬书

① 王雪飞：《北京中山书画社发展历程回顾》，《团结报》2009年12月5日第5版。

法艺术，培养书法后备人才，因此郑诵先对中国书法的贡献也同样功不可没，只是他与张伯驹的角色不同，二人缺一不可。

郑诵先（1893—1976），长张伯驹五岁，四川富顺人，出身于书香门第。他平生喜好读书，精研文史，擅长诗词骈文，书法功底扎实，毕生临池不辍，喜作章草，“衰年变法”后将汉碑及“二爨”的笔意融贯于章草之中，形成了古朴凝重、苍莽浑厚的自家风貌。一生经历了政界、金融和书法三个领域，与张伯驹多有交集。

郑诵先对中国书法的贡献宏观体现在两方面：一是他全力以赴地为书社奉献着自己的大爱和全部精力，鼎力支撑着张伯驹委以的重托及一批宿儒同道因各种遭际而未尽的书法事业，在郑诵先操持下的一系列影响深远的举措，可谓泽被后世，功德无量；二是在结束十年书社工作后，他在书法创作中壮心不已，力求衰年变法，在书法实践中将章草与今草融为一体，开创了章草新面貌，有着“南王北郑”的书法高度和地位。遗憾的是郑诵先去世于1976年，后世对他的重视和研究还远远不够。殊不知当年以北京书社名义出版的后来几度再版的《怎样学习书法》和《各种书法源流浅说》两书，正是郑诵先悉心执笔的公益无私的永存。除此深入浅出的专著外，还有1988年人民美术出版社出版的《郑诵先书法选》和1998年荣宝斋出版社出版的《郑诵先书法集》存世。

1956年新中国第一个书法组织成立时，社长陈云诰年事已高，对书社的具体工作难以事必躬亲，类似于顾问性质；张伯驹在书社成立的第二年即1957年被错划为“右派”而停止工作，因此书社大量的事务性工作都由郑诵先来承担。为便于工作，郑诵先到京后即寄居在张伯驹家中办公。后几经变迁，书社改属北京市文化局，社址也迁至六部口文化局内，郑诵先亦迁居至和平门内西中胡同36号。[①]

在书社工作的十年间，郑诵先主持落实了三方面重要工作：

1. 书法图书的出版

郑诵先以书社的名义，执笔撰写了《怎样学习书法》和《各种书法源流浅说》，稿酬分文不取，留在书社以备日常支出。这两本深入浅出的书法普及读物，在当时产生了积极的反响，让无数书法爱好者得到切实的指导，因供不应求而几度再版。1976年由香港再版并向日本、东南亚发行，影响深远，至今读来依然令人受益匪浅。郑诵先在书社工作期间还编写了欧阳询、颜真卿、柳公权、赵孟頫等楷书四家字帖，供学书者参照研习。另外他还以自己擅长的章草书体撰写毛泽东诗词，供书法爱好者临摹学习，并在《光明日报》发表《书法艺术和艺术性》等文，为新中国书法事业的普及和弘扬做了大量而细致的工作。1961年10月29日，《人民日报》展出了陈云诰、陈半丁、溥雪斋、沈尹默、郑诵先、郭风惠、王传恭、陈文无等十位书家的作品。1963年暮春，一个以毛泽东诗词为专题、由当时在京的知名书家参与的重要笔会在北海公园仿膳举行。郑诵先组织书社的诸多书家出席，郑诵先写的是《浪淘沙·北戴河》，其作品也被选中制成当时最为精美的书签，发行全国。

2. 开书法电视讲座之先河

1964年郑诵先组织溥雪斋、郭风惠、刘博琴、康伯藩等几位书社成员在中央电视台举办书法讲座，分别就各种书体进行讲解和示范，首开电视书法教育之先河，并定期在北京市文化馆、少年宫等地普及书法教

---

① 郑必达等:《忆先父郑诵先先生》，《天津文史资料选辑》1994年第3辑，天津人民出版社1994年版，第41页。

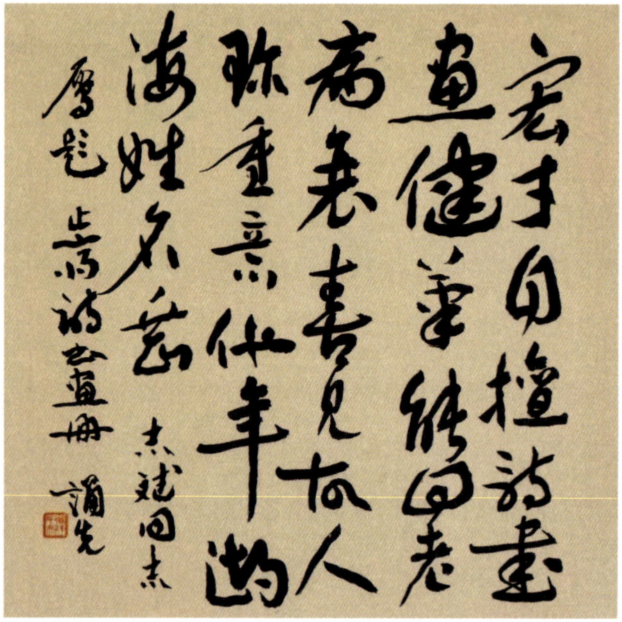

郑诵先　《自书诗》

育，为传播书法艺术做了大量的脚踏实地的基础性工作。目前不少中年书家就是由此启蒙而成长起来的。当年北京书社年轻的成员如启功、刘炳森等也都成为当代书法界的重要人物。启功曾问学于张伯驹、溥雪斋、郑诵先、郭风惠等前辈，得到过他们不同领域的指导和奖掖；刘炳森的书法也得益于何二水、宁斧成等人的精心培养，刘炳森有诗记录："书社当年二小童，今朝忽已半成翁。……厉雨凄风聊旧话，光天霁月展新程。"[①]当代梁志斌、张书范、谷谿、卜希旸等"老书家"（以年龄为序），虽然各有所长、风格迥异，但他们均师从郭风惠；梁志斌、谷谿等也是郑诵先的入室弟子；苏士澍、王镛等当代名家也都是当年书社

① 梁鸿：《二十世纪北京书画名家述评》，学苑出版社2015年版，第7页。本文标题即为刘炳森句。

成员刘博琴的学生；赵家熹、冯大彪等均为当年书社成员康伯藩的亲传弟子。类似的师承关系不胜枚举，这不能不算是当年书社对当代书坛的内在渊源联系和直接影响。

3. 书法展览及中日书法交流

在1956—1966年书社存在的十年间，多次举办书法展览，为普及和提高书法艺术创造条件，这些展览既有古人书法展也有现代作品展，既有北京地区书法展也有全国优秀作品展，并举行座谈会交流学习书法的心得体会，使当时书法艺术界的学术气氛极为活跃，乃至影响到全国。

书社存在期间，中日两国还不曾有畅通的外交渠道，此时的书法交流对双方而言就显得尤为重要，北京书社便肩负起这一特殊的历史使命。从书社成立的第二年起，也就是1957年，“中国书法展览”首次在日本东京举行，1958年“日本书道展”在北京北海公园开幕，之后的书展几乎都是你来我往的对等形式的展出，共举行过八次展览。最后一次是1966年“文革”前“中国现代书法展览”在东京举行，书法作品达100余件，与首次展出的55件相比，在数量上几乎增加了一倍，参展作者也不仅仅拘泥于首都的名家，这恐怕不能不说是书社的影响力及组织者多方努力的结果。郑诵先作为中日书法交流的中方主要人物和书社秘书，承担着大量的宣传和组织工作，那时的办展条件无法与今天相比，其付出的心力可想而知。在向全国征集作品、聘请专家、遴选作品、培训作者等重要环节上，力求风格、流派多样，评选公开、公正，可以说它代表了当时书坛的最高水准，也相对具有全国书法的权威性。在日本东京等地举办的“现代中国书道展”，因参展作品水平之高而深受日本书法界的好评，日方将中方作品汇集成册影印出版。郑诵先参展的作品是《忆秦峨·娄山关》（毛泽东诗词）。作为组织者和参展者，他为传扬中国书法做出了重要贡献。

于北京书社举办的中日书道交流期间，在一次会见日本书法代表团时，郑诵先曾对两国的书法状况有过一段生动的论述，大意是："中国之书法，如浩瀚之大海，取之一勺，不减其少；增之一勺，不加其多……"[①]这既暗示了中国书法艺术的博大精深，又含蓄智慧地规劝了某些妄自尊大的日本书家。郑诵先本人以自己崇高的人格力量和对书法事业的公益精神，借助张伯驹主倡并提供张家为书社办公地点的平台，不遗余力地为普及和弘扬书法事业无私奉献着，与诸多同道支撑了十年的新中国书法繁荣期，它的模式和内在师承关系，直接影响和示范着1981年成立的中国书法家协会。北京中国书法研究社作为新中国成立的第一个书法组织，首先从美术组织中独立出来，这是具有历史意义的"分离"。该书社成立五年后，也就是1961年，上海成立了书法篆刻研究会，沈尹默任会长。之后，江苏、浙江、广东等省市也纷纷成立了书法篆刻研究会，为后来成立的中国书法家协会提供了机构的雏形以及可行性的经验。

"文革"初期，北京中国书法研究社不得不无疾而终，但书社十年来广泛的社会影响和历史贡献是不该遗忘的，尤其对于主持日常事务工作的郑诵先来说，更是可圈可点。他一贯秉承的无私奉献、不计名利的贤者风范，已融入他高古大气、圆劲厚重的章草之中，与他执笔撰写的书法著作一同留给了后学。

---

① 戴山青:《老骥新途——郑诵先的章草艺术》,《中国书法》1991年第4期,第14页。

特别值得一提的是，郑诵先的文化自信是以弘扬和普及书法艺术为己任的，颇具公益精神。这在他的同侪书友中独树一帜，别有风范。例如吴玉如的文化自信是以隐逸的形式示人，始终维护着自己心目中书法艺术的纯正与高雅，不肯从俗；而郭风惠则阴差阳错地挣扎在生存或生计的困境中，即使眼高手高心气也高的他，也不得不迁就于无奈的生活。

除对书社的工作倾尽心力之外，郑诵先个人的书法造诣也不同凡响、卓然成家。他早年写柳公权楷书，对二王草书也多有研习，晚年喜作章草，将汉碑及“二爨”融贯于章草之中，并参以今草笔意，结体多取横势，圆劲而厚重。观之比章草多流畅飞动之趣，较今草多古朴雄劲之势，形成了风神高古、凝重雄浑的个人风貌，为明清以后日趋衰微的章草艺术注入了新的生机。

从书法史的角度看，郑诵先对中国书法的贡献是打破了章草自古以来字字独立、互不连绵的金科玉律。他的书法取法纯正高远，自索靖法帖入手，上溯西汉黄门令史游等，继而学赵雪松、宋仲温等。有宋氏用笔遒力、结字严谨，风格爽健的特点，并融入今草，加之自身沉实朴厚的气质风格，互为兼容，独辟新格，所以郑诵先书法兼具章草的古雅和今草的潇洒，晚年达到了“心手双畅、人书俱老”的创作佳境。正如他的学生梁志斌赋诗所云：“书论渊博章草奇，晚年兼写爨家碑。终归平正而淳厚，无法浑如有法时。”这正是对郑诵先书法艺术的概括总结。据梁志斌回忆，郑先生晚年站立不便，坐着写字时仍然悬肘执笔，行笔舒缓而稳健，笔直锋正，含蓄圆劲，古朴沉实，兼有纵逸飞动之势。梁志斌感慨说，今生有幸亲眼看见过草书大家的用笔风神，令他受益终生。[①]

郑诵先卓然成为书法大家的关键点在于他勇于探索，衰年变法，尤其是《爨宝子》笔法，横划两端上扬，曲意夸张，富于张力，用实践诠释出孙过庭所言“凛之以风神，温之以妍润，鼓之以枯劲，和之以闲雅”的艺术效果。郑诵先在自身书法创作中的“独善其身”和主持书社繁杂工作的“兼济天下”，都凸显出郑诵先作为一代书法大家的全面素质、能力、品性和风范，他是名副其实的字如其人。这对今天的书法从业者而言，依然具有榜样的价值和作用。

三、关于二人的共性与差异及相关思考

张伯驹与郑诵先能合作共事，各尽所长，成就一番书法事业，二人有着共同点：

首先，二人都有着心田美好、情愫深醇的君子品性，更有着危难中方寸不乱、困苦中勇气不失的大家风范。他们年轻富贵时不骄躁，晚年逆境贫困时能安然，都是经过风雨见过世面的大家。张伯驹一生中跌宕曲折的传奇经历，已为大众熟知，此处不再重述；而郑诵先的经历鲜为人知，他在逆境中从不绝望，意志坚韧。例如1963年他在书社工作期间，手臂不慎骨折，但仍坚持日常工作并执笔写书，曾作《病后偶成》一首：“折臂三公未可期，先教孤掌感支离。脚跟不定身无主，头目将倾手自支。伏枥竟成伤蹶块，挥毫依旧写游丝。为营玉局编书史，七十

① 此系采访梁志斌的口述回忆。

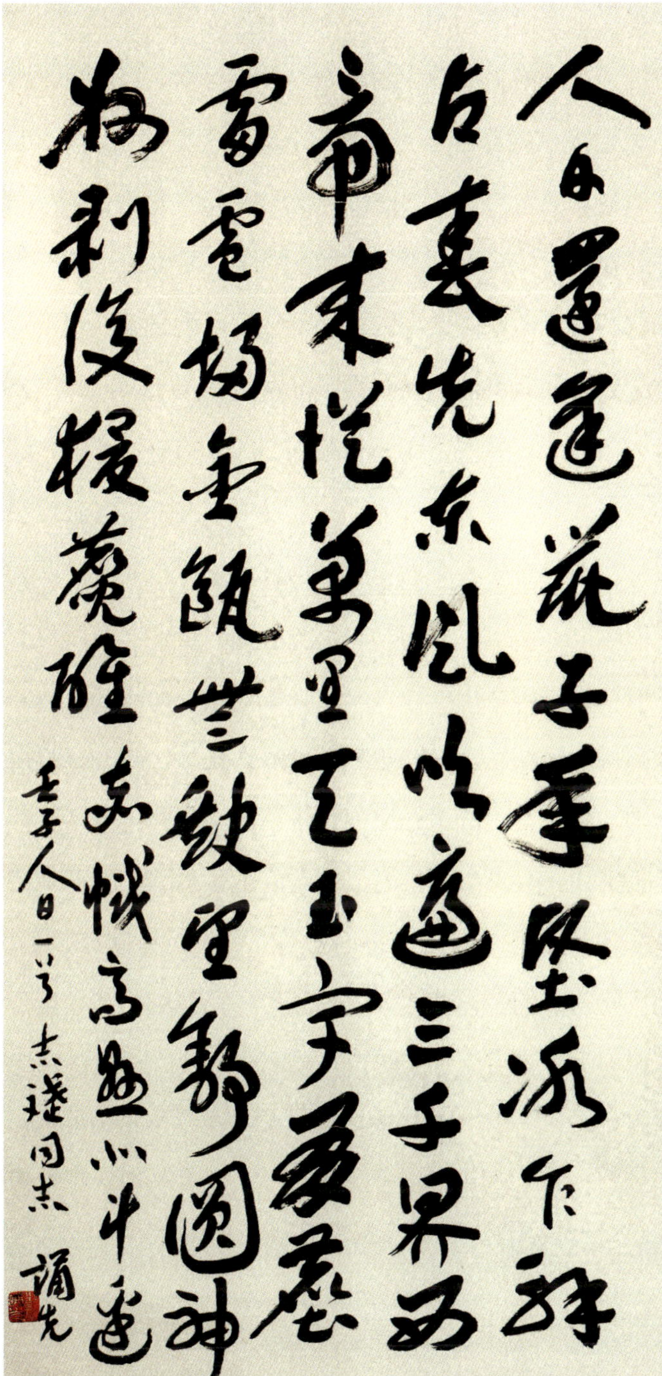

郑诵先《自书诗》

犹堪趁晚曦。”[①]“书史”指的是《各种书法源流浅说》，当时正在写作中。写游丝，趁晚曦，尽管生活困顿，衰老身躯，但陋室之内，惟吾德馨，那是无比丰富的精神世界。据梁志斌回忆，郑先生开朗达观，“文革”期间街道让他看自行车，他曾对梁志斌说：“过去出门坐汽车，现在看自行车，没什么大不了的！”[②]郑先生面对困境，一笑了之，泰然处之。张伯驹和郑诵先都是文质双全的人物，他们温柔敦厚中有股劲道，既是光风霁月、元气淋漓，又是历尽沧桑、百折不回，那是永生不颓的精神力量。凡此相似共性，才会让英雄相惜，同心协力，共铸宏业，沾溉后学。

其次，二人对青年人的态度也是见证大家风范的明鉴。例如张伯驹对周汝昌的帮助，对冯其庸的帮助，对启功的帮助，甚至对当时的学子梁志斌的鼓励，都彰显出一代大家的长者风范，让年轻人如沐春风，受益终生。据梁志斌回忆，1973年郭风惠师去世后，秦仲文师担心他失去了诗词老师，就主动引荐梁志斌拜访张伯驹。当时秦仲文已行走困难，就坐在轮椅上由其孙秦继曾推着一同访问张伯驹。张伯驹见梁志斌诗书习作后，拿出自己的一本《丛碧词》签上“志斌诗家存，张伯驹”。一位年轻人能得到两位前辈大家的如此爱护和鼓励，乃一生之幸事也。1979年，曾有一位大三学生给年过八旬的张伯驹写信请教书法问题，张伯驹详尽回复，“且是用毛笔写满了三张毛边纸。这当中闪烁着的不光是张先生的真知灼见及书法上精湛的技艺，而且也显现了张老先生平易近

---

① 欣力：《怀念祖父郑诵先》，《中华书画报》2013年第1期，第95页。

② 此系采访梁志斌的口述回忆。

人的高尚品德。因此，我将此信视为珍宝而收藏至今”[①]。

郑诵先亦然，对青年人有求必应，来信必回，对求字者从不计较是否送礼，一概答应，甚至有时会当面写完拿走。对此学生梁志斌颇有感触，他说当时生活拮据，一直也没给郑先生买过任何礼物，但郑先生从不看中这些，尽显一位长者风范。更为难得的是：“他午饭后只坐在藤椅上打盹，曾劝他上床休息时，他却很严肃地说：‘在藤椅上体息，有人敲门时可立即起来开门，若在床上睡着了，或听不见敲门声，或虽听见，一时也爬不起来，客人认为我不在家，就会走了。’我说：‘很多老人都在门前贴有接待时间，您为什么不也贴一张呢？’他说：‘我的朋友很多是来自全国各地的，他们到北京出差，抽时间来看我很不容易，遇我休息见不到，岂不白跑？我多休息少休息一会儿无所谓。’所以他老人家的客人自早至晚川流不息，源源不断。”[②]也许这种“没架子”的行为在今天看来完全是不可思议的事情了，但当时这样平等亲和、诲人不倦的师长不仅仅是张伯驹和郑诵先，而是那代长者令人尊敬的常态化的风范，是能够成就公益事业的基本素质，是现在太多的身为人师或好为人师者参鉴与学习的楷范。

据郑诵先孙女郑欣力回忆：“他（郑诵先）为我表兄夏青哥哥所写《岳阳楼记》和《桃花源记》的白话译文，尤叫人爱不释手。字好不说，语体明白晓畅，自然优雅，亲切怡人，相比之下，我们课本里的译文实在差之千里。我就想，一个中国孩子，若能在这样的语体里学习

---

① 盛自强：《张伯驹论书札》，《中国书画》2010年第8期，第127页。

② 郑必达等：《忆先父郑诵先先生》，《天津文史资料选辑》1994年第3辑，天津人民出版社1994年版，第43—44页。

汉语运用汉语，该会长成怎样一种心怀？温柔敦厚，文质彬彬，实可期望。”[①]如今又何尝不是呢？倘若以这样的示范循循善诱、润物无声、从长计议、内外兼修的话，怎么会变得功利和浮躁呢？

据梁志斌回忆，他与郑先生的最后一次见面，是在1976唐山大地震的第二天上午。震后的早晨，梁志斌安顿好一家老小，便去看望他的几位老师，按线路方便，先后看望了王雪涛、秦仲文遗孀和郑诵先。邻居说郑先生在北京月坛小学里避震。操场上，郑先生坐着轮椅，由其孙女陪着，他见梁志斌前来看望，很是感动，说道："志斌，快回去照顾家人吧，我这里还好。"不久便得知郑先生为躲避地震到了南方，因突发脑溢血去世。[②]没想到那次的师生见面竟成了永别。

当然张伯驹和郑诵先二人也有不同，恰恰因为有所不同才能取长补短、各尽所能，才能齐心协力、相得益彰。

相对而言，张伯驹更是活动家，他的贵胄出身、他的广博见识、他的广泛爱好、他的格局气度都注定他不可能拘泥于处理某些具体事物上，他更是勇立潮头的领衔人。从前面引用刘海粟评价张伯驹的文字里，便可得知"书画鉴赏、诗词、戏曲和书法"正是公认的张伯驹对国家贡献和个人成就的综合排序，是恰如其分的客观评价。本文论及的"张伯驹与中国书法"侧重的是他在书法捐赠、书法组织、书法建设等"形而上"层面的杰出贡献与独特价值。

也许"书画鉴赏"是最代表张伯驹身份、贡献和影响力的"标签"。对于张伯驹来说"生命可轻，至宝为重"，他为购得和保护书画绝品的曲

① 欣力：《怀念祖父郑诵先》，《中华书画报》2013年第1期，第95页。

② 此系采访梁志斌的口述回忆。

折经历足以令人瞠目而可歌可泣，因此他总会为收藏过的每一件心爱之物起个别名或堂号，请心仪的篆刻家镌刻印章，或钤印于藏品一角，或自用于书画作品，以表达他难以抑制的欣喜之情和留念之意。因为收藏过展子虔的《游春图》，张伯驹的那所康熙年间的老宅院便有了“展春园”的斋号；因得到了唐代杜牧的《张好好诗卷》，他也有了“好好先生”的雅号；而“平复堂印”则来自陆机的《平复帖》……凡此种种，都充分展现出张伯驹是位纯粹的文人雅士。他曾自言：“予生逢乱世，恨少读书，三十而后，嗜书画成痴。见名迹巨制，虽节用举债，尤事收蓄。”他认为：“黄金易得，国宝无二。”[①]作为现代人的张伯驹，其文化理念和选择，并非是落伍或不合时流的，他的收藏观颇具前瞻性。西方豪门素有将财产捐献社会的传统，钱财捐给基金会或慈善机构，文物捐给博物馆。而张伯驹的这些善行义举恰恰说明他是超前的文明人，是自然本真的中西合璧的现代人，是值得后人作为楷式来研究的一座文化丰碑。

“诗词”是最彰显张伯驹才华的“主业”。张伯驹天资聪颖，9岁能诗，有神童之誉；30岁写词，一生痴心文艺，颇有雅士风流、才华横溢；一世醉心古物，唯具慧眼识金，目光如炬。张伯驹曾自撰《春游纪梦》，书中收编了其六部著述，分别为《春游纪梦》《丛碧书画录》《丛碧词话》《续洪宪纪事补注》《红毹纪梦诗注》《京剧音韵》等，可以看到其在书画鉴赏、诗词创作和戏曲方面的真知灼见。他在诗词楹联嵌语方面才华横溢，其中词人身份是他最为突出的一张名片。在民国

① 冯大彪：《怀念张伯驹先生》，《文史精华》2002年第12期，第57页。

词坛，张伯驹与袁寒云一度齐名，被称为“中州有二云，词坛两俊人”。他的词有着“南唐之骨，北宋之神”的高雅风致，在当时除沈祖棻等人外，罕有其匹，一时有“南沈北张，双峰并峙”[①]之誉。此外，他的词论也极有见地。周汝昌算是当代最理解张伯驹词学造诣的学者之一，他在《张伯驹先生词集序》中赞言：“伯驹先生的词，风致高而不俗，气味醇而不薄之外，更得一‘整’字。何谓整？本是人工填作也，而竟似天成；非无一二草率也，然终无败笔。此盖天赋与功力，至厚至深，故非扭捏堆垛、败阕百出者之所能望其万一。”作为词人，张伯驹作品等量其身，其一生著有《丛碧词》《春游词》《无名词》《续断词》等多部词集，词风清新自然而情深味厚，佳句可与欧阳修比肩，雅致媲美晏小山，属婉约一派，醇雅而直率，如《春游词》开篇《浣溪沙·将有鸡塞之行，题〈秋风别意图〉》一组的前三首，为被谪至吉林所作：“野草闲花半夕阳，旧时人散郁金堂，如今只剩燕双双。明月仍留桃叶渡，春风不过牡丹江，夜来有梦怕还乡。”“马后马前判暖寒，一重关似百重关，雪花飞不到长安。极目塞榆连渤海，回头亭杏望燕山，归心争羡雁先还。”“自把金樽劝酒频，骊歌一曲镇销魂，回思万事乱纷纷。镜里相看仍故我，人间那信有长春，柳绵如雪对朝云。”从长春回京旧居感慨所作：“去后寒斋案积尘，庭除依是雪如银，小梅憔悴可怜人。半笑半啼应有恨，一花一蕊不成春，那堪吹笛为招魂。”《回京》的前两首：“小巷依稀认旧门，蛛丝萦槛案堆尘，萧萧梧竹易黄昏。风扫壁琴弦断轸，泥封厨瓮酒空尊，不知客是主人身。”“春事不曾到客边，归来已是雁时

① 谢燕：《张伯驹词研究·引言》，华东师范大学2009年硕士学位论文，第1页。

天，小庭秋意淡如烟。虫语悲吟中夜后，蝉声梦醒廿年前，一回回忆一凄然。”[①]

“戏曲”也是张伯驹最见痴心的“玩票”，他对戏曲的贡献不在书法事业以下，凡此痴迷与努力，都如张伯驹自己所言“吾生平不喜实过其名，于仕禄之途处之尤为淡漠。雅志所存，惟欲延中国艺文一线不坠耳……”[②]

郑诵先则不同，他没有张伯驹那么显赫的贵族身份，而是一心向学的刻苦读书人。他天性笃实，为人朴厚，做事严谨，持正守中，自制力强，我们从郑诵先早年的经历便可了解一二。1915年，郑诵先22岁时在烟酒公卖局任科员，即进入政界。由于他在工作中勤奋努力，才华出众，更兼为人宽厚喜交友，因而深受局长的青睐和同事们的推崇。1916年除夕夜，郑诵先因故既未返沪也不出游，而是在宿舍伏案习字。适逢局长送客路经窗口看见，对他这种精神深为赞叹，印象极深。公卖局撤销后，局长即将郑诵先推荐给广东官产处任二等科员。1927年张学良在北京设军团部，即慕名聘郑诵先为他的秘书。1928年张学良返回东北，郑诵先为报张学良知遇之恩，即辞去北京之职，随赴沈阳专任张学良秘书。1929年张学良挚友胡若愚出任青岛市市长，而胡身边缺乏能替他支撑局面的干练之才，他征得张学良同意，聘请郑诵先出任青岛市政府秘书，在任时曾替胡若愚为“青岛水族馆”书写门额。60多年来历经劫难，此门额却依然存在原处，实属不易。后胡若愚又调任北平市市长，

① 谢燕：《张伯驹词研究》，华东师范大学2009年硕士学位论文，第20—22页。

② 沈文凡、杨辰宇：《“民国四公子”之一张伯驹研究综述》，《吉林师范大学学报（人文社会科学版）》2017年第5期，第72页。

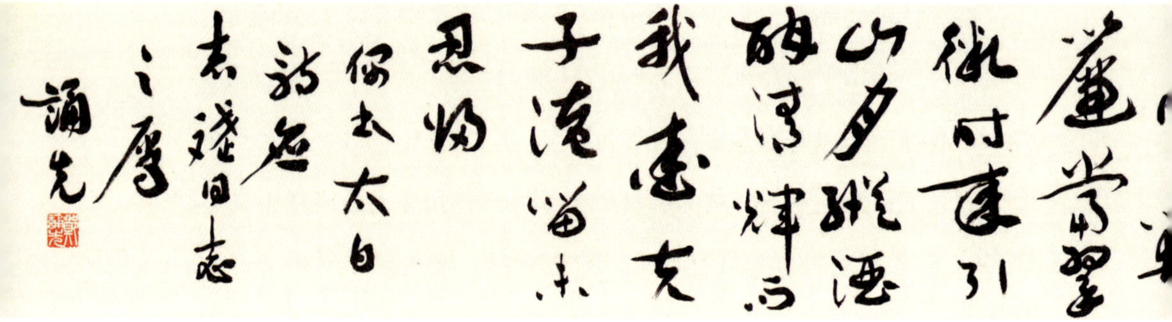

郑诵先即随往北平，任市政府秘书长。1931年张学良挚友周大文接替胡若愚任北平市市长，仍聘郑诵先任秘书长。1934年张学良部下王韬出任天津市市长，因缺乏得力助手而去北平向周大文求贤，周即推荐了郑诵先。王韬与郑诵先素昧平生，而能登门求聘，使郑诵先深感知遇之恩，当即慨然允诺，勉力支持到任后，即将家眷接来津门。[①]这些珍贵的回忆充分佐证了郑诵先为人做事的持正守中和德才兼备，是一个靠得住的合作人。郑诵先丰沛的文采、质朴的性情、高尚的人格、深广的见识，特别是做事又极有能力，这也就不难理解张伯驹成立北京中国书法研究社后立即写信请郑诵先来做秘书长之职了。郑诵先的为人行事赢得了所有共事人的信任，这是十分难能可贵的。

另一事例也很能体现郑诵先的做人。初到北京时，书社每月付给他车马费50元，他认为已够本人生活之需，即函达公私合营银行申请停发

① 郑必达等:《忆先父郑诵先先生》,《天津文史资料选辑》1994年第3辑，天津人民出版社1994年版，第34—47页。

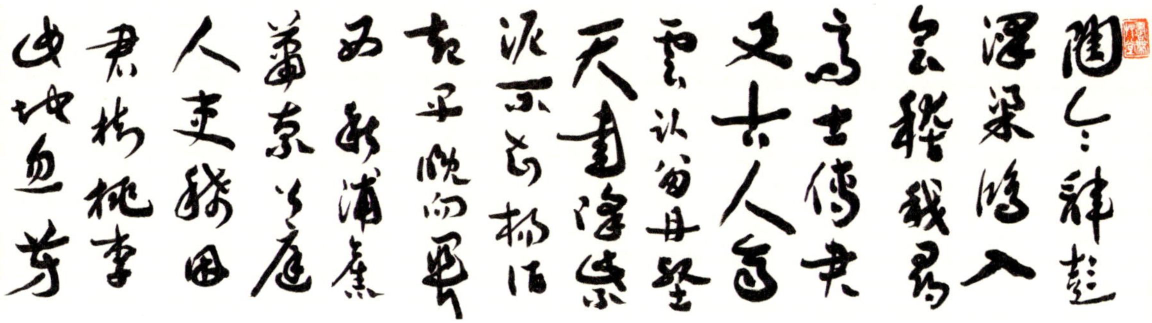

郑诵先 《书太白诗》

每月44.17元的退休金。当时虽然已有补差制度，而他所领的退休金加车马费并未超过退休前所领的薪金，但他坚持认为车马费既然已够生活之需，就不要增加国家负担，故而要求停发。从这小事中亦可看出他一丝不苟的作风和廉洁自律的品质。[①]

更能说明郑诵先恪守诺言、自制力强却鲜为人知的事例便是他独居了34年。郑诵先夫人因积劳成疾，于1942年去世，年仅50岁。郑诵先对夫人感情至深，对夫人侍母至孝、教子有方的付出深为感激，并深表内疚，誓言不再续弦，并信守终生。当时他49岁，直至1976年去世，独居34年。他曾有《除夕》奉和友人："枕上梦醒情久淡，天涯行遍鬓难青。"他说："小儿小女，有个后娘很难受。"[②]情久淡，鬓难青，他用后半生的孤独，全心培育孩子，那一扇门从此关上，心无挂碍了。如此深厚的忠贞品性和坚韧的意志品质都是常人难以做到的，这也就不难理解为何

① 郑必达等：《忆先父郑诵先先生》，《天津文史资料选辑》1994年第3辑，天津人民出版社1994年版，第34—47页。

② 欣力：《怀念祖父郑诵先》，《中华书画报》2013年第1期，第94页。

郑诵先无论为书社做事还是自己作书，都会有着超出他人的诚信可靠和浑厚沉实。因此，张伯驹选择郑诵先主持书社日常工作完全是知人善任之举。

张伯驹与郑诵先的共性与差异恰好互补，张之“帅才”恰逢郑之“将才”，他们各施所长、同心协力，可谓珠联璧合，共同为新中国的书法事业做出了重要贡献。

某种意义上说，张伯驹的“帅才”与郑诵先的“将才”也体现在不同的书法技法造诣上。如前所述，郑诵先的书法成就已卓然成家，在开拓章草新面貌上做出了不可低估的贡献，载入中国书法发展史册也恐不为过。而张伯驹的书法技法未能达到一些文章所赞誉的高度，例如：刘叶秋称誉：“书兼行草，圆劲挺秀，卓然大家风范”；刘海粟评价：“温婉持重，飘逸酣畅，兼而有之，无浮躁藻饰之气”；欧阳中石在张伯驹诞辰110周年之时曾有题诗赞誉其诗词书法：“珠玑信手碧丛丛，翰墨随心字字工。曲折高低声入律，从容谈笑自生风”，突出其飘逸脱俗的高远境界。而对于其画作，冯其庸曾赞扬其梅、兰，将其与文徵明、薛素素同比。[①]凡此种种赞誉容易产生误导和歧义，张伯驹作为文化名流，其贡献、其成就、其影响力、其人格魅力都是高山仰止的一代大家，但是不一定或一定不会“名人必全能”。

书法是以技法为基础要素的艺术门类，但是写好书法不仅仅需要技法，更需要文化的支撑和滋养。张伯驹的“鸟羽体”书法独具面目，辨识度高，有文人雅士的风雅之态，其高妙处更在于他鸟羽体所写出的跋

① 沈文凡、杨辰宇：《“民国四公子”之一张伯驹研究综述》，《吉林师范大学学报(人文社会科学版)》2017年第5期，第77—78页。

语，那是张伯驹才华的所在。张伯驹同样是而立之年开始收藏、诗词、唱戏和习字的，收藏需要他的学识和眼力，还有不可或缺的财力；诗词是需要天赋才情的，是“完全要靠自己的”，张伯驹完全具备；而唱戏练功和临池习字则更是以“童子功”和“临池不辍”为根基的，都属于实践类艺术活动，都是需要早期扎实的功底的。张伯驹30岁以后开始学书和学戏，定会受一些不可抗拒的艺术规律之影响，正如郭风惠论书诗所言：“临池每忆儿时事，习罢诚悬习鲁公。南帖北碑多涉猎，腕中有鬼爱蝯翁。”[①]诗中道出了他学书的年龄和涉猎的广泛。在这方面张伯驹是略显欠缺的，但这并不影响他在戏曲和书法方面的大贡献和影响力，正如前面所言的“形而上者谓之道，形而下者谓之器”，张伯驹属于前者。

因此，对于名人在每个领域里的成就要实事求是地认知和评价，夸大其词地“褒奖”也是对历史人物和对艺术标准的双重不负责。本不该神化地要求每一个领域都要达到同等的高度，也不能以某一领域的最高成就为标杆，便美化其他领域都齐头并进、完美如神。诸如某些名人的“无所不能”、某些书家的“各体兼擅”，恐怕都属于有意无意的“不实之词”，殊不知术业有专攻，人各有专长。在传统文人眼中，书画乃文化余事，不足专门大写特写，不是如今认知上的书画乃头等大事，因此今人对前名人往往有着言过其实的解读，认为名人的全能是想当然或必然的。例如梅兰芳作为京剧表演艺术大师，其闻名遐迩，当之无愧，但他的书画造诣却未能达到宣传和美化的那种高度。

张伯驹对国家的最大贡献在书画的抢救和捐赠上，而他的最强音

① 梁鸿：《若将体势论流派　刚出昆仑是上游——郭风惠的诗书入画与文化自信》，《荣宝斋》2017年第7期，第99页。

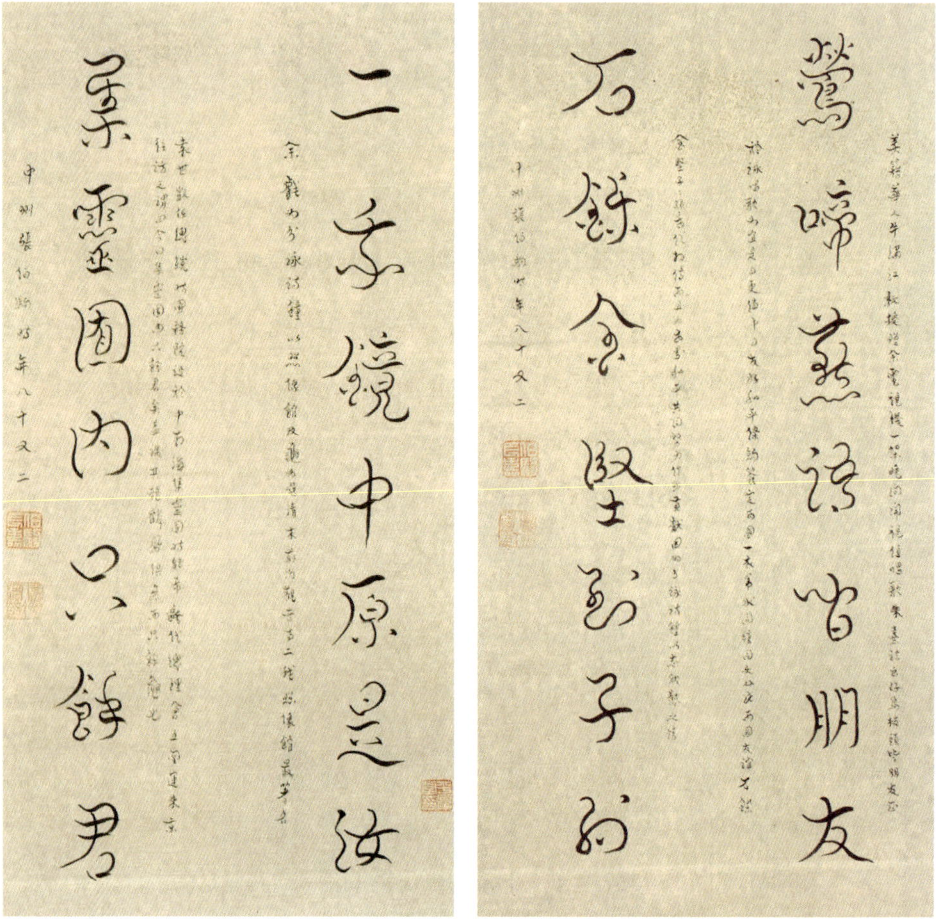

张伯驹 《七言联》

则是在诗词成就上。周汝昌在词方面算是张伯驹的知音，他认为：“如以词人之词而论，则中国词史当以李后主为首，而以先生（指张伯驹）为殿。”[①]这里更多强调的是张伯驹的艺术追求是“神韵”，是纯粹，是干净。张伯驹赞赏清代王渔洋，他说：“王渔洋诗主神韵自然，于词为近。虽非词家，而出语即自然名贵。”[②]为什么张伯驹欣赏王渔洋？因为都是名士风流，都是精神贵族。张伯驹的诗友郭风惠对于王渔洋有过另一种中肯的评价，郭诗云：“渔洋神韵似华鬘，七宝楼台面面看。所惜平生遭际好，绝无精语到饥寒。”这一评价恰恰可以运用在张伯驹的艺术格调里，似有“不食人间烟火”的散逸与超迈。他的书法风格亦然，取之神韵而非精研古法、临池不辍的习得，而不同于郑诵先七十年的书法功力。因此，在技法层面上无须对张伯驹的书法过度溢美。

在20世纪跌宕变幻的时代风潮之下，作为文化界一位勇立潮头、担当道义、化私为公、大爱无疆的非凡人物，张伯驹与时代共命运的传奇经历、痴心不改的民族情怀和无可替代的文化贡献，都值得大书特书，也必将流芳百世。而郑诵先作为持正守中、身体力行的书法守望者，与张伯驹一样、与诸多同侪一道同心协力，共同支撑着新中国书法走过了艰难沉寂的岁月，通过书社十年的辛勤耕耘，底垫了今天书法的基础和规模。他们承前启后的无私奉献和淡泊名利的崇高境界，都是值得后人敬佩和学习的。

---

① 沈文凡、杨辰宇：《“民国四公子”之一张伯驹研究综述》，《吉林师范大学学报（人文社会科学版）》2017年第5期，第77页。

② 谢燕：《张伯驹词研究》，华东师范大学2009年硕士学位论文，第21页。

就书法而言，尽管我们今天的书法机构、展览规模、宣传手段、参与人数等各个方面都远远超出了当年书社的规模，规模的壮大或许能说明形式上得到了发展，但是剥去浮夸的外衣，从作品质量、书者学养、敬业精神等内涵层面上看，我们不得不承认今天的书者远不如前辈做得纯粹和令人钦佩，我们依然没能与群贤的精神境界靠近。因此提高书者的精神层次、文化水平才是提高书艺终极水平的关键。书法不仅仅是单纯的技法，这也是我们今天缅怀前辈的现实意义所在。

对于张伯驹、郑诵先这样的文化前辈，周汝昌说："我平生所见到的文化高人很多，这样的人也是少少的。"史树青说："我们近代没出过这样高的人、有学问的人、有涵养的人。"[①]黄永玉说："富不骄，贫能安，临危不惧，见辱不惊……真大忍人也！"[②]而今在故宫博物院举办的张伯驹诞辰120周年纪念展上，这位20世纪为保护民族文化居功至伟的传奇人物又一次回到了国人眼前。

---

① 张剑桦：《"是真名士自风流"——<大藏家张伯驹>主人公人格魅力》，《吉昌学院学报》2016年第5期，第48页。

② 郑理：《大藏家张伯驹》，万卷出版公司2008版，第182页。.

第十章

精书玄鉴鸿儒志　济世修身赤子心

张伯英历史地位再认识

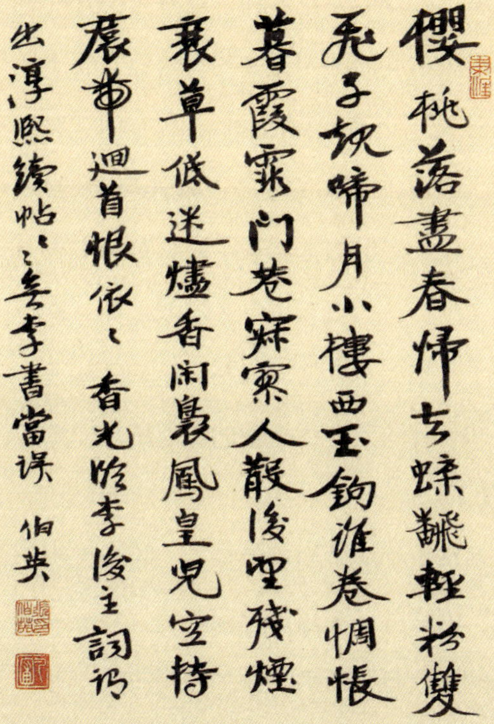

张伯英与张伯驹、郑诵先、邓散木、郭风惠、吴玉如等书法大家不同，他作为20世纪一位集官员、学者、诗人、书家于一身的集大成者，是在个人修为、艺术成就、政治抱负、民族气节等方面都具有垂范意义的一代翘楚。然而学界对其研究的深度还远远不够，对其历史定位的高度尚有距离，还停留在就书法论书法、就鉴评论鉴评、就方志论方志的单一和微观层面上。目前所见关注张伯英的硕士论文约有两篇，或谈张氏的“书学观”，或论其“碑帖鉴藏观”，还有宏观把握的探究空间。唯张伯英弟子启功为《二十世纪书法经典　张伯英》所作序言和学者邸永君所作《民国书法大家张伯英》两文，在一定层面上解读了张伯英艺术造诣之精湛处。其余散见评论文章和文献资料，似有重复和局限之憾。总而言之，学术界的相关研究状况较于张伯英本人的博大精深还相距甚远，或许这一距离也是让研究者望而却步或缺乏总体把握的原因所在，尤其在急于求成的功利浮躁心态的驱使下。

张伯英之所以在他所涉足的领域里都能做到成就卓然，除个人的天资、学养、勤勉、谨严等“小我”因素外，更源于他深刻的“修身、齐家、治国、平天下”的儒家思想的“大我”诉求，诚如当代诗人、书画

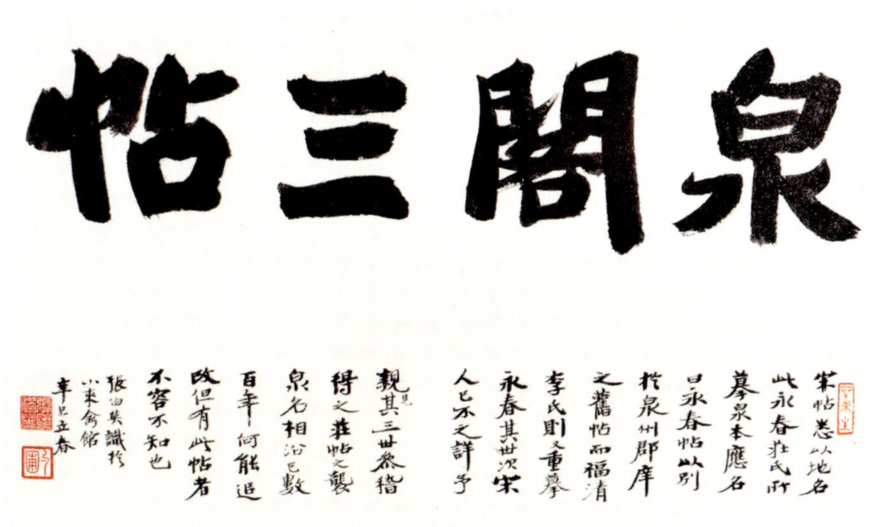

张伯英 《泉阁三帖》

家梁志斌论张伯英诗云："翰墨文章足可夸，政坛才子隐京华。齐家治国平天下，壮志难酬做写家①。"正因为张伯英效力国家的政治抱负在生不逢时的状况下难以实现，继而投身于非政治抱负上，潜心于文博艺术事业的建树中，"大我"与"小我"之契合，成就了张伯英成为近现代史上文章道德、知行并重的一座文化丰碑。本文拟从宏观视野进行论述，将张伯英置于中华历史长河中进行审视，以凸显其全方位的成就和历史贡献，还张伯英以应有的历史高度。

一、张伯英其书法其鉴藏

张伯英（1871—1949），字勺圃，别署云龙山民、榆庄老农，晚号

① 老舍称文学、书法有成就者为"写家"。

东涯老人，斋名远山楼、小来禽馆，门人后学尊称为勺翁，出生于江苏徐州铜山县望族之家。祖父张达文武兼备，诗书俱佳。父亲张仁广居河南做通判，为官三十载，两袖清风，一尘不染；善词章，工书法，辛亥革命后，终老乡里，诗书自娱。因祖父、父亲宦游在外，母亲陈夫人持家有道，致使张伯英兄弟四人皆有德才。张伯英幼承庭训，5岁习字，加之天资超迈，又酷爱诗书，10岁所临《勤礼碑》已初具气象；18岁随祖父赴金陵，得包世臣之《吴安四种》，受其《艺舟双楫》影响，尊崇北碑，常年着力于《龙门二十品》和《张玄墓志》的研习。正如启功介绍说："翁中年好北碑，盖仰包慎伯之论也。日临龙门造像题记中之精品。用元书纸临写，若干纸扎为一束，移置床下。其时摄影印刷之术已稍普及，宇慈兄妹请以一束付印，勺翁不许，且云此吾身后事也。盖已窥北朝书艺得失所在，而心手所诣，又有进于斯时者矣。"[①]由此可知张伯英用功之勤，为其后来在书法创新与碑帖鉴评中打下了相当坚实的基础。"其后洛阳北邙魏志出土益多，精美之书，视龙门造像记又有进者，勺翁复以素纸临之，魏志精品，临写又若干通。其时为人书墓志，厂肆时有拓本，折叠露其一角。功阅肆见之，以为新出魏志，展之见款字乃知为勺翁书迹。北朝书家八法之妙，已融于勺翁指腕间有如此者。"[②]那么张伯英缘何如此钟爱《龙门二十品》和北魏墓志呢?

首先因时代背景。清初顾炎武、黄宗羲等人倡导的经学考证之风开启，金石碑版之学亦随之兴盛；清初也因康乾二帝偏爱赵体董字，科举

① 启功:《铜山张勺圃先生遗墨书后》，《20世纪书法经典　张伯英》，河北教育出版社2001年版，第9页。

② 同上。

选拔亦崇尚“馆阁体”，上行下效，宋淳化以来八百余年的帖学日趋式微。阮元、包世臣顺势倡导碑学，包氏所书《艺舟双楫》成为尊碑之标志性著作，魏碑以“峻劲”为书法的最高审美标准，从而使以往在文人书法中无足轻重的民间书法获得了与秦汉碑版同样的正宗地位。尤其康有为在此基础上的《广艺舟双楫》，更是旗帜鲜明地尊碑抑帖，且不无偏激，几近极端。[①]康氏在该书中对《龙门二十品》的论述及赞美颇多，可以说康有为对宣传《龙门二十品》的书艺有开创之功。张伯英对《龙门二十品》的钟爱与康有为的大力弘扬不无关系，但张伯英并不激进，他是理性而客观的。后因大量出土了北魏碑刻，推波助澜了声势浩荡的碑学洪流，至此碑学一统书坛，延及民国。碑学的渗透力，可见一斑。而张伯英受此大环境影响，自然而然，顺理成章。

其二因家庭影响。张伯英与祖父张达共同生活20余年，深受其书学观之影响并继承发扬光大。据记载，“彭城书派”一说是由张伯英祖父张达所提。张达能诗善书，于书学颇有研究，他根据唐代书家窦臮《述书赋》对欧阳询的记载，提出了“彭城书派”一说，《徐州续诗征》对此有过详尽记载：“……英孙习北碑，时人以为怪，子谓彭城书派自是如此。”[②]张伯英也把欧阳询归属于彭城书派，并在信札中写道：“刘珉，字仲宝，彭城人，北齐三公郎中，其书为率更所自出，欧阳父子乃吾彭城书派，惜其遗迹无存。”[③]张达热衷于碑帖拓片之收藏，且精于碑帖鉴

① 梁鸿、苏全有：《近十余年来我国近代书法史研究述评》，《殷都学刊》2010年第2期，第129—140页。

② 张伯英等：《徐州续诗征》卷三·铜山二，北平文岚簃，1935年。

③ 张伯英：《张伯英信札书法集》，西泠印社出版社2008年版，第89页。

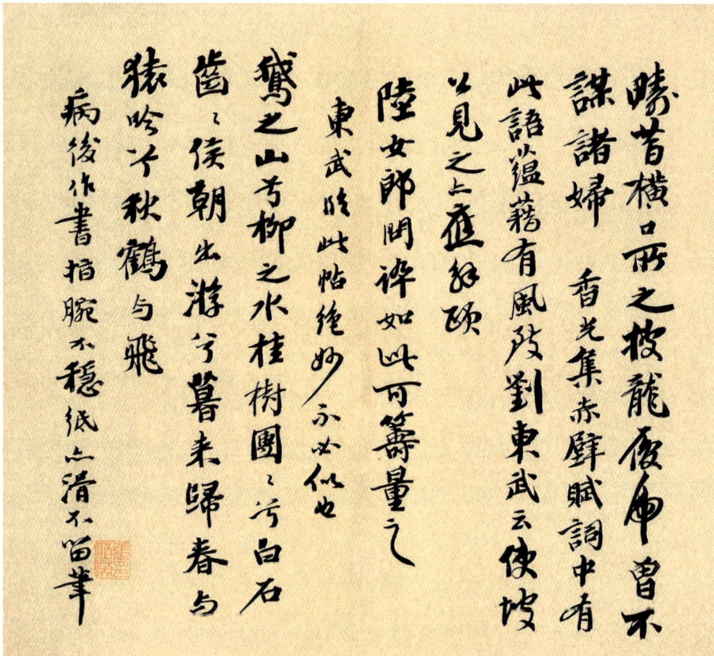

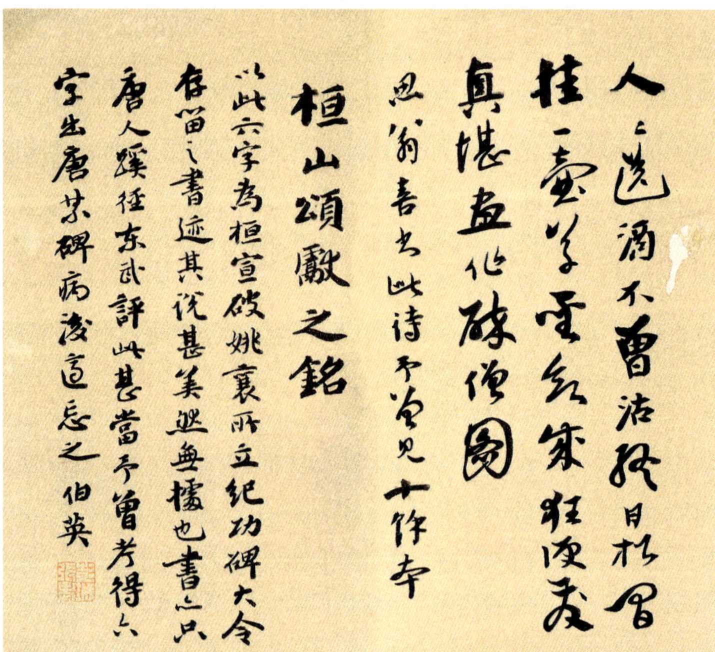

张伯英　评帖书法二帧

别。对于北碑和唐碑，张达认为北碑古意，唐碑姿媚，其诗云：“习成媚软卑三唐，古意多存选佛场。滥厕优填为廿品，方严吾敬郑南阳。”[①]诗中凸显了对于龙门造像之郑长猷的由衷赞赏，这也直接影响了张伯英的书学观与书法创作的审美追求，在其字体中不难找到郑长猷古意盎然、生动活泼之意趣。

其三，张伯英尚朴重质的美学观念也与北碑沉实、朴茂的风格相契合。张伯英对北碑临摹最多，用功最深，他在《庚午消夏录》中有过记载：“幼时朱虞尊同学自开封寄予‘廿品’，亡室崔敬宜助予装册，时时临仿，略具形似。王少沂作桂履真太守寿序，予以此体书之。”[②]可以说“龙门造像”代表了“朴拙原非姿媚俦，龛龛古貌气凌秋。若将体势论流派，刚出昆仑是上游”[③]的北碑风神，因此得到了诸多有识之士的青睐，当时的于右任也深受其影响，专攻魏碑，《杂忆》诗云：“朝临《石门铭》，暮写《二十品》。辛苦集为联，夜夜泪温枕。”[④]张伯英也不例外。张伯英作为康有为的朋友，在尊碑抑帖的大环境下并未人云亦云。他是见多识广的严谨型学者，也同样看到了千百年来帖学的不朽魅力，化帖入碑抑或碑面帖里，正是过人能力的体现。张氏书体蕴含着前期帖学的底垫，使其书法能够别开生面，不同于偏激的康有为的眼高手低，也不同于单一“颜面”的谭延闿等，他的过人之处是碑帖兼融，食古而化，形成了力与美相契合的“伯英书体”，亦如梁志斌诗云：“古今

---

① 张伯英：《张伯英信札书法集》，西泠印社出版社2008年版，第90页。

② 张伯英：《庚午消夏录》，《张伯英碑帖论稿》第三册，河北教育出版社2006年版，第21页。

③ 郭风惠《题龙门二十品》诗句，见梁志斌藏《郭风惠诗存手稿》。

④ 金玉甫：《〈龙门二十品〉与清人的尚碑情结》，《安阳师范学院学报》2002年第1期，第108页。

书界两伯英，现代伯英亦擅名。南帖北碑尽融会，彭城书法动京城。”诚然，古之张伯英为汉代张芝，有“草圣”之称；今之张伯英有彭城翘楚之誉。古之伯英开创草书之先河，底垫书法之根基；今之伯英南帖北碑，融会贯通，开碑帖互为表里、雄强兼有秀逸之新风。二人跨越两千年，可谓异代知音，同为中华书体之开创与革新做出了流芳千古的不朽贡献。

千百年来，碑与帖之实用功能不同，风格自然亦不同，书家之个性及审美追求更是因人而异，千人千面。相对而言，碑刻是处理严肃之事，诸如碑文墓志等，所以多以朴厚庄重的楷体（魏碑）书写；而帖书多为信札随笔，多用挥洒自如、“我行我素”的笔致书写，更显书家个人风貌。而这两种不同风格及功用，张伯英都是运用自如的能者。张伯英的帖学研究造诣是近代首屈一指的。可以说，碑是时代风尚，帖是深厚基础。张伯英魏碑体的成功得益于他的帖学根基。“伯英书体”脱胎于魏碑，结字精整兼隽逸，笔力清厚且凝重。行书中有刚健之骨力，真书中有灵动之意趣。这一内涵丰富的背后与其临摹古人碑帖时多取遗貌取神之法有关，这一高水平的研习方法与清代何绍基、民国吴昌硕类同。所谓的遗貌取神，是一种高层次的临摹体验。如果没有“取神”之境界，当然也就无从理解临而不肖的意义。“取神”就是要汲取古人在作品中流淌出来的独特韵致，有主见有能力的书家自然会选取其中与自身气质相契合的部分，并充分发挥自己的特长，使之面貌焕然一新。张伯英正是此中的佼佼者。他善于学习，抓住了魏碑中最美的成分，再吸纳颜楷的方正饱满和苏米行草的风流潇洒，千锤百炼，兼收并蓄，食古而化，卓然成家，终成辨识度极高、艺术感染力极强的“伯英书体”，至今无人出其右。

张伯英以一代书法翘楚而闻名于世，植根于他知行并重的全面修养。张伯英精于碑帖评鉴，著书立说，品评历代各家书法流派之优劣，他在《小来禽馆笔记》中自言“丛帖自淳化以迄今日，无一刻不杂伪书。衰病阅帖自遣，悉为剖析无遗，平生无他长，独目力似胜前人耳。”[①]此言可知张伯英于历代法帖精研之深和自信之程度。张伯英之所以精于鉴评，这与他在徐州的经历和后来生活在北京不无关系。年轻时，其叔张从仁与之年龄相仿，精于书画，热衷于收藏，收藏之丰在当地最为有名。他与张伯英同住于榆庄，同就读于萧县李辅中家之私塾，受业于当地名士徐葵南。徐氏幼子徐树铮与张伯英同窗伴读，友情深厚。张伯英对其叔甚为怀念，晚年曾回忆道：“叔幼卿工书画，惜早逝。所居厅事轩豁。予至则摊书帖满几案，弟妹皆喜予至，为之经营饮食，极村居乐事。今日插架连屋尽化劫灰，与我周旋者皆不复见，噫！”[②]此外，张伯英受教于精擅书画的外叔祖陈逊齐，因而于丹青金石领域打下了坚实基础。可以说“翰墨书香”于张伯英而言，绝非泛泛之语，这一得天独厚的家庭影响也是成就张伯英终成大家的重要因素之一，仿如晋之王羲之、清之何绍基。

1912年经同窗好友徐树铮引荐，张伯英赴京供职，任北洋政府陆军部编纂，1916年任北洋政府国务院秘书。张伯英为官后的经济状况和京都浓郁的文化氛围都为他的书法鉴藏提供了便利。在京期间，张伯英有机会于故宫古物陈列所探究碑帖。1914年成立的古物陈列所，是我国第

---

① 张伯英：《张伯英信札书法集》，西泠印社出版社2008年版，第141页。

② 张伯英：《阅帖杂咏》，《张伯英碑帖论稿》第三册，河北教育出版社2006年版，第103页。

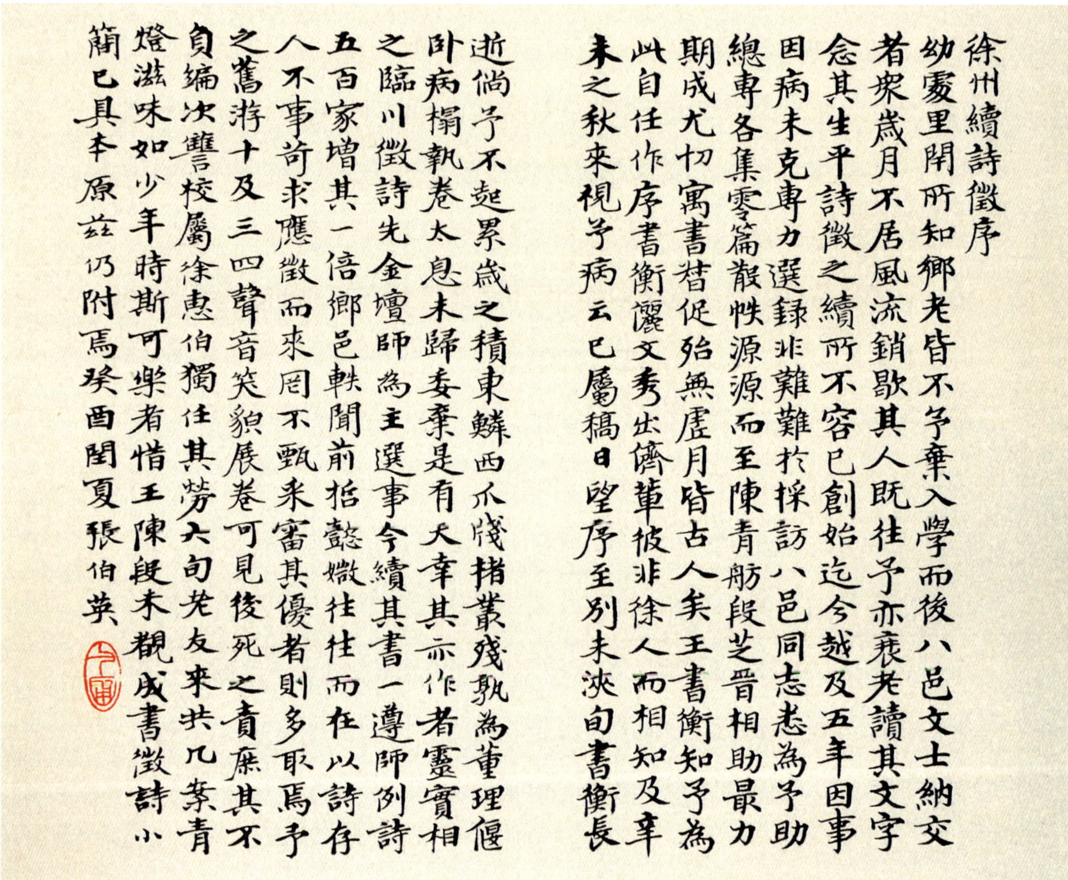
徐州續詩徵序
幼處里閈所知鄉老皆不予棄入學而後八邑文士納交
者衆歲月不居風流銷歇其人既往予亦衰老讀其文字
念其生平詩徵之續所不容已創始迄今越及五年因事
因病未克專力選錄非難難於採訪八邑同志為予助
總專各集零篇散帙源源而至陳青舫段芝晋相助最力
期成尤切寓書督促殆無虛月皆古人矣王書衡知予為
此自任作序書衡麗文秀出儕輩彼非徐人而相知及辛
未之秋來視予病云已屬稿日望序至別未浹旬書衡長
逝倘予不起累歲之積東鱗西爪殘楮叢殘孰為董理偃
卧病榻執卷太息未歸委棄是有天幸其示作者靈實相
之臨川徵詩先金壇師為主選事今續其書一遵師例詩
五百家增其一倍鄉邑軼聞前哲懿徽往往而在以詩存
人不事苛求應徵而來罔不甄采審其優者則多取焉予
之舊游十及三四聲音笑貌展卷可見後死之責庶其不
負編次讐校屬徐惠伯獨任其勞六旬老友來共几案青
燈滋味如少年時斯可樂者惜王陳段未觀成書徵詩小
簡已具本原茲仍附焉癸酉閏夏張伯英

张伯英 《徐州续诗征序》

一个以皇家藏品为主的博物馆，首开皇宫社会化之先河，也代表了20世纪20年代的博物馆水准，影响深远。张伯英从1912年应邀来京做段祺瑞政府要职，至1925年挚友徐树铮被杀，再至1926年爆发“三一八惨案”，他目睹了官场的黑暗，愤然辞职，从此靠鬻字维持生计，于1949年在京贫病去世。张伯英在京生活了35年，北京可算是他的第二故乡。“七七事变”后，北平沦陷，张伯英虽生活贫苦，老病缠身，但始终坚守民族气节，闭门谢客不出，读书笔耕不辍。日本人想以重金高位诱使北洋旗下老臣张伯英出山，并派王克敏“三顾茅庐”，张伯英答曰：“我自知无诸葛亮之才，然愿仿诸葛亮之德也。”[①]他还多次致书提醒当时任徐州伪市长的叔父张云生毋事倭寇，以免遗骂千古。其民族气节、其高风亮节曾名动京城，当名垂千古。因此，研究20世纪北京书画史，就不能不关注这位彭城翘楚张伯英的为人为艺。

张伯英的深厚学养和道德文章是其书艺的内在支撑。他认为书家的学养直接影响书法品位的高下，诚如他在鉴赏《拳石堂帖四卷》时云：“昔黄山谷评王著书，如富贵家子弟，衣裳楚楚，非无福相，但病韵耳。自古有道德学问者，虽不留意于书，而手迹所留，自有一种粹盎之气，尘俗无从犯其笔端。无学之人，附庸风雅，终日临池，俗状使人不可耐。以王著诣力之深，不免山谷所讥。达氏此书，去王著远矣，自刻于石，希冀千秋万世之名，徒供识者齿冷。”[②]这里强调的正是书家的学养、书卷气的重要性，他认为：“书之为艺，本与学通，胸无书卷，则工

① 张伯英：《二十世纪书法经典　张伯英》，河北教育出版社2001年版，第138页。

② 张伯英：《法帖提要》，《张伯英碑帖论稿》第三册，河北教育出版社2006年版，第288页。

力虽深亦难免俗，篆隶真草，其道一也。”[①]我们看到张伯英在品评历代书家时往往是目光如炬、一语中的，这正来自其精深的造诣、高古的格调、充分的自信以及直言不讳的性格。

张伯英在京期间收藏了诸多珍贵碑帖拓片和书法真迹。他在给好友郑坦之的信札中写道：“魏志近年出土颇多，拟集为百种，求之三年仅获八十余通，然费力已不小矣。俟有暇归里，当携请评定。不尽精美，唯尚未有赝石。洛中近多伪刻，以文体、书体衡之，自可一望而知。”[②]由此可见张伯英的收藏是用心良苦的。对于当时并非受到足够关注的《爨龙颜碑》，张伯英十分看重并评论道：“此碑旧拓则不精，精拓则不旧。兼美既不易，致吾宁取此劣拓，以字神犹完足也。往岁曾得一善本，与未刻跋之《宝子碑》同鬻去。今宝子佳搨予犹存二通，一整幅，一裱册，皆无跋本。此不足与相配也。”[③]当他面对王惺三的怀疑时，反问道：“岂有翻摩之物得自小来禽馆者？”[④]其鉴藏之自信程度可见一斑。

张伯英在书法鉴藏过程中也结识了诸多书画同道，如张伯驹、傅增湘、溥心畬、姚茫父等。张伯英在《小来禽馆诗草》中录有多首修禊诗作，如《癸未三月三日北海画舫斋修禊得游字》《甲申静心斋修禊得祥字》等，参与者正是上述名家。与张伯驹、傅增湘等资深书画鉴藏家的交往切磋，对张伯英的书法鉴评应是获益良多的，他所收藏的碑帖拓片、书法真迹可以说不计其数。仅《十七帖》拓片，张伯英所见多达百

① 张伯英：《法帖提要》，《张伯英碑帖论稿》第三册，河北教育出版社2006年版，第308页。

② 董治祥：《张伯英先生〈阅帖杂咏〉手卷》，《徐州文史资料》第12辑，1992年，第116页。

③ 张伯英：《法帖提要》，《张伯英碑帖论稿》第三册，河北教育出版社2006年版，第19页。

④ 庄春明：《张伯英碑帖鉴定探究》，《书法》2017年第1期，第96页。

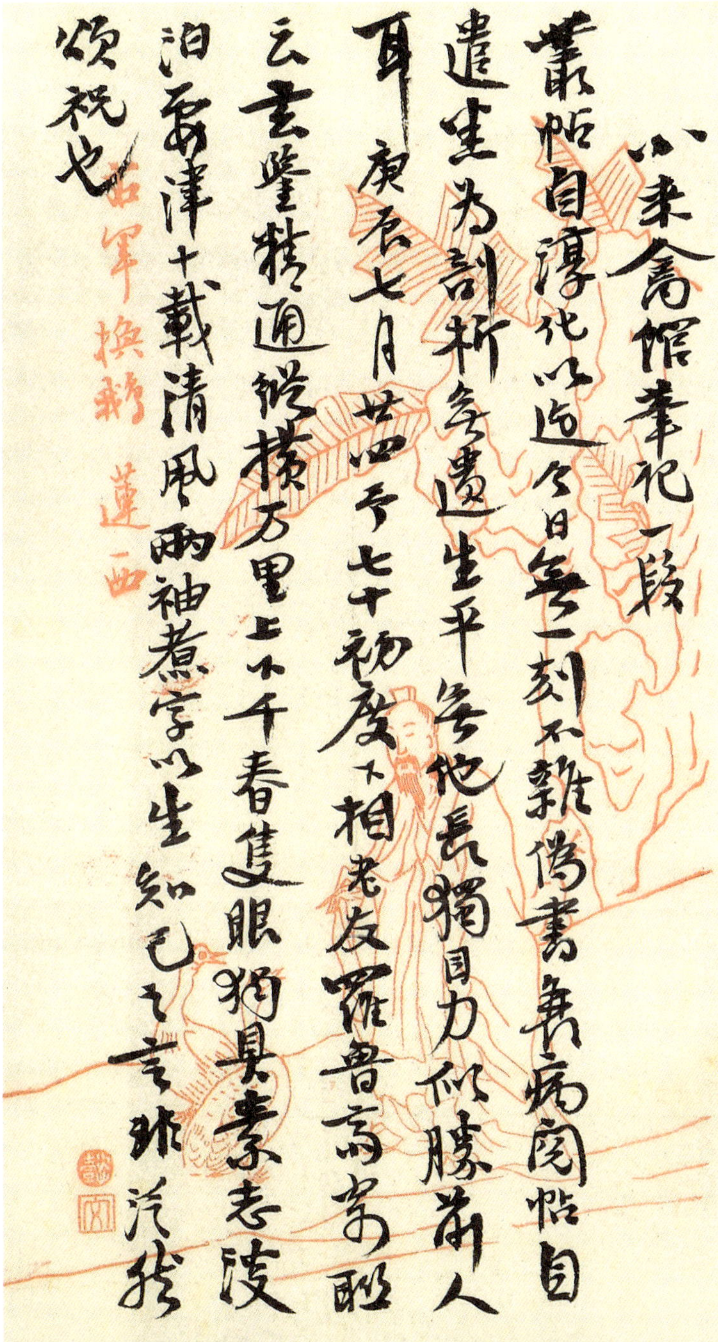

张伯英　《小来禽馆笔记》

余种。他评《十七帖》云："右军书迹自以十七帖为极精粹，淳化收辑虽富，多杂赝迹。元章击之，非苛论也。六朝唐人摹拟之书诚为衣冠优孟，然晋贤风流赖以不坠，未始非此帖之功，学者可分别观之。小来禽馆喜蓄淳化旧本，今只玉泓一刻，此残拓犹出其上。"[①]而对于明代邢侗所言"松雪临《十七帖》世间尚有数十本"一说，张伯英认为："今此刻以外未见传者。圆润有徐而乏雄伟之气，非惟无当于右军，视孙过庭临犹远逊。松雪传书自以简牍为优，小真书次之。管夫人数札亦松雪代笔，否则未必如是肖也。"[②]张伯英鉴评之功力令人叹服，同时他严谨与率直的治学态度连同他的论著一并垂范后世。

张伯英的藏品中最著名的有唐摹王羲之《此事帖》、宋拓唐弘文馆刻王羲之《十七帖》、北魏《张黑女墓志》原拓（孤本）等，都是价值连城、难得一见的珍品。其中《十七帖》曾有日本人出两万银圆索要，张伯英不为所动，后嘱托其子女捐赠给上海图书馆珍藏，如今所见上海辞书出版社出版的此帖便是张伯英藏本，其恩泽后世之举可与张伯驹相比肩，表现出他们共有的令人敬仰的高风亮节。

可以认为，无论是书法创作中的锐意创新，还是碑帖鉴评中的慧眼识珠，都承载着张伯英本人的大智慧与大格局，这不是常态下仅靠勤奋和工夫就能达到的高度。张伯英的"鸿儒志"和"赤子心"是成就他艺术造诣深湛的内在动因。

---

① 张伯英：《法帖提要》，《张伯英碑帖论稿》第三册，河北教育出版社2006年版，第188页。

② 同上。

二、张伯英其著作其贡献

张伯英作为饱学卓识的一代鸿儒，其著作等身、成就非凡。他的《法帖提要》作于1938年，为《续修四库全书总目提要》一书撰写法帖部分的手稿，“洋洋百数十万言，仿四库提要之例，列举自宋至清帖刻凡五百一十二种，指陈得失，如数家珍，激浊扬清，洞见症结，昔之苏、米、二黄不过是也”[①]。此评价绝非溢美，也许这才是张伯英应有的历史高度。《法帖提要》是他多年来潜心研究帖学的成果总汇，其一生所见帖本之多、涉猎之广、字字珠玑程度之高，都是其他论帖者所望尘莫及的。此作至今依然是帖学研究的空前巨制，以至容庚在所著《丛帖目》四册中，凡与张伯英所见法帖相同者均抄录张氏评骘之说，以按语形式附于帖后。[②]这一状况可以佐证张伯英此部著作的权威性。

张伯英的《阅帖杂咏》共计一百八十余首，大多评论所阅刻帖的真伪优劣，也对历代评帖者言论的正误进行考辨，其中不乏真知灼见，每首诗后附以注释，简明扼要，一语中的。以诗的形式阅帖品评，需要何等精深的学养和功力，古往今来又有几位学者做到张伯英的高度？张伯英帖学造诣之独步，令人叹服。齐白石在拜读过张伯英《阅帖杂咏》后发出了“写作妙如神，前身有宿因。空悲先生去，来者复何人”的敬佩与感慨之句。

正是张伯英的精于碑帖鉴藏与勤于书法创新，才有了《阅帖杂咏》

---

① 李天马：《张氏法帖辨伪·序言》，齐鲁书社1987年版，第3页。

② 吴元真：《国家图书馆所藏稀见丛帖三种——为张伯英〈法帖提要〉补遗》，《文献》2006年第1期，第41页。

《法帖提要》《庚午消夏记》等旷世论著存世，为后人留下了取之不尽的书法史论宝藏，其书学观点也多有体现。例如张伯英对孙过庭、苏东坡等人的评价尤为中肯贴切。他称赞孙过庭《书谱》写道：“帖中唐人书迹自以孙过庭《书谱》为冠，学草书者之圭臬也。墨迹曾付影印，允为艺林重宝。右四卷。”而对于《景福殿赋》，张伯英则认为此帖“亦唐人佳书而未有主名，与《书谱》及所临《十七帖》不类，决非虔礼也。此书自可贵，正不必求其人以实之”。对于《景福殿赋》的认识颇显大家之开放观点，这也与钟爱此帖的李苦禅有“英雄所见略同”之缘，李苦禅晚年着力于《景福殿赋》的临习，直至去世。“彼所重者松雪，吾所重者白石，非与前贤立异，好尚不能强同也”①，这正体现出张伯英格局开放的艺术观。

启功曾谈到张伯英对于宋书特别是苏、黄、米三家的见解是入木三分的。张伯英在《帖平》中评宋代书法时云：“宋贤书在东坡以前，固未有能及忠惠者，然与苏、黄、米三家未可颉颃并论也。”②他对苏东坡的理解和评价是：“苏书天资学力兼至，洗院体之薄怯、唐人之拘束，超逸绝尘如天骥不可羁勒，而无偭规错矩处。黄石翁云‘草草数笔使人敬爱’，不虚也。右十卷。《黄州寒食诗》在颜韵伯家，每从借观，爱不忍释。闻为日本人收去，惜哉！刘石庵曰：‘山谷推重此作，或谓太过。’非也，惟真赏者知之。吁，真赏岂易言哉。右十一。”而对于黄庭坚，张伯英这样评说：“山谷书出自东坡，变肥浓为瘦硬。天资既高，泽以道德文章之气，尘俗陋习自无从犯其笔端。此卷《洛阳雨霁》一诗

① 张伯英：《法帖提要》，《张伯英碑帖论稿》第三册，河北教育出版社2006版，第116页。

② 张伯英：《帖平》，《张伯英碑帖论稿》第三册，河北教育出版社2006年版，第5页。

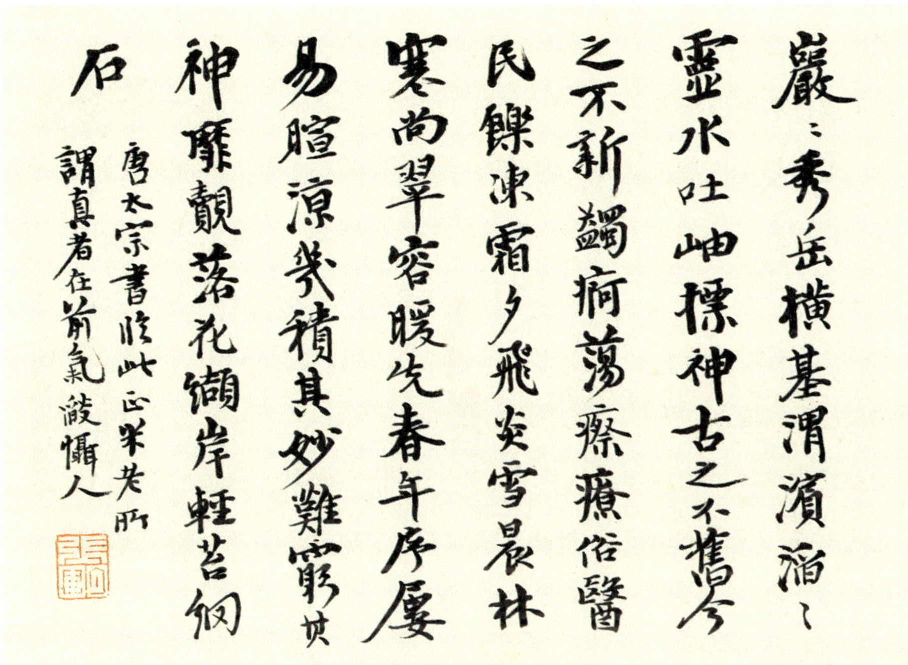

张伯英 《评帖》

之外，惟‘庭诲监簿’四行为伪。余俱真迹。右十三卷。”对于米芾，张伯英认为：“米书似放纵，实则法度谨严，凡欹斜倾仄不中程者，皆于米没交涉。至其诣力精深，虽草草弄笔，决非常人可及。伪书相去万里，自非盲目，何至混而为一，使老米蒙其垢辱。杜门三日，摧陷而廓清之。昔海岳于《淳化》伪书辨之未尽，黄长睿覆加刊正。予于此帖举发无遗，不再烦长睿矣。”[①]由此可知张伯英鞭辟入里的解读是令人信服的。他对帖学的深刻认知、理论建树和自身的扎实功底为成就“伯英书体”提供了坚实的学术支撑，这也是“伯英书体”令他人终莫能及的内在要因。他对书法史发展的谙熟及历代书家的深刻认知，加之自身的博学卓识，使他学古而不会成为书奴。他与古贤之间是平等的关系，他阅帖只相信亲眼所见和自己的判断，绝不人云亦云或亦步亦趋，这也是张伯英作为严谨型大儒所令人折服之处。因此，如果仅列张伯英为“民国著名书家”，恐怕是难以覆盖其深厚的书法底蕴及历史高度的。可以说，至今学界对于张伯英的理解还远远不够。

对于真伪的考证，张伯英更是驾轻就熟，精准无误，例如《十七帖》释文本，他说：“不知何人刻，伪为欧阳询、孙过庭跋。跋有刘次庄刻帖云云。孙何时人，刘何时人，而妄为牵合，可笑之极。市者犹索重价也。”有些鉴定真伪的比喻颇为生动，不乏幽默，仿如亲见米芾，“予审定此帖，某君曰：‘子岂亲见米老秉笔，而悬断其真伪，自谓无失，于何证之？’予曰：‘今有一人着我之冠服，学我举止言笑，持我名刺诣君，君便以为我耶？’闻者大笑。书不同，如其面，形貌虽可摹仿，

① 张伯英：《帖平》，《张伯英碑帖论稿》第三册，河北教育出版社2006年版，第6页。

其性情骨格各禀天资，丝毫莫可假借。予于古书真伪未必尽识，若苏、黄、米三家不论墨迹石刻，一见可以断定，正如日与其人相处，冒名顶替，无所施其技，欲掩饰不得也。”[①]张伯英透过现象看本质的慧眼识珠的能力亦如检验真伪的“利器”。

张伯英于1930年为袁涤庵[②]五旬之庆赋诗一首：“清才独喜见衰丝，五十华年二月时。得意正看山杏发，高标具有古松姿。君为竹箭美无度，我愧风尘老尚疲。万事悠悠都莫管，且倾今日寿仙卮。”[③]诗中提供了两方面的信息：一是张伯英的交往层次高，袁涤庵乃民国时期著名的民族实业家；二是张伯英的诗词造诣不俗，对仗精整，格律谨严，“万事悠悠都莫管，且倾今日寿仙卮”句兼有杜甫忧国忧民之慨叹和苏东坡一醉方休之洒脱，颇显诗词水准。懂诗的齐白石、启功是理解张伯英的学问和才华的，启功在《二十世纪书法经典　张伯英》的序言里说：“先生既探六朝正书，又好二王草法，搜罗宋刻，偶获畸零，欲见其大宗，仅凭明人重刻，袁、潘、顾、肃，各有所长，经眼临池，乃发为吟咏，随手增益，后学传抄，功之所见，仅七十余首，原有标题曰《阅帖杂咏》，今见翁之家传底稿，已逾百首。乃知学如解蜕，日知所无。先哲名贤只辞片语有益于后学者，盖无涯矣。”[④]启功对张伯英的理解也出自他本人对书法、碑帖、诗词的谙熟程度和不俗功底。

张伯英的诗文中多表达的是一种文人的“大爱”，表现出对古都、故

---

① 张伯英：《帖平》，《张伯英碑帖论稿》第三册，河北教育出版社2006年版，第7页。

② 袁涤庵（1881—1959），浙江人，民族实业家。1924年在京成立北京电车公司。

③ 张伯英：《二十世纪书法经典　张伯英》，河北教育出版社2001年版，第2页。

④ 启功：《铜山张勺圃先生遗墨书后》，《二十世纪书法经典　张伯英》，河北教育出版社2001年版，第9—10页。

乡的深情，对古迹、古籍的爱护，他是有忧国忧民情怀的“文人墨客”。例如1935年他为京城陶然亭“焕然一新”写下的一段“感言”，即表达了这一思想。他写道：“陶然亭，都门胜地。春秋佳日，名流之所宴集。在今北平市自治十一区，徙都后渐就零落。王玉树区长葺而新之，游赏者增兴会焉。事之兴替存乎其人。吾乡云龙书院乃东坡旧游地，胜概不减江亭，而数百年古柏斩伐净尽，台榭无一存留。只坡公所谓满冈乱石，可胜叹哉！兵燹以来，古迹横被摧残。兹亭得遇玉树，抑何厚幸。闻十一区自治为全市冠，于此一端，其废无不举，已可想见。果区长者皆如玉树自治之精进，当何如？玉树吾老友，住持德昆为道此事，意有所感，书以贻之。时乙亥中秋后二日，病经月，未搦管，退笔胶墨，都不成字。彭城张伯英。”[①]此段感言关联着张伯英与京都、与故乡、与苏轼的深情。如今陶然亭公园内依然保留着张伯英题写的“都门胜地”和“樊山词翰”刻石。

张伯英勤于书法实践、诗文创作、碑帖鉴评之外，对于黑龙江地方志的建设也做出了巨大贡献。

张伯英主编的《黑龙江志稿》，可谓卷帙浩繁，倾注了其晚年的巨大心力。1926年张伯英辞去北洋政府秘书长之职后，深知政治抱负难以再施展，从而转向非政治抱负上。1929年应黑龙江省省长万福麟之聘，赴齐齐哈尔任黑龙江通志局总纂。张伯英还邀请张从仁、徐东侨、杨秉彝等铜山同乡共谋通志的纂修工作。期间，张伯英历经磨难，抱病坚持，往返于北平与齐齐哈尔之间，至1932年汇成了62卷约140万字的《黑龙江

① 张伯英：《二十世纪书法经典　张伯英》，河北教育出版社2001年版，第161页。

张伯英 《黑龙江志稿》

志稿》，1933年由万福麟出资在北平出版，成为研究黑龙江及东北地区政治、经济、文化、风俗诸多方面的重要典籍。另有《黑龙江大事志》4卷附之。

此外，张伯英对于家乡文献图书的建设也颇尽心力，曾刊印《徐州续诗征》。清末徐州知府桂中行曾编印《徐州诗征》，尚有遗漏。张伯英挂记在心，广泛搜集，补全前书。22卷的皇皇巨著《徐州续诗征》于1935年问世，为家乡文献的建设做出了重要贡献。值得记录的还有张伯英对汉画像石的保护。徐州汉画像石有着丰富的遗存，张伯英曾以两百银圆购得睢宁双沟画像石十面，运至马市街店中保存，并取斋名曰“汉石堂”。后由其子张恺慈将家藏汉画像石全部捐献国家。

凡此种种，张伯英对东北、对家乡的竭力以事，无不体现出他非同寻常的“鸿儒志”和“赤子心”，体现出他高于通俗意义上的学者或艺术家的境界与格局，真可谓“胸中有大爱，著书比身高”。

三、张伯英研究中的相关思考

张伯英作为民国时期“跨界”的一座文化丰碑，对他的研究颇有难度。因为张伯英作为有“鸿儒志”和“赤子心”的一代宗师，他在未能实现政治抱负的时代里，转向“非政治抱负”的书法、文博与方志的文化建设中，内心依然秉持博爱大爱，依然有着爱家、爱故乡、爱民族、爱民族艺术的“大我”情怀。因此，他是用大爱、用学问在书写，其笔下少有闲情逸致的“小我”和消极遁世的宣泄。他的文章道德、他的博大精深都建立在他的大胸襟、大格局的精神层面上。因此，对于在时间上离他并不遥远的后学研究者来讲，依然有着遥不可及的距离，这是境界与学问的双重距离。

张伯英是用深厚的学问进行书法创作的。这可从他洋洋万言的书法理论著述中得以领略，他对于碑帖的鉴评堪称权威论述，至今难以逾越。他的作品内涵极为丰富，无论文辞还是技法，都是其融会贯通之后的自家面貌，“伯英书体”绝非一般的书家甚至大书家所及。所以说，如果研究者单单按书家去理解和分析张伯英的话，恐怕依然会有只见树木、隔靴搔痒之憾。那么，为什么后人多以书家论伯英呢？这与民国以来传递的信息有关，例如：那时他与赵世骏并称“南北二家”，与傅增湘、华世奎、郑孝胥并称“书法四大家”等。因分析和类比的需要，扼要介绍一下与张伯英相关的其他四位书家。

赵世骏（1863—1927），江西人，民国时期宁做清朝遗老，也不为民国重臣。做过溥杰的家庭教师，后在北京什刹海鬻字终老。赵氏擅长楷书，尤精褚体，几可乱真。无疑可定位为纯粹的书家，而且是“再现”了褚遂良的褚体大家，仿如同时代的徐石雪再现了赵孟𫖯一般。

傅增湘（1872—1949），四川人，清末翰林，曾任民国教育总长、故宫博物院图书馆馆长。著名藏书家，兼善书法，所收藏古籍过20万卷。1947年，他将生平手校群书赠予北平图书馆。傅增湘1917年任北洋政府教育总长后，恰逢五四运动爆发，因坚决反对解散北京大学、反对镇压学生和拒签罢免蔡元培校长之命令而愤然辞职，这与张伯英因不满段祺瑞政府制造“三一八惨案”而毅然决然辞掉政务秘书长之职一样，都表现出令人尊敬的正义感和不计个人得失的勇敢。张伯英与傅增湘品性相近，经历相仿，水平相当，都为文博、教育事业贡献巨大。仅就书法而言，张伯英碑帖结合的张氏书体更具开创性，碑帖鉴评造诣更高，总体书法成就也高于傅增湘。可以说张伯英和傅增湘都不能仅仅按书家定位。

华世奎（1863—1941），天津人，近代颜体大家，居天津榜首，代表作“天津劝业场”五字巨匾，每字一米见方，苍劲雄伟，浑厚挺拔，已成天津一道文化街景。华氏作为清末遗老，毕生忠贞于大清王朝，生活习惯“抱残守缺”，但人品和不做伪职的民族意识均可圈可点。华世奎可作为纯粹的功底深厚的书家而论。

郑孝胥（1860—1938），福建人，为近代有争议的政治人物，1932年任伪满洲国总理大臣兼文教总长，也是造诣精湛的民国著名书家。“交通银行”四字为郑孝胥所书。

张伯英与上述四位书家相比，显然他在“修身、齐家、治国、平天下”的儒家思想的行为高度上更高一筹，特别是在书法鉴藏与理论著述方面的成就和贡献，都在其他四人甚至同时代更多的书家之上。当然张伯英与其他大书家一样，都是民国时期题写牌匾的大家。郭风惠“满城多榜书”句，形象地描述了张伯英在京城的书法影响。张伯英是书家，可又不仅仅是书家，因此民国以来所谓的“南北二家”或“书法四家”等归类问题是失于严谨界定又易于模糊误导的“无心之过”。

张伯英的书法写的都是学问。首先从张伯英的斋号“小来禽馆”“东涯老人”即可显现出他无所不在的文化内涵。明代著名书家邢侗，精于识帖，辑有《来禽馆帖》十卷，又因张伯英曾得王羲之《十七帖》，帖中有“来禽”之语，故取斋号为“小来禽馆”。后因所处在明相李东阳（西涯）旧居李公桥之东，乃以“东涯老屋”命为室名，因此晚年书法作品始有“东涯老人”之署。此宅并非标准的四合院，尽管地势低洼，逢雨积水，张伯英却能随遇而安，题写“何陋之有，且住为佳”于院门，颇显张伯英达观的精神境界。

另外从张伯英的诗句、对联、碑文、墓志中也得以领略其学问与才情之一斑。张伯英擅写对联，擅于集句，不仅五言、七言，还写八言、九言甚至十六言。张伯英为北京前门大栅栏“亿兆百货”写的五言联“天地庄周马，江湖范蠡船”，取自唐代高适的五言诗，他选取其中两句，恰如其分地为该商厦提升了文化内涵。这副对联及牌匾算是张伯英留给京城百姓最喜闻乐见的书法匾额。七言联如：“试碾露芽烹白雪，请君章草赋黄楼”，这是张伯英集苏东坡的诗句而成，显示出其诗词修养广博深厚之处，仿如张伯驹擅于集李煜词一样的非凡功力。此联常见于拍卖行，说明张伯英偏爱此联内容，盖因此联述说了苏东坡任徐州太守时的一段政绩。徐州籍的张伯英有种亲切感，正如启功所介绍的“勺翁于宋人喜东坡，于明人喜香光”[①]。他的集句看似轻松恰当而对仗工整，实则是真功夫的体现，例如他写给孙辈的对联：“欲能则学欲知则问，守身如玉守口如瓶”，看似寻常，实则语重心长，可作为晚辈为人处世之座右铭，至今不过时。张伯英在自书对联的能力与数量上堪比清代何绍基。

尤其在《阅帖杂咏》手稿中，张伯英呈献给后世的都是厚实的学问，他笔下的信息量、“含金量”极高。张伯英写道：“衰病余生阅帖以遣，老眼渐明略无窒碍。诸帖之传讹舛相仍，或察其书，或正其名，然犀烛幽，百怪毕呈，记以小诗并自为注，老人思娱之一适，诗拙非所

---

① 启功：《铜山张勺圃先生遗墨书后》，《二十世纪书法经典　张伯英》，河北教育出版社2001年版，第10页。

张伯英《折芳梦笔联》

计也。”[①]寥寥数语表现出张伯英文人的自谦和学者的自信。下面列举张伯英阅帖诗二首并附小注，以领略张伯英的学问与才情。“先唐十七双名刻，智辨而今不一逢。赖有弘文留此本，千秋犹见书中龙。唐太宗以《十七帖》勒石，《弘文馆》为古今法帖之祖，亦历朝官法帖之祖。予收清内府藏本为海内第一。……今所见者皆弘文子孙，惜无克肖者耳。”[②]“此事山阴存廿字，与弘文帖并岧峣。珠光剑气无人识，旧石于今价自高。以《此事帖》真迹与《弘文馆帖》同印为《右军书范》，时《唐拓十七帖》风行宇内，而此甚少过问者。”[③]凡此种种，张伯英笔下比比皆是。正所谓观一叶而知秋，于细微处见真知。难怪齐白石在读完《阅帖杂咏》后对张伯英表示了极大的赞佩。我们今天临习的张伯英藏本的《十七帖》，或许只揣摩了王羲之的笔法，而未曾知晓过此帖来龙去脉的背景文化。

从某种意义上说，也许关注张伯英鸿篇巨制的数量或种类，不如潜心“吃透”张伯英的一文一札，潜心学习，“以少胜多”，这或许也是深入理解张伯英思想的津门之一。

值得一提的是，笔者试图真切地感受张伯英的艺术世界，专程前往徐州张伯英纪念馆进行探寻。现场所见，门可罗雀，无人问津，极为萧条。出于经营考虑，纪念馆与“亿兆酒店”合营，此名称与张伯英曾为北京大栅栏某商厦题写的“亿兆百货”相暗合，似有种亲切感在其中。纪念馆兼而陈设展出了大量的明清、民国家具和地方工艺品，而真正展

---

① 张伯英:《阅帖杂咏》,《张伯英碑帖论稿》第五册,河北教育出版社2006年版,第138页。

② 同上,第87页。

③ 同上,第88页。

示张伯英书法碑帖的艺术区域仅占一席之地。拜访之时，管理人员现场开门开灯，接待唯一的来访者；且屋内资料匮乏，所印宣传小册，也都是广告内容，令人心生慨叹。本该是让徐州人引以为自豪的张伯英，身后竟会如此冷清和孤寂，甚至还被挂了个“招牌”。然而，这一现象恐怕不是张伯英个人的遭遇，或许是“张伯英们”的普遍状况，这是纯粹的经典文化与当下的快餐经济相碰撞之下的尴尬局面。

我们需要回到之前，回到曾经，去找寻我们的文化之根。问渠那得清如许？为有源头活水来。张伯英是从徐州走出来的文化巨匠，是徐州的文化名片，是值得徐州政府及社会方方面面深入挖掘的得天独厚的文化宝藏。即使在快马加鞭的经济建设中，也要切实重视像张伯英这样有着广泛影响和巨大潜力的徐州文化符号。对徐州当地而言，曾有过骄傲的汉文化，恢宏历史，延绵至今，张伯英以及和张伯英一样的徐州人，都是值得尊敬与弘扬的文化财富。倘若没有了文化建设的“来路”，我们就只剩下经济建设的“归处”，那是令人扼腕叹息的悲哀。因此，尊重历史、尊重地方史、尊重当地文化财富是成在当代、功在千秋的“百年大计”，切不可有“守着金饭碗，却不知如何吃”的错位与迷失。

可以说，中国书法源远流长，纵论历代书家翘楚，魏晋有“钟王”，大唐有“褚欧颜柳”，北宋有“苏黄米蔡”，元明有“子昂香光”，清代有何绍基、邓石如、石涛、傅山等杰出的敢于不同时流的大书家。而处于风云变幻的清末民初乃至20世纪前半叶，书家更是别开生面，各领风骚，其中张伯英便是以道德为支撑、以学养为底蕴、以碑帖融合之“伯英书体”闻名于世的一代大家，其深湛的书法造诣和卓然的理论成就都毫不逊避地与古之同名张伯英穿越时空、遥相呼应，成为当今值得大书特书的一代宗师。

张伯英的道德文章和碑帖结合的书法理论与实践成就，特别是对京城、对家乡、对东北的书法、文博、文献、方志等方面的贡献，都可以理解为他在擅长的领域里最大化地施展抱负，由政治抱负上的心灰意冷转向非政治抱负上的大有可为，加之自身的深厚学养、文化自信、责任担当与公益精神，才成就了文化巨匠张伯英。这也是重温经典、回顾张伯英的意义所在。他的高风亮节、他的博大精深、他的高屋建瓴、他的锐意创新，都是20世纪无可替代的文化典范。尽管张伯英的书法影响最广泛，但不该仅仅按书家名家予以历史定位，他是在怀揣着“鸿儒志”与“赤子心”的高度上践行他的宏大抱负和自我价值的。因此，无论是“精书玄鉴”还是“济世修身”，他都能达到高山仰止的境界，令人肃然起敬。尽管学界对“说得少而写得多”的张伯英的理解还远远不够，但随着重温经典的全面重视与不断推进，走进张伯英、理解张伯英、把握张伯英、弘扬张伯英将成为必然。需要大写的张伯英，必将得到他应有的历史地位。

后 记

《二十世纪京津文人书画家研究》一书是拙著《二十世纪北京书画名家述评》的姊妹篇，是其研究内容的拓展与深度的提升。当年的《二十世纪北京书画名家述评》一书选取的书画家，都是跟父亲梁志斌有直接交集的师友，如彭八百、郭风惠、秦仲文、李苦禅、孙荣彬、钟刚中、萧钟梅等，父亲亲历过这些前辈的创作风采和学者风范，也珍藏着一帧帧宝贵的墨迹。作为中国艺术研究院的学者，本人有责任记录这段不该忘却的历史，精研这些艺术大家的遗存。

而今这部《二十世纪京津文人书画家研究》，依然属于区域研究，但已拓展为以北京地区为主、天津为辅的书画艺术研究，形成了本人确定的系列并逐步深化和拓宽的研究方向。京津书苑画坛本身就是难以严格拆开的存在状况，像本书所关注的郑诵先、吴玉如、陈少梅等人都是活动于京津两地的重要书画大家。本课题成果得到了学界专家的充分肯定，薛永年先生总结说："这一研究成果，填补了现代美术史和文化史在该领域研究薄弱的学术空白，丰富了对20世纪丰富多彩的京津画坛的了解。在人物、事件、活动、艺术的叙述与论评上，作者注意了人物的生平、思想、品格、修养、社会交往、艺术成就、有关评价各个方面，钩沉了书画家成才和成就的背景与细节，发挥了中国传记史学的求实性与人物生动性的统一，为读者呈现出一个真实生动丰满立体的书画家群像，有立体感和可读性。在书画家个案书写中，兼及了相关的书画家组织、历史事件，充分看到了京津书画文化圈相互交流相互作用的关系，成为该课题别致的处理，使得书画史是大家共同创造的主题得以彰显。在总结历史经验中，作者基于对文人画传统的深入了解，提出了'诗化标准'等见解，发前人所未发，也注意阐发与时俱进的优良传统的现实意义。"

未来就京津画派研究而言，还有很大的延展空间。个案研究的终极方向应是群体研究，未来的研究方向还有区域式的宏观研究，例如京派与海派、岭南画派、长安画派等等流派的比较研究，需要深入和拓展的探讨空间还有很多。再者，理论研究及其方法的运用更需与时俱进，对于新史料的挖掘，需要研究者高度重视且不拘一格，包括口述史的引入，所研究对象的门人、后人的口述与实物的配合运用，均可提供真实可感的参考价值，当然也需要研究者借助相关史料加以理性地选择、判断、考订与取舍。随着新史料的不断被发现、被引用、被更新，交叉学科及研究内容将不断地被丰富和拓宽。可以说，未来空间，不可限量。

在本书出版之际，感谢薛永年、赵力忠、何延喆、林木和王志纯五位先生对本成果给予"优秀"等级的一致肯定与鼓励！感谢《荣宝斋》期刊多年来对本人科研工作的尊重、理解与支持，并为本书出版提供大量图片。感谢时代华文书局总编辑宋启发先生和责编陈冬梅女士的悉心编校。感谢为此付出努力和帮助的同道师友！

书中不足之处，敬请业内专家和读者朋友不吝赐教！

戊戌大寒于泽仁居

梁鸿